JN095348

大相撲の方向性と行司番付再訪

根間弘海

専修大学出版局

本書を今は亡き妻・尚子に謹呈する、心を込めて。

まえがき

　本書は9章より構成されているが、最初は素朴な疑問から出発している。それは次のような問いかけである。

第1章　35代木村庄之助はどんなことを経験しているだろうか。
第2章　行司の自伝や雑誌記事は事実を正しく伝えているだろうか。
第3章　儀式や所作には一定の方向性があるのではないだろうか。
第4章　四本柱の色はどんな変遷を経て現在の四色になっているだろうか。
第5章　明治時代の行司番付記載を横列記載に変えたら、どうなるだろうか。
第6章　大正時代の行司番付記載を横列記載に変えたら、どうなるだろうか。
第7章　昇格年月の裏付けがない行司はどうすればよいだろうか。
第8章　行司の研究テーマを見つける手掛かりはないだろうか。
第9章　明治30年までの行司の房色は本当に判別できないだろうか。

　内容的にはすべて行司と関係している。四本柱の色は一見、行司と関係ないが、間接的に関係がある。吉田司家と江戸の行司家が絡んでいるからである。第1章と第8章は行司関連のことを扱っているが、他の章と違い、特に目新しいことを主張していない。ありのままを語ったり、見方を変えたりしているだけである。
　各章はマニアック的な内容でとっつきにくいかもしれない。小さなテーマを深く扱えば、その領域を研究している者には興味が湧くが、それほど関心のない者には細かすぎる印象を与えるかもしれない。わくわく感であろうと偏屈感であろうと、それは関心の持ち方しだいである。

本書の執筆に際しては、葛城市相撲館（小池弘悌さんと松田司さん）、相撲博物館（土屋喜敬さんと中村史彦さん）、「相撲趣味の会」の野中孝一さん、「大相撲談話会」の多田真行さん、元・木村庄之助（29代・33代・35代）、元・40代式守伊之助、現・38代木村庄之助、木村元基（幕内）、相撲研究家の杉浦弘さんにそれぞれ大変お世話になった。最近亡くなられた36代木村庄之助にも生前、大変お世話になっている。大相撲談話会の会員（現在は7名）からは例会の語り合いの中で有益な知識だけでなく、大きな刺激を受けた。第一回目の大相撲談話会は昨年（令和4年）解散し、今年（令和5年）5月に第二回目の大相撲談話会が新しく発足している。

　出版に際しては、これまで同様に、専修大学出版局の上原伸二局長にご尽力とご協力をいただいた。ここに、改めて感謝の意を表しておきたい。また、いつものごとく、資料の整理などで娘の仁美と峰子にもお世話になっている。感謝の意を記しておく。

　なお、本書では多くの文献から引用文を提示しているが、字句や表現などを若干変えていることがある。正確な引用文が必要な場合は、必ず出典を直に参照することを勧める。数字も頻繁に出てくるが、その表し方は統一されていない。アラビア数字（1,2,3など）や漢数字（一、二、三など）が混在している。内容的には同じなので、あまり気にしないでほしい。

【各章の概要】

　各章の概要を簡単に記しておきたい。これを読めば、どんなことを扱っているか、大体の見当がつく。興味を引く章があれば、それを先に読むのがよいかもしれない。

第1章　35代木村庄之助は語る

　35代木村庄之助とは国技館の行司控室で雑談をしたり、退職後は行司について教えてもらったり、大相撲談話会にゲストとしてお招きしたりし、ずいぶんお世話になってきたが、自宅にお招きしてお話を聞くという機会は一度もなかった。今回は、事前にお話の題材をお伝えし、お話を聞くこ

とができた。主な題材としては、以前の溜り小使い、行司部屋の独立、土俵祭の行司参加者、軍配の握り方に対する考え、兄弟子の付け人、差し違えと責任の取り方などである。その題材を扱いながら、他の題材についてお話してかまわないこともお伝えしてあった。親方だけが一方的な語るのではなく、私も質問者として加わり、対談形式になるようにした。私はあくまでも質問者の立場であり、親方がそれに答えたり説明したりすることになっている。対談は録音してあるので、それを文字化したものをここでは提示してある。この章では何か新しいことを提案したり主張したりするのを目指しているのではない。目指しているのは、立行司が入門後、直に経験や体験したことなどを聞き、知ることである。昭和 37 年（1962）から平成 23 年（2011）まで親方は行司を務めているので、さまざまなことを経験している。そのあいだ、相撲界はもちろん、行司界もいろいろ変化している。親方の何気ないお話の中で、それを感じ取ることができるはずだ。

第 2 章　自伝や雑誌記事の記述

　立行司の中には自伝や雑誌の対談記事で「事実と一致しない」あるいは「腑に落ちない」ことを語っていることがある。実際は、事実を語っているのかもしれないが、首をかしげたくなることがある。たとえば、20 代木村庄之助（松翁）は自分の行司歴で明治 42 年に紅白房を許されたと書いているが、これは本当だろうか。この行司は錦太夫時代、明治 35 年 1 月に紅白房（本足袋）に昇格している。なぜ明治 42 年にも紅白房を許されたと書いているのだろうか。その年には「朱房」へ昇進したはずである。なぜ朱房ではなく、紅白房と書いたのだろうか。そうする特別な理由があったのだろうか。また、22 代木村庄之助は雑誌記事の中で軍配の握り方に二つの流派はないと語りながら、自伝では二つの流派を認めている。幕下以下行司でも自伝で、二つの階級で房色が異なると述べている。上位が青、下位が黒である。しかし、雑誌記事ではそのような区別はないと暗に認めている。いずれが正しいのだろうか。この二人以外に、本章では 19 代式守伊之助、21 代木村庄之助、24 代木村庄之助、6 代木村瀬平等が自ら語っ

たことを取り上げている。どのようなことを語っているかについては、本章で詳しく扱っている。

第3章　大相撲の方向性

　大相撲の儀式や行司の動きなどを見ていると、一定の方向に動いていることがある。たとえば、横綱・幕内・十両土俵入りで、先導する行司は土俵を左回りに周回する。また、土俵で蹲踞している行司は房振りをするが、その方向は右→左である。土俵祭の最後で、呼出しの太鼓が土俵を三周するが、その動く方向は左回りである。土俵祭では、清祓い、塩撒き、軍配振りなど、神道に基づく「しきたり」が見られるが、多くの場合、その動く方向は左→右→中央となっている。しかし、清祓いの儀では、左→右→左の順で榊の枝でお祓いをする。土俵の四本柱の上部に水引幕（天幕）が張ってあるが、それを巻くのにも一定の方向がある。その順序は黒柱→青柱→赤柱→白柱→黒柱である。この張り方はかなり以前から変わらない。このように、力士や行司は何かをするとき、一定の方向性を示している。なぜそういう方向を示すのかに関しては、理由がはっきりしているものもあるし、そうでないものもある。いずれにしても、まず、一定の方向性を示すものにはどんなものがあるかを知ることである。その次に、なぜそういう動きをするのかを追究すればよい。本章では、その事例をいくつか提示してある。

第4章　四本柱の色とその変遷

　現在、土俵に四本柱はない。昭和27年9月にその四本柱を撤廃し、その代わりとして天井から四房を垂らしている（この四房の色は青、赤、白、黒である。本章では、この四房の代わりに以前の「四本柱」を使うことにする）。四色は陰陽五行説に基づく。『相撲家伝鈔』（正徳4年）、『古今相撲大全』（宝暦13年）、『相撲伝秘書』（安永5年）、『相撲穏雲解』（寛政5年）などの古書によると、四本柱は四色で巻くとなっており、それは一種の故実となっている。ところが、寛政3年6月の上覧相撲では、柱は紅（朱）と紫の二色であったし、勧進相撲の柱は朱が基本で、ときおり紅白であっ

た。勧進相撲で現在のように、四色になったのは安政5年1月である。江戸相撲が吉田司家の傘下に入ったのは寛延2年だが、それから安政5年1月までずっと朱が基本だったことになる。寛政3年6月以降にも上覧相撲は幾度か開催されているが、文政6年4月以降、柱は四色だった。なぜ勧進相撲ではこの四色を使用しなかったのだろうか。吉田司家は勧進相撲の柱の色について確固とした故実を有していなかったのだろうか。上覧相撲の柱は四色、勧進相撲は朱とそれぞれ決まっていたのなら、なぜ安政5年1月の勧進相撲では突然、四色を用いたのだろうか。また、寛政3年6月の上覧相撲では朱と紫の二色だったのに、文政以降ではなぜ四色を使用しただろうか。このように、柱の色は幾度か変わり、一定ではなかった。どのような変遷を経て現在の四色に落ち着いたのだろうか。その変遷を見ていくことにする。

第5章　明治30年以降の行司番付再訪（資料編）

　明治時代の番付表は傘型記載だった。それを現代風に横列記載に書き換え、それぞれの階級に房色を付記してある。傘型の番付表では、階級間の境界が必ずしも明確でないことがあるので、当時の新聞を大いに活用し、その階級を判断してある。それでも、幕下と十両の境が明白でない場合、星取表を参考にした。星取表では、十両以上が記載されているので、左端に記載されている行司が参考になることがある。ここでは、気になる問題点を二つ示しておく。一つは、木村朝之助がいつ、朱房に昇格したかである。隣接する行司の昇格年月を参考にし、明治38年5月、39年1月、39年5月のうち、いずれかだと推定しているが、確固とした裏付け証拠がまだ見つかっていない。もう一つは、木村庄三郎（のちの10代式守伊之助、17代木村庄之助）の紫房である。明治38年5月に第三席の立行司として紫白房を授与されているが、それは式守伊之助と同じ（真）紫白房だったのだろうか、それとも半々紫白房だったのだろうか。第三席の立行司であれば、普通、半々紫白房である。少なくとも明治末期以降昭和34年11月場所まで、半々紫白房だった。しかし、本書では、明治末期までは第二席の伊之助が（真）紫白だったように、第三席の准立行司も（真）紫白だっ

たとしている。これは妥当な判断なのだろうか。もし木村庄三郎が半々紫白だったなら、房色をそのように変えなくてはならない。本書では、木村瀬平は明治32年に紫白房になり、34年に16代木村庄之助と同じ准紫房（紫糸が1，2本混じった房）を授与されたとしているが、その判断は正しいのだろうか。なぜなら木村瀬平は番付上、第二席の立行司だったからである。第二席の立行司なら、式守伊之助と同じように、（真）紫白房が普通である。木村瀬平は特例として庄之助と同じ准紫房を許されていたのだろうか。

第6章　大正期の行司番付再訪（資料編）

　大正時代の大きな関心事は、第三席の准立行司がいつ紫白房（厳密には半々紫白房）を授与されたかである。たとえば、准立行司の木村誠道はいつ紫白房を許されただろうか。明治45年夏場所だろうか、それとも大正2年春場所だろうか。それから、木村朝之助は第三席の立行司として大正3年5月に半々紫白房を許されたのだろうか、それとも大正4年1月場所だろうか。確かな裏付けはないだろうか。木村誠道はいつ式守伊之助（12代）を襲名しただろうか。大正3年5月だろうか、それとも大正4年1月だろうか。大正3年から4年にかけては式守伊之助を襲名すると、大きな禍が起こるという迷信があり、誠道は一時伊之助を襲名しなかった。襲名しなくても、第二席であることは確かだったので、そのあいだ、房色にも何らかの影響があったかもしれない。もちろん、紫房（具体的には総紫房、紫白房、半々紫白房）の授与年月だけが問題ではない。他にも、たとえば17代木村庄之助が大正10年5月、差し違いの責任を取って急に辞職している。さらに、12代式守伊之助も大正10年末に老齢を理由に辞職している。二人の立行司の辞職は、他の行司の人事や房色に大きな影響を及ぼしている。たとえば、第三席の立行司式守与太夫は大正10年5月、臨時に紫白房（厳密には半々紫白房）を許されたが、その房をそのまま翌場所（11年1月場所）までも許されている。もしかすると、夏場所から翌年の春場所のあいだに（真）紫白房を許されているかもしれない。第二席の式守伊之助を襲名することは、すでに決定していたからである。第三

席だった木村朝之助は式守伊之助を飛び越えて木村庄之助（18代）に昇格している。

第7章　未解決の昇格年月

　明治、大正、昭和の傘型（山型）番付表を横列記載の番付表に変えたとき、同時に各行司の房色も付記してある。昭和時代は拙著『大相撲行司の格付けと役相撲の並び方』（2023）の第6章「傘型表記と横列表記（資料編）」で扱っている。明治と大正時代は本書の第5章と第6章で扱っている。番付や房色を決めるには当時の新聞や文献を活用したが、中には直接的な資料がなかなか見つからず、隣接する行司を参考にして決定せざるを得ない行司もいた。本章では、そのような行司に焦点を当て、再び取り上げることにした。たとえば、明治時代では、特に木村朝之助がいつ朱房へ昇格したかが不明である。その昇格年月をかなり絞り込んだが、やはり依然として裏付けとなる証拠は見つかっていない。また、明治34年4月の新聞記事には数名の行司が昇格しているが、それはすでに昇格していた行司を再確認している場合もある。大正時代には、木村鶴之助と木村作太郎がいつ紅白房へ昇格したかに関し、状況証拠から昇格年月を推定している。4代式守錦太夫（のちの7代式守与太夫、16代式守伊之助）に関しては、大正15年5月、草履を履く三役格へ昇進したとしている。この指摘は正しいだろうか。というのは、草履を許されたという裏付けがないからである。大正15年5月場所で裁いている写真が相撲雑誌（昭和2年1月）の口絵に掲載されているが、草履を必ずしも明確に判別できない。昭和時代は、式守喜三郎がいつ紅白房へ昇格したのかがはっきりしていなかったが、当時の星取表でそれを確認することができた。木村善之輔より一足先に昇格していたことがわかった。

第8章　行司の研究

　行司に関心を持ち、研究を始めても、長続きするような題材がないという気持ちを抱くかもしれない。相撲では、行司は脇役であり、目立つのは独特の衣装や取組を裁くときの所作くらいである。しかし、相撲は昔から

続いている伝統文化であり、相撲もさまざまな変遷を経て現在に至っている。同様に、行司の在り方もさまざまな変化をし、現在に至っている。行司を長く研究するには、何に注意すればよいかを、ここでは簡条書き的に提示してある。それをヒントに、研究してみたいテーマを見つけ、これまでの歴史を振り返ればよい。注目する主な点は、帯刀、装束、履物、軍配、土俵上の所作、房の色、口上や掛け声、制度、土俵祭などである。歴史的にどのような変遷を経て現在に至っているかを知りたければ、関連ある文献を読むことである。歴史を調べたり故実の由来などを追究したりすると、神道や陰陽五行説や仏教など、宗教的分野にも自然に目が向く。そうなると、追究してみたい領域がさらに広くなる。一つのテーマの追求が次のテーマへとつながる。大相撲は過去や現在の日本文化をかなり反映しており、行司という一つの領域にいたつもりが、日本文化とは何かという大きなテーマへと関心が向くかもしれない。

第9章　明治30年までの行司番付と房色（資料編）

　明治30年以降の行司の番付や房色はこれまでもいくらか研究されている。ところが、明治元年から30年までの房色となると、庄之助や伊之助は別として、それ以外の行司は研究の対象になっていない。その理由は、おそらく房色に関する資料が乏しいからである。錦絵はいくらかあるが、それに描かれている行司は庄之助と伊之助がほとんどである。両人以外の下位行司が描かれることはめったにない。

　私は明治前半の各行司の階級や房色の研究をするのをためらっていた。が、最近、あえて挑戦してみる気になった。基本となる番付表は毎場所発行されていて、中央に行司欄がある。錦絵もいくらかある。星取表も場所後に発行されている。のちに三役あたりまで出世した行司なら、その経歴などを記した資料がいくらかある。これらの資料を駆使すれば、何か有用な論考がまとめられるのではないか。そういう淡い考えを抱き、実際、研究を始めてみた。本章をまとめるには大変苦労したが、内容のよしあしは別にして、何とかまとめることができた。不十分な内容であることは素直に認める。

　この第9章はこれまで誰も手掛けなかった領域にあえて挑戦している。各行司の房色がいつ許されたかについては、ある程度その年月を指摘できたが、それが事実に即しているかとなると、必ずしもそうとは言えない。裏付けとなる資料が得られないことがある。まだ解明すべき点がいくらかあるが、それは今後の研究に俟たなければならない。本章は今後の研究の叩き台である。そう理解してくれることを期待している。

　研究しているうちに、たとえば、木村瀬平と木村誠道の房色に疑問が生じた。瀬平は慶応元年11月に紅白房になったと文献資料などでは書かれているが、明治元年11月の番付表では3段目に記載されている。また、木村誠道は明治6年中、高砂改正組に同行したとき、幕下十枚目（青白房）だったと新聞なでは記述されているが、6年11月と7年2月の番付表では3段目に記載されている。両行司の紅白房や青白房は本当に正しいのだろうか。私が番付表を読み違えているのだろうか。そのことについては、本文中で答えることにしよう。

目　　次

第1章　35代木村庄之助は語る

　親方（35代木村庄之助）には、かつては行司部屋で、また退職後は電話で、行司のことをたくさん教えてもらいました。一度は、私が主催していた大相撲談話会にもお招きし、行司だけでなく相撲全般について語っていただきました。談話会の皆さんも質問をたくさんしましたが、親方は親切にわかりやすく答えてくださいました。私は日頃から懇意にしていただいていますが、この度は特別に私の自宅マンションにお招きし、改めて行司のお話を聞く機会を設けました。あらためて感謝申し上げます。今日は、特別対談なので、録音させていただくことにしました。あとで文字化し、拙著の一章として掲載するつもりです[1]。親方には了承を得てあります。

35代木村庄之助の結びの一番の触れ

---

1)　35代木村庄之助には事前に対談で扱う素材を提示してあった。その対談はあとで文字化し、1章として本書の中に組み込むことも伝えてあった。なお、脚注はほとんど、私が対談後に補足したものである。

1. 行司歴

- 昭和 37 年（1962）3 月　　　入門（行司部屋所属だが、立浪部屋に振り分けられていた[2]）。
- 昭和 37 年（1962）5 月　　　初土俵（木村順一）。
- 昭和 37 年（1962）7 月　　　序ノ口昇格。
- 昭和 41 年（1966）3 月　　　純一郎（順一から純一郎へ改名）。
- 昭和 41 年（1966）9 月　　　順一（純一郎から順一へ改名。元に戻す）。
- 昭和 41 年（1966）11 月　　序二段昇格。
- 昭和 43 年（1968）7 月　　　三段目昇格。
- 昭和 48 年（1973）1 月　　　幕下昇格。
- 昭和 51 年（1976）3 月　　　旬一（順一から旬一へ改名）。
- 昭和 56 年（1980）5 月　　　城之介（旬一から城之介へ改名）。
- 昭和 58 年（1984）1 月　　　十両格昇格。
- 平成 6 年（1994）1 月　　　幕内格昇格。
- 平成 18 年（2006）3 月　　　三役格昇格。
- 平成 19 年（2007）5 月　　　立行司昇格（37 代式守伊之助）。
- 平成 20 年（2008）5 月　　　立行司昇格（35 代木村庄之助）。
- 平成 23 年（2011）9 月　　　定年退職。

私　　　それでは、対談形式で親方と語り合うことにします。よろしくお願いします。

---

2)　　入門は行司部屋所属だが、紹介した人や兄弟子などとの関係で形式的には立浪部屋に振り分けられていた。先輩行司たちも行司部屋に所属していながら、同時に相撲部屋にも所属していた。なお、行司部屋は昭和 33 年（1958）1 月に独立し、同 48 年（1973）5 月に解散している。行司はそれぞれ相撲部屋に正式に所属することになった。なぜ独立した行司部屋を設立したのか、その経緯については相撲雑誌などでときおり大きく取り上げられている。

庄之助　こちらこそ、よろしくお願いします。

私　　　行司控室（行司部屋）[3] や日頃話し合っていたように、気軽に語ってください。お願いします。

庄之助　わかりました。そのつもりでいます。

私　　　早速ですが、親方の行司歴を調べてメモしてありますが、何か訂正することがございますか。

庄之助　昔のことなので、細かい年月は必ずしも正確に覚えていませんが、それで問題ないと思います。

私　　　三役以降はとんとん拍子で昇格していますね。

庄之助　先輩行司が退職し、それを継いだ形です。当時は、特に立行司が辞めたら、すぐ後継者を決めていました。おそらく、25 代木村庄之助まではそうだったと思います。当時、ストを決行し[4]、25 代庄之助がトラブルで辞職した後で、協会は後継者を速やかに決めませんでした。その後は、立行司が辞めても、しばらく空位があります。今の木村庄之助も空位ですが、それが約 8 年も続いているのではないでしょうか。

私　　　確かに異常ですね。

庄之助　そうです。とにかく、これまでにない異常事態ですね。[5]

---

3)　国技館内の「行司控室」を「行司部屋」と呼ぶこともある。

4)　これはストと呼ぶより「反乱」と呼ぶ方がよいのかもしれない。昭和 46 年(1971) 12 月 25 日に行司 30 名が辞表を提出しているからである。序ノ口の正義（のちの正直）は辞表を提出していない。その翌日（26 日）、協会と行司が協議し、反乱は解決した。この騒動については、当時のスポーツ新聞で大きく報道されている。拙著『大相撲行司の房色と賞罰』(2016) の第 7 章「行司の反乱」でも扱っている。

5)　41 代式守伊之助は令和 6 年 1 月場所から 38 代木村庄之助を襲名している。これは令和 5 年 9 月場所後の理事会で決まった。8 年 9 か月ぶりの木村庄之助誕生である。本章の 35 代木村庄之助との対談は令和 5 年 9 月場所中に行なわれている。対談の頃は、41 代伊之助が 38 代庄之助をいつ襲名するのか、まったく見当もつかなかった。本年 9 月場所までの短い期間だが、最高位の庄之助を襲名でき、本

私　　　親方は三役以降、1年ほどで、昇格していて、すごい出世だと思います。それに比べると、幕内格時代は長いですね。12年ほど幕内にいます。

庄之助　そうです。上がつかえていたから、仕方ありません。行司の出世はそのときの状況や先輩行司の数などによりますから。運みたいなものです。

2.　行司部屋入門

私　　　以前、溜り小使いというのがあったそうですが[6]、現在の付け人と何が違うんですか。

庄之助　現在の付け人は溜り席までは行かない。当時は三役格以上に溜り小使いがいて、向正面の行司控え席まで行き、草履や団扇を渡し

当に嬉しい限りである。

6)　この溜り小使いは、『相撲大事典』(平成14年、p.207)によると、昭和55年(1980)に廃止されたとなっているが、昭和48年7月までにはすでに廃止されていた。40代伊之助によると、木村玉男（片男波部屋、昭和53年3月に三段目で廃業）は初土俵が48年7月だが、溜り小使いをしていない。初土俵が昭和50年3月の元・40代伊之助や50年5月の現・38代庄之助は二人とも溜り小使いを経験していない。もしかすると、48年より1年前（つまり47年）に廃止されていたかもしれない。46年の行司スト（12月）の翌年、つまり47年には廃止されていたはずだと語る行司が何人もいた。47年に廃止されていることを裏付ける資料を探しているが、今のところ、まだ見つかっていない。27代木村庄之助著『ハッケヨイ残った』（東京新聞出版局、平成6年）では「戦後には"たまり小使い"もなくなり、（後略）」(p.52)と書いている。これは正しくないはずだ。同書には、序二段の頃、溜り小使いとして控え席にいたとき、双葉山の連勝がストップした相撲を見ていたことを記している。そして、「ようやくこの社会に慣れて、庄之助親方など立行司の軍配や草履を持って、行司だまりに控える"たまり小使い"という役をやるようになりました。これは若いうちから、中入り後の名勝負を見て、先輩行司のさばきぶりを学ぶという点では、後々大いに参考になりました。」(p.46)と書いている。

ていました。渡した後もその控え席で待機していた。[7] 最後の立行司の場合は、弓取り式が終わるまで、そこで控えていた。

私　　　立行司だけではないですか。

庄之助　いや、三役以上ですね。

私　　　現在、三段目以下は付け人になりますが、どこが違うの。[8]

庄之助　現在の付け人は控え席までいかない。それだけの違いだと思いますね。

私　　　そうですか。

庄之助　新弟子は溜り小使いにはやらなかったですね。様子がわからないから。審判委員や他の人から何か言われると困るのでね。大体 1、2 年くらいしてから、溜り小使いになっていました。

私　　　溜り小使いには行司監督がこういうことをやるんですよと教えるんですか。

庄之助　いいえ、いいえ。誰も教えません。先輩のやっていることを見て、自分で学んでいきます。

私　　　見様見真似ですか。当時、相撲部屋は独立していますが、親方の師匠はどうなっていますか。

庄之助　入門当時は、師匠というのはいません。行司部屋が独立していたので、入門したときには、師匠に当たる行司はいなかった。誰か先輩行司を頼っていったわけではないんです。上位の行司が 23 代木村庄之助だったということです。

私　　　23 代庄之助は、師匠ではないですか。

庄之助　いいえ、師匠ではないです。たまたま紹介されたんです。私が行司入門したいきさつを説明します。私はどうしても行司になりたくて、中学 2 年の 9 月頃だと思います。延岡市内で元力士・松

---

7)　溜り小使いの役目は立行司の軍配や草履を持っていき、行司溜りで控えることだと 27 代木村庄之助著『ハッケヨイ残った』（p.46）にも書いてあるが、立行司だけでなく三役行司にも仕えていた。

8)　現在、付け人は三段目以下で、幕下はやらない。

恵山がちゃんこ屋「松恵」を経営されていました。松恵山は立浪部屋で、十両まで昇進された方です。

親には内緒で、行司になりたいからと依頼に行きました。すると、大変厳しい社会だから、辛抱できないと松恵さんに断られました。その後どうしても諦めきれず、二、三回お願いに行きました。最後は松恵さんも根負けして、九州場所の行司部屋に行って、頼んであげると言われました。

そして昭和36年九州場所の行司部屋に行って、23代木村庄之助さんに頼んでくださいました。場所後に宮崎市で巡業があるから連れてきてくださいのことでした。松恵さんが家に来られ、両親に話され、承諾しました。九州場所が終わり、宮崎巡業当日、延岡から私、松恵さん、岸上さん（タクシー会社の社長さん、松恵さんの友達）3名、タクシーで宮崎に行きました。宮崎巡業地に到着し、支度部屋へ通されました。そこで初めて23代木村庄之助さんに会いました。そして翌年の3月卒業式を終えたら大阪場所に来なさいと言われました。その時支度部屋にいたのは池田貢さん（のちの29代式守伊之助さん）と鵜池保介さん（のちの30代庄之助さん）でした。

37年3月大阪場所に行くことを伝えると、大阪駅まで迎えに行くからと23代庄之助さんに言われました。

そして年が明けていよいよ3月6日、大阪場所に向かう日が来ました。母と夜の急行列車に乗り、延岡を発ったのが午後1時30分頃でした。翌日午前10時ごろ大阪駅に到着しました。池田さんと鵜池保介さんが迎えに来ておられました。

大阪駅からタクシーで宿舎の（寿法寺）行司部屋に着きました。到着してから夕食時に、23代木村庄之助さんとのちの24代木村庄之助さん（鬼一郎、当時20代式守伊之助）に紹介されました。その時、庄之助さんが玉治郎さんに松恵さん紹介だから立浪部屋と言われました。その後、私が立浪部屋と言われ、池田さんと鵜池さんが出羽一門でなかったので、がっかりなさったそうです。

私　　　　所属はどうなっていましたか。

庄之助　　行司部屋ですね。23 代木村庄之助に紹介した松恵山さんが立浪
　　　　　部屋所属の力士だったので、自分は立浪部屋へ振り分けられたと
　　　　　いうわけです。私が入門する以前の行司たちは、それぞれ所属部
　　　　　屋があったので、そのうち私も立浪部屋ということになったので
　　　　　す。松恵山さんが紹介しているからね。玉光さん（16 代、本名・
　　　　　上田さん）も所属部屋がなく、当時玉光（15 代、本名・多田さん）
　　　　　が行司監督だったので、花籠部屋に決まった。

私　　　　確かに、行司部屋ができる以前は、みんな各自、相撲部屋に所属
　　　　　していました。

庄之助　　そうです。行司部屋だったけど、先輩行司は相撲部屋が決まって
　　　　　いた。私などは入門当時、それが決まっていなかった。で、私が
　　　　　立浪部屋に振り分けられたとき、27 代木村庄之助（当時は玉治郎、
　　　　　幕内格）、式守与太夫さんがいました。行司部屋が解散する前です、
　　　　　ね。

私　　　　そうなんですか。

庄之助　　それで、ヒゲの伊之助親方には二回、会ったことがあります。行
　　　　　司を辞めていたけど（昭和 34 年 11 月場所後に退職）。高円寺の
　　　　　自宅へ連れていかれましたよ。今度、入ったからということでね。

私　　　　ヒゲの親方は確かに、当時辞めていました。連れていかれたのは、
　　　　　挨拶ということですか。

庄之助　　そうそう。立浪部屋に入ったからということでしょうね。当時、
　　　　　立浪部屋には 27 代木村庄之助、関口さん（式守清三郎、与太
　　　　　夫）、阿部さん（のちの 32 代木村庄之助）の 3 名がいた。

---

9)　　16 代玉光（延秀、信孝、三役格）は病気のため、40 代伊之助昇格を辞退している。

10)　　15 代玉光（時夫、登喜光、花籠所属）は幕内筆頭まで昇進していたが、現役
　　中病気で亡くなっている。

11)　　関口さんは関口清三郎のこと。のちの 10 代式守与太夫。昭和 41 年（1966）
　　11 月から昭和 57 年（1982）9 月まで番付書きを担当していた。

私	あの当時、立浪部屋には行司さんが多かったみたいだね。
庄之助	そう、たくさんいました。私を入れて、4名いたかな。
私	行司部屋にいたとき、相撲部屋へよく行きましたか。
庄之助	いや、よく行ったということはない。千秋楽とか土俵祭とかをやるときに、立浪部屋へよく連れられて行きましたよ。皆、それぞれ振り分けられていた部屋へいっていました。

3. 軍配の握り方

私	立浪部屋に所属したとき、27代木村庄之助は当時、玉治郎だったですね。軍配の握り方は、どうなっていましたか。行司部屋に入り、所属部屋もありませんが。
庄之助	入門したころは、木村玉治郎が行司監督でした。そのとき、木村は手の甲を上にして握るんだ（陰の握り方）、式守はこう握るんだ（掌を上向きにする陽の握り方）としっかり教えていました。[12] 別の握り方を教えられなかったし、別の握り方でもいいというようなことは聞いたこともなかったね。
私	入門当時、木村順一ですが、誰が木村という姓を名乗るようにと言われたんですか。
庄之助	当時、玉治郎さんが一番上だから、自然に木村です。[13] 他の二人（のちの31代と32代木村庄之助）は式守ですね。式守清三郎（の

---

12) 木村玉治郎（のちの27代木村庄之助）は自伝『ハッケヨイ残った』（東京新聞出版局、昭和59年、p.53）で木村家と式守家では軍配の握り方が違うとはっきり述べている。

13) 行司部屋に入門してしばらくすると、親方は立浪部屋に振り分けられている。当時は、先輩行司はすでに相撲部屋に所属していた。一人の行司が同時に二つの部屋に所属している格好だった。それで、親方は形式上立浪部屋の行司であり、木村姓を名乗っている。その部屋の兄弟子が木村玉治郎なので、木村流の握り方になっている。監督がたまたま木村玉治郎だったこともあり、自然に親方も木村流の握り方をしている。

ちの式守与太夫）が兄弟子だったからです。式守正夫ですね。あ
の人は式守伊之助の弟子だったんです。そういうことなんです。

私　　その後、ずっと木村ですよね。式守に変わってないですね。

庄之助　ええ。式守を名乗ったことはないね。式守伊之助になるまでは。

私　　昔の巡業、つまり 34 年以前の巡業について何かご存じないです
か。

庄之助　私の入門後は巡業の仕方も変わっているし、経験もしていないの
で、以前のことはわからないですね。

私　　でも、一門別や組合別に行っていたとは聞いていると思いますが。

庄之助　もちろん、聞いています。が、経験していないので、確かなこと
は何も言えないですね。

私　　ええ。

庄之助　体験していないからね。自分の頃は、巡業にはもう列車で行きま
した。今と、特に変わっていないですね。入門当時の巡業は 500
人編成で、列車 9 輌ないし 10 輌でした。午前 8 時 30 分頃から
取組が始まっていた。午後 3 時頃打ち出し、また次の巡業時に列
車移動でした。現在は大半がバス移動です。

4.　行司募集の広告

私　　入門後、行司部屋に来て、番付に載らないような行司がいました
か。

庄之助　いないです。

私　　一場所すぎると、全員、番付に載ったんですか。

庄之助　そう。

私　　そうですか。

庄之助　まず、当時は行司のなり手が非常に少なかった。広告を出して募
集したくらいですから。募集しても来なかった。4 代正直の下も

４年くらいいなかったんじゃないかな。志願者がいなくて。そういう時代だった。今とは大違いです、思い出すと。[15]

5. 土俵祭

私 土俵祭の話になるけど、以前は全員が参加しなかったと聞いたことがあるけど、どうですか。[16]

庄之助 全員は参加していませんね。それを武蔵川理事長のとき、言われたんですよ。全員参加していないじゃないかと。

私 全員参加しなさいと。

庄之助 当時は、割場というのがあって。割場担当の行司は割場の仕事をしていて、参加していなかった。次の場所からは全員出席するようになりました。割場の仕事は土俵祭終了後になりました。[17]

私 ええ。

庄之助 何をやっているんだと。風あたりが強くなってきた。当時はいろいろなことがあったでしょう。ストみたいなことがあったりしてね。その頃から、厳しくなってきた。当時、協会は行司5，6人を辞めさせたかったようだが、庄之助さんはそういうことはできないと主張し、それが主な原因でストになってしまった。

---

14) 木村正直（4代）は三役格行司だったが、平成25年（2013）1月、現役中に病気のため亡くなった。

15) 行司募集の広告については、木村正直（4代）や40代式守伊之助などからも行司控室の雑談の中でときおり聞いていた。募集をかけても、応募してくる人がいなかったと苦笑していた。時代的に給料のいい仕事が他にたくさんあったという。

16) 土俵祭には一部の行司だけ参加していたと29代木村庄之助から聞いたことがある。

17) 現在でも、もちろん、割場はあり、17名ほどがその担当をしている。取組編成会議の準備をしたり、相撲字で「割」を書いたりしている。割場は現在、行司控室内で仕事をしている。拙著『大相撲の行司と階級色』（2022）の第5章「行司の役割再訪」も参照。

私	46年末から47年の初めの頃ですね。47年3月には25代木村庄之助が辞めています、確かに。
庄之助	全員参加しなさいと言われて、その頃だと思いますね。全員参加するようになったのは。
私	当時は、土俵祭に出るとか出ないとかというのは、行司に任せていたんですか。
庄之助	行司にはいろいろな仕事があるからね。参加は義務ではなかった。特に割場担当はその日に仕事をしていて、参加しなかったということです。下の方、付け人は出ていました、逆に。
私	そうですか。奇異な感じがしますね。
庄之助	その頃に、行司会と協会のあいだにごたごたがあって、土俵祭にも全員が参加するのがよいということもあり、結局、割場の行司も参加するようになった。
私	25代木村庄之助は47年3月に辞職しています[18]。辞める前に、裁きで誤審があり、それを巡って審判部長と口論している。どちらも自分が正しいという立場なので、激しい口げんかになっている。それは立場の相違ですから、仕方ないとしても、誤審だけなら25代庄之助は止める必要なかったのではないでしょうか。
庄之助	結局、ストを決行したことが理事側を刺激したんでしょうね。25代親方は居づらかったんだと思いますよ。
私	私から見ると、審判部長と庄之助親方は感情的になっていたような気がします。
庄之助	46年の暮れにストをし、47年初場所で25代庄之助は差し違え

---

18)　25代庄之助は3月場所直前、急に辞表を提出している。辞職したのは46年末の反乱や47年初場所中の差し違いを巡る審判委員長への不満があったかもしれない。審判委員長と25代庄之助は互いの言い分で譲らない面があり、それを土俵外でも続けている。お互いに非常に感情的になっている。二人のやり取りについては、当時のスポーツ紙に大きく報道されている。退職後、25代庄之助はなぜ辞めるに至ったかを月刊誌『大相撲』（たとえば、昭和47年4月号や5月号）などで披露している。

をしています。どちらにも言い分があり、感情的になっていたような気がします。[19]

私　　　　25 代親方の辞職の原因が差し違えだけだとしたら、立行司になる人はいないのではないでしょうか。

庄之助　　差し違えが一番だけじゃ、辞めませんよ。

6.　再び軍配の握り方

私　　　　年代ははっきりしないが、軍配の握り方に関し、24 代庄之助（緑川さん）がこれからは、木村家は拳を上に、式守家は掌を上向きに、きっちり分けようと言ったと、36 代庄之助（山崎さん）が自著の中で語っていますが[20]、そういう話を聞いたことがありますか。

庄之助　　ないですね。勘太夫さん（三浦さん）が聞いた話しによると、19 代ヒゲの伊之助さんが年を取り、軍配が重いので、握り方を変えたと言ったそうだが、それもおかしな話ですね。

私　　　　ヒゲの伊之助は元々式守流だと思うんですが。

庄之助　　ヒゲの伊之助は自分が握り方を変えたのは、軍配が重くて大変なので、握り方を変え、その握り方が定着したのだと語ったと、勘太夫は理解しているが、それはやはり妙な話です。後藤さんもそ

---

19)　軍配の差し違いだけだったら、5 名の審判委の結論に従うことで決着すればよいのに、25 代庄之助はそれに我慢できなかったようだ。それに加えて、協会に対して不信感があったかもしれない。差し違いがきっかけになって、協会への不満が爆発したようだ。はたから見ると、そういう印象を受けてしまう。差し違いだけで立行司を止めるべきでないという私の立場からすれば、25 代庄之助は決して辞職すべきではない。それ以外の要素があり、それが円満に解決できなければ、辞職も一つの選択である。実際、25 代庄之助は 47 年初場所、反乱後の 1 月（春）場所、立行司として出場している。差し違えだけでは辞職しなかったはずだ。仕事を継続できない理由が他にもあったとみるのが自然である。

20)　36 代木村庄之助著『大相撲　行司さんのちょっといい話』（双葉社、平成 26 年、pp.108-12）を参照。握り方に関して、何人かの立行司が異なる考えを持っていたことがその本の中でも語られている。

の起源説を正しいと思い込んだようです。

私　　木村流と式守流が軍配の重さや老齢と関係あるという話は、おか
　　　しな話ですね。

庄之助　それはあり得ない話です。木村流と式守流の握り方は、自分が入
　　　門した頃にはすでにあったんですから。

私　　確かに妙な起源説です。私が調べた限りでも、明治末期から木村
　　　流と式守流の握り方はあります。[21]

庄之助　ヒゲの伊之助が語ったのを後藤さん（28 代庄之助）も聞いて、
　　　握り方は最近決まったようだと思い込んだらしい。

私　　後藤さんは握りたいように握ればいいという考えでした。[22] 兄弟子
　　　の 22 代木村庄之助（林八さんまたは林之助さん）も同じ考えで
　　　すね。

庄之助　30 代庄之助（鵜池さん）も同じ考えですね。兄弟子が後藤さん
　　　ですから。

私　　30 代庄之助さんは式守伊之助になったとき、木村流で握ってい
　　　ます。

庄之助　ああそうですか。握り方の記憶はないのですが。

私　　ええ。

庄之助　最初からこういう握り方をしていたので、これでしかできないで
　　　すとは言っていました。

私　　兄弟子が林八さんですから、当然、その影響を受けたんでしょう

21）　握り方に関しては、たとえば拙著『大相撲行司の伝統と変化』(2010) の第 1 章「軍
　　配の握り方を巡って」や『大相撲の行司と階級色』(2022) の第 2 章「軍配の握
　　り方再訪」でも扱っている。軍配の握り方をチェックできる写真があれば、それ
　　を調べることができるが、写真がない場合、調べることがかなり難しい。その場
　　合は兄弟子や相撲部屋などから推測することになるが、それは全面的に信頼でき
　　るわけではない。木村や式守を頻繁に変える行司もいる。

22）　後藤さんは、握り方は自由でよいという考えだったが、自身は式守流で握って
　　いる。おそらく入門の頃、20 代木村庄之助（松翁）からその握り方を教えられて
　　いたからだと推測する。松翁は元々式守系統だったからである。

ね。握り方に関心があったので、私は鵜池さんに直接電話し、確認したんです。やはり兄弟子の言うことを守ったので、拳を上にしてずっと握っていましたと。

庄之助 そうですか。

私 立行司によって、握り方の考え方がそれぞれ違うんだよね、22代庄之助（林八さん）、28代庄之助（後藤さん）、30代庄之助（鵜池さん）は握りたいように握るという自由派ですが、29代庄之助は反対に伝統派なんです。握り方は昔から分かれていて、木村家は陰の握り方、式守家は陽の握り方です。

庄之助 私もきっちり分かれていると教わりました。入門当時にね。

私 私などは第三者なので、伝統派であろうと、自由派であろうと、握り方に対し、どうすべきだという考えはありません。事実はどうなんですかという問いかけだけです。

庄之助 相撲を見ているお客さんから、ときどき、聞かれることがあります。握り方の区別があると答えたほうが何となくすっきりします。どうでもいいよというのは、何となく格好悪い。長い伝統があるんですから。

私 31代庄之助（阿部さん，正夫、正三郎）と32代庄之助（沢田さん、咸喬、郁也）はどういう握り方をしていましたか。

庄之助 阿部さんの兄弟子は清三郎です。咸喬の兄弟子は後藤さんです。鵜池さん（30代庄之助）と一緒ですね。たぶん、阿部さんは式守流、咸喬さんは木村流じゃないかなあ。咸喬さんは物をあまり言わなかったので、あまり厳しくなかったです。阿部さんもそんなに厳しくなかったですね。咸喬さんや正夫さんが式守伊之助になった時、どんな握り方をしたのか、記憶にないですね。[23]

---

23) 対談後、咸喬さんの弟弟子木村千鷲（幕内格）に35代庄之助が確認しているが、あとで伊之助時代は木村流で握っていたという連絡があった。映像と同じ結果であった。阿部さんは兄弟子がもともと式守流なので、伊之助時代は間違いなく式守流の握り方をしていたに違いない。庄之助時代は木村流に握り方を変えたはず

30

私	写真があれば、それを調べたらわかると思います。ところで、現在、握り方に関しては、誰が教えているんですか。握り方は厳しいですか。[24]
庄之助	監督さんが教えていますね。私が入門した頃も、二つの握り方があることを教えていました。今でも、変わりないと思います。
私	確か、伝統的な握り方を監督が教えていると監督経験者（元基さん）が語っていたことを覚えています。[25]
庄之助	たまには、例外があって、三役の木村晃之助は式守流で握っています。お客さんから電話があって、晃之助は木村ですが、なぜ式守流で握っていますかと。
私	そうですか。
庄之助	現在は、お客さんも握り方に二通りあることをよく知っています。
私	式守伊之助になったら、その握り方でいいが、木村庄之助になった時、どうするんでしょうかね。
庄之助	どうするんでしょうかね。興味はあるが、その時には自分はこの世にいないけど。関心はありますね。
私	以前、三役の木村孔一さんも式守流で握っていましたね。[26]
庄之助	最初の頃は木村流で握っていました。途中から式守流に変えています。誰かから握り方はどっちでもいいと聞いたんじゃないでしょうか。

だと35代庄之助も語っていた。

24)　30代木村庄之助以降は写真や文献で調べることができたが、31代と32代木村庄之助の握り方を確認できる写真をこれまで見ていない。注意して調べれば、きっと見つかるに違いない。

25)　33代木村庄之助は自著『力士の世界』（文芸春秋、平成19年）と36代木村庄之助は自著『行司さんのちょっといい話』（双葉社、平成26年）で二通りの握り方を認め、それに従った握り方をしている。

26)　春日野部屋所属であり、おそらく木村流で握るはずだが、本人は式守流で握っていた。

7. 付け人

庄之助 昔、入門したとき、玉治郎さんから木村は木村流でこう握ると教えられました。

私 玉治郎（熊谷さん）さんは式守伊之助になった時、どういう握り方をしていたんでしょうか。

庄之助 記憶にないですね。

私 二通りの握り方を教えていたのだから、式守伊之助になれば式守流で握ったのではないでしょうか。

庄之助 師匠がヒゲの伊之助だったのだが、どうなんでしょうね。

私 ヒゲの伊之助は昔から二通りの握り方の存在を知っていたから、本来であれば式守伊之助は式守流ですね。

庄之助 ただおっちょこちょいのところがあて、エピソードの多い人でしたね。

私 そうなんです。

庄之助 付け人だった阿部さんはそうとう苦労しています。24 代庄之助（伊三郎、鬼一郎、緑川さん）は 9 時や 10 時まで飲むので、付き人は大変でした。

私 酒をたくさん飲む人の付け人になった行司は、本当に苦労したようです。

庄之助 私が入門した当時は 23 代庄之助の付け人です。37 年 11 月場所に庄之助さんが辞めたので、その後は玉治郎さんが兄弟子になっています。一枚上の勘太夫（三浦さん）は正直さん（23 代木村庄之助）の付け人でした。

私 若手はたくさんいましたか。

庄之助 当時は若手が少なかったので、一人で何名かの付け人をしていました。私は玉治郎さんから外れ、忠雄さん（のちの錦太夫、二所ノ関部屋）とともに、2, 3 年ほど 25 代庄之助さんの付け人になりました、退職まで（47 年 3 月廃業）。場所だけの付け人なら、

仕事量が少なくて済むけど、部屋所属になるとそうはいかない。行司部屋では洗濯から小間使いまで全部やっていました。本当に大変でした。朝 6 時に起きて、洗濯です。それも順番待ちです。洗濯機などない時代ですから。みんなで集まって、手でせっせと洗っていました。[27] 特に大阪場所では寒いから大変でした。水洗いです。

私　　　　今、振り返ると、懐かしいですか。やはり大変だったと思いますか。

庄之助　　やはり大変でしたね。

私　　　　行司の呼び方ですが、兄弟子や師匠はどう区別していますか。

庄之助　　行司の場合、師匠というより兄弟子と呼んでいます。師匠というのは部屋の親方ですね。伊之助と庄之助を親方と呼び、あとは兄弟子です。そういう呼び方をしています。

私　　　　なるほど。行司同士であっても、ときどき、自分の師匠は誰々と言っているが、それは兄弟子というのが正解なんですね。

庄之助　　十両以上三役までは、兄弟子と呼びます。

8.　黒星

私　　　　親方は三役に上がってからは黒星を取っていませんが、黒星を取った時の心境はいかがなものでしょうか。

庄之助　　幕内までは何回か黒星を取っています。やはり落ち込みますね。

私　　　　人間のすることだから、仕方ないこともあると、割り切れないですか。

庄之助　　いやあ、精神的に落ち込みます。

私　　　　きわどい相撲の場合、誰が裁こうと、微妙な勝敗は、どうしようもないような気がするけど、そういう場合は割り切ってもよさそ

---

27)　行司部屋の生活や暮らしについては、たとえば『大相撲』（昭和 38 年 3 月号）の小川武筆「はだしの木村、式守君ばかり」（pp.74-6）にもその一端が記されている。

うだが。

庄之助 　やっぱり勝負を正しく裁くのが当たり前という考えはいつでも持っています。行司によっては、割り切る人もいますが、自分の場合はなかなか簡単に割り切れなかったですね。

私 　ええ。

庄之助 　黒星を取ると、相撲がいっそう怖くなることがあります。次にも失敗するのではないかという気持ちが強くなるのです。

私 　幕内でもあまり黒星はなかったように思いますが、いかがですか。

庄之助 　いやあ、一場所に二回、黒星を取ったことがあります。いやでしたね。すごく落ち込みました。

私 　三役になってからは、まったく黒星がない。これはすごいですね。

庄之助 　三役になってからは昇格が早かったこともあり、運がよかったかもしれませんね。いずれも1年ほどで、全部で3年くらいです、確か。

私 　立行司になった人は、黒星がないのが何人かいます。

庄之助 　そうですね。29代（桜井さん）もないはずです。

私 　36代木村庄之助（山崎さん）もないはずです。

庄之助 　いやあ、一回あったんじゃないかなあ。伊之助のときにはあったはずです。庄之助の時代には一回もなかったね。

私 　立行司は黒星を取ると、進退伺いを口頭で伝えるんですか。[28]

庄之助 　ええ。審判部長と行司監督を伴い、理事長室に行きます。

私 　現在は進退伺いを申し出るのは、形式的なものだと思いますが、立行司自身は必ずしも形式的だと割り切っていないですか。

庄之助 　何回か黒星を重ねていると、やはり真剣です。自分が監督をしていたころ、池田さん（29代式守伊之助）の場合は大変でしたよ。

---

28) 以前は進退伺を文書で出していたが、最近は口頭で申し出ている。口頭になったのがいつからかは必ずしもはっきりしていない。文書だったり口頭だったりした時期もあったようで、口頭だけになったのは昭和の後半らしい。これについては、深く調べていない。

35 代木村庄之助の取組の裁き

私	謹慎を言われるのではという心境ですか。
庄之助	29 代木村庄之助の下の 29 代式守伊之助（池田さん、春日野部屋）などは酒をよく飲んで、よく黒星を取りました。進退伺いをあんたが書きなさいとよく言われましたよ。監督だったから。
私	ええ。そういうこともありましたか。
庄之助	いやあ。進退伺いを私に書いてくれと言われても、それは無理ですよ。
私	当時は文書で出したんですか。
庄之助	いやあ。あまりにも黒星を多いので、もう文書で出したらいいんじゃないですかと，言ったんですよ。もちろん、冗談でね。
私	池田さんは病気のせいで黒星が多いと思っていましたが。
庄之助	病気じゃなかった。飲みすぎだったね。
私	精神的プレッシャーで、酒を飲むんですかね。行司さんにはときどき酒好きがいましたけど。
庄之助	野内さん（40 代式守伊之助）などは、かわいそうですね。彼自身が悪いことは悪いけど。いつかは失敗するんじゃないかと心配していました。
私	何とも残念です、本当に。

庄之助	酒で辞めなければ、間違いなく、庄之助を長期、勤められたのにね。もったいないですよ。
私	本当に、そうだね。
庄之助	もったいないことをしました、本当に。
私	私は40代伊之助にはずいぶんお世話になりました。しかも、長いあいだ。今でも、ときどき電話でお世話になっています。酒のせいで不祥事を犯し、本当に残念です。ショックを受けています。
庄之助	本人もかなり落ち込んだと思うよ。取り返しがつかないんだから。
私	酒を飲み、悪ふざけで絡んだでしょうね。若手の行司はそれを悪ふざけと取らなかったんでしょうね。
庄之助	多分、そうでしょう。事が大きくなりすぎた。公になってしまうと、解決が難しい。
私	立行司ともなると、バッシングを受けるのは仕方ない。それにしても、立行司という職だけでなく、人生を棒に振ってしまった。親しく付き合っていただけに、どう慰めていいのか、わからない。ただただ残念です。
庄之助	本当に、どんな言葉を掛ければよいのか、自分もわからないね。
私	この不祥事について、このように話すのがいいのか、迷いがあります。しかも、お世話になっている行司さんでもあるし、話し合うことにうしろめたさを感じます。本当に困った状態です。

9. 立行司の辞職

私	昔、17代木村庄之助は大正10年5月場所、たった一回の黒星で、立行司を辞めてしまいましたね。19代式守伊之助の師匠ですね。
庄之助	そうですね。
私	昔であれば、腹を切るのと同じだ。そういうことで、短刀も差している。覚悟だけで終わればいいと思うのだが、本当に辞表を出している。慰留はされたけど、周囲の声に左右されず、覚悟を変えていない。私などは一回のミスで、辞める必要などないと思っ

　　　ているけど。

庄之助　　一回のミスだけで、辞めるとはまれなケースですね。

私　　　　一回の黒星で、辞めるのが当たり前になったら、今後、立行司に
　　　　　なる人は出てこないでしょう。定年で自然に辞めるまでの期間で
　　　　　得られる金銭的補償をしてくれないと、人権問題だと思うよ、私
　　　　　などは。

庄之助　　一回では辞めるのは酷です。私などは二、三回ミスしたら、辞め
　　　　　ていたかもしれないですね。

私　　　　先輩の 16 代木村庄之助（ブル庄）や木村瀬平（6 代）がミスし
　　　　　たのを知っているはずだが。[29]

庄之助　　そうですね。

私　　　　そういう先輩を見ていたのに、なんで一回のミスだけで辞める決
　　　　　断をしたのか。私などは不思議に思っています。

庄之助　　責任感がよほど強かったんでしょうね。

私　　　　ミスは表向きの理由で、実際は辞めたい理由が他にあったんでは
　　　　　ないでしょうか。今のところ、思い当たる理由はないけれど。当
　　　　　時の新聞では、友綱部屋の師匠が冷遇されていたらしいというこ
　　　　　とをほのめかしている記事もあるが、どのような冷遇を受けてい
　　　　　たのか、はっきりしない。

庄之助　　庄之助をやっていて、二回も三回も黒星を取ったら、私だって辞

---

29)　たとえば、明治 41 年 5 月場所で 16 代庄之助は進退伺いを出している。これに
　　ついては『毎日電報』（明治 41 年 5 月 24 日）の「土俵に蒲団の山〈庄之助進退
　　伺いを出す〉」を参照。これ以外にも 16 代庄之助が進退伺いを何回出したかは詳
　　しく調べていない。立行司木村瀬平は明治 34 年 5 月場所 3 日目、梅の谷と源氏
　　山の取組で辞表（おそらく進退伺い）を提出している。これについては、明治 34
　　年 5 月 29 日の『都新聞』の「相撲雑俎」や『読売新聞』（明治 34 年 5 月 29 日）
　　の「相撲雑俎」を参照。もう一つ例を挙げれば、8 代式守伊之助も辞職届け（た
　　ぶん進退伺い）を提出し、3 日間の遠慮（謹慎処分）を受けている。これについ
　　ては、『読売新聞』（明治 28 年 6 月 13 日）の「西の海・鳳凰の勝負に付き大紛議」
　　を参照。ただ当時は「協会預かり」という勝負判定もあったので、どの預かり裁
　　定でも行司が進退伺いを出していたかどうかは不明である。

めているね。一日一番しか裁かないのに、いろいろと批判される
んです。立行司の責任感は本当に大変なんです。黒星を取ると、
批判や非難が協会にたくさん来ますから。

私　　　そうですか。

庄之助　私は二、三回のミスをしたら、責任を取って辞めるという覚悟で
したね。

私　　　私は少々のミスでは、辞める必要ないという立場です。もし辞め
る覚悟なら、それまでに辞めても生活に困らないほど、立行司に
なる前に、ひと財産を築いておくべきです。

庄之助　立行司になったからと言って、生活に困らないような財産は築け
ません。

私　　　立行司の覚悟は大事だけど、ミスの責任感ばかり強調するのはど
うでしょうか。

庄之助　覚悟は人によって違います。何らかの責任を問われると、潔く直
ちに辞める人もいるし、辞めるほどの責任を感じない人もいる。
人、それぞれです。

私　　　私は今、退職した身だが、以前はサラリーマンでした。定年前に
首になるという考えはなかったですね。よほどの不祥事を犯すな
ら、別ですけど。

庄之助　行司はサラリーマンと同じだが、黒星に対する責任の取り方はや
はり個人差があります。

私　　　17代木村庄之助の辞職は、どちらかというと、褒められていま
すね。行司として信念があり、武士のかがみみたいなものだ。仕
事でミスをし、その責任感で身を引いて果たしたのだから、称賛
に値すると。これに対して、私は少々のミスで立行司を止める必
要ないという立場です。

庄之助　同情的な見方だが、厳しい考えの持ち主も行司の中にいることは
確かです。本当に、責任の取り方は人それぞれです。

私　　　もっと行司に関するお話を続けたいが、お願いした時間になって
しまいましいた。この辺でお開きにしたいと思います。親方、本

当にありがとうございました。

　この特別対談は令和 5 年 9 月 13 日（水曜日）、私の自宅マンションで
行いました。

10. 誤審とヒゲの伊之助事件

(a)　26 代式守伊之助著『情けの街のふれ太鼓』から「ヒゲの伊之助事件」

　行司の責任の重さを問われる事件について、26 代式守伊之助（茶原宗一）
が自著『情けの街のふれ太鼓』（二見書房、平成 5 年）で「ヒゲの伊之助事件」
として次のように書いている。長い引用になるが、行司の仕事を理解する
のに参考になる。行司の心得や定年制などについて述べているからである。

（1）　判定に従う潔さ

　「昭和三十三年秋場所の『ヒゲの伊之助事件』である。
　初日、西横綱・栃錦と東前頭七枚目・北の洋の一戦で、北の洋は速攻
を見せたが、土俵ぎわで、栃錦が左へまわりこんで突き落とし、両者
は同時に土俵を割った。
　このとき、伊之助の軍配は、北の洋に上げかけて栃錦に上げる『ま
わしうちわ』となった。このまわしうちわは、行司がみずから瞬時に
自分の判定を訂正することなので、あとのうちわに間違いがなければ
差し違いにはならないものの、もちろん行司にとっては決して誉めら
れたことではない。
　この判定には当然、物言いがついた。
　そして、勝負検査役（現在の審判委員：本章補足）の協議の結果、
四対一で、北の洋の勝ちとなった。検査役は、栃錦が『死に体』となっ
ていると見て、北の洋の寄り倒しの勝ちと見たのだ。『死に体』とは、
まったく逆転能力のなくなってしまった状態のことをさしていい、両

足の爪先が上がって、身体が三十度くらいうしろへ傾くと、自分で自分の身体が支えられなくなる。この状態で相手の足が土俵から出ても手をついても負けにはならない。

　この判定に、今度はヒゲの伊之助が納得せず、自分の軍配は間違いないと訴え、最後には土俵を叩いてまで抗議をした。かくして、この一番は十分を超える大物言いとなり、場内は騒然となってしまった。

　結局、ヒゲの伊之助は北の洋に軍配をあげ直したが、この件はこれではすまなかった。『行司の権限を越えた行動』として、伊之助の出場停止がしばらくつづくことになる。

　部屋に戻ってきた栃錦関は、

『しょうがないな、俺の最後まで粘っている腰を見てくれなきゃ。あれが俺の身上(しんじょう)なんだ』といったきり、その一番についての話はしなかったが、行司としては心痛み、考えさせられる事件だった。

　自分の判定に自信をもち、自分の軍配に責任をもつ。その気持ちがなくなったら、一番一番を真剣に研ぎ澄まされた集中力をもって見ることはできなくなるだろう。その点では、私はヒゲの伊之助を尊敬した。

　しかし、一方で、たしかに自信があっても、大勢の人間が見ていて検査役がこうであったというのならば、それに従う潔さも合わせもつべきだろう。相撲の勝負は、それほど微妙で、だからこそ片時も息の抜けない真剣勝負なのだ。」(pp.147-48)

(2)公平な裁き

「少し話は飛ぶが、行司の公平さに疑問をもつ相撲ファンがいるという話もよく聞くことがある。

　つまり、行司はそれぞれ相撲部屋に所属しているのできわどいときは自分の部屋の力士に軍配を上げたくなるのではないか、ということだ。

　たしかに、土俵に上がる前には自分の部屋の力士に勝ってもらいた

い、という気持ちはある。しかし、行司の軍配は『勝』を見て上げるのではなく、『負』を見て上げるのだ。たとえば、『足が出た』とか、『身体が先に落ちた』など、負を探して、誰よりも早く勝負を判定しなければならない。

　十両以上の行司は、少なくても二十年以上の歳月を行司として勉強し、本場所、巡業を通して、その勘どころを学んでいる。

　だからこそ、土俵の上では無心になれるし、もしそこに雑念が入ると判定に狂いも生じてくる。行司の軍配は、鍛えられ、研ぎすまされた勘どころによって一瞬のうちに上げるところに値打ちがあるのだ。そこには、私情が入りこむ隙間など、寸分もない。」（p.149）

(3) 行司の定年制

「ヒゲの伊之助事件の翌年には、行司の六十五歳定年制が親方衆とともに発足した。この定年制には、当時の行司はみな諸手を挙げて賛成したはずだ。

　というのは、兄弟子がずっといると、若く新しい力はいつまでたっても台頭してこない。また、体力、集中力ともに要求される行司という仕事には、年齢制限があって当然のことだったろう。」（pp.149-50）

(4) 充実した時期

「仕事にはどんな仕事でも勢いのある時期があり、自分なりの頂点を極める時期がある。気力があっても体力がついていかなければ、断念せざるをえないこともあるだろうし、逆に精神力がつづかなくなることもあるだろう。

　ただ、自分が本気でその仕事にうちこんでいれば、気力体力ともに充実できる時期は長くなる。その時間がどのくらいなのか、実はそれは自分自身にもわからないのではないだろうか。だからこそ、私は、一日が、土俵の上の一番が生涯たった一度の瞬間と思うことができる

ような気がする。」(p.150)

(b)　27代木村庄之助著『ハッケヨイ残った』の「伊之助涙の抗議」

　ヒゲの伊之助の土俵上の抗議については、多くの本や雑誌などで取り上げられているが、弟子のひとり木村玉治郎（のちの27代村庄之助）の思い出を記しておきたい。これは27代木村庄之助の自伝『ハッケヨイ残った』（東京新聞出版局、平成6年）からの引用である。同じヒゲの伊之助事件であっても、先に見た26代式守伊之助の『情けの街のふれ太鼓』（二見書房、平成5年）とどこか違うところがある。同じ行司と職業についていれば、共通する面もあるが、『ハッケヨイ残った』には愛弟子が親方に対する深い思いがあふれ出ている。

　「伊之助親方には行司の"いろは"から教えられた私ですが、なかでも感銘を受けたのは、昭和三十三年秋場所の初日、北の洋×栃錦の判定をめぐる一番でした。
　この一番はご記憶の方も多いかと思いますが、北の洋が激しく正面土俵に寄り立て、栃錦が左から突き落としで反撃、もつれるようにして土俵に落ちた微妙な勝負でした。
　このとき伊之助親方は栃錦に軍配を上げて物言いがつけられ、土俵上での協議は四――一で北の洋の勝ちとなり、検査役（現在の審判委員）は再三にわたって、北の洋に軍配を上げるように促しました。
　だが、伊之助親方は『北の洋のひじが早くついている。勝負はおちる瞬間が決定的なものである』と譲りません。そして『私の信念を曲げるわけにはいかない』と強硬に突っ張ってもめにもめ、十数分を経過しました。
　結局、軍配で土俵をたたいての抗議も認められず、差し違いになってしまいました。あのときは親方の心情が痛いほど分かりましたが、同時に行司が常に公平無私であることを教えられました。
　行司は各部屋に所属しているので、ややもすれば、自分と同じ立浪

42

部屋の北の洋にと、思われがちですが、自分の見た通りに判定し、そ
れを頑強に主張したのは立派なものでした。

　親方はこれで秋場所中の出場停止処分を受けましたが、行司部屋か
ら嘆願書が出され、ひげの伊之助親方に親しみをもつファンの方々か
らも同情が続々と協会に寄せられ、十四日目から出場が許され、土俵
に上がった親方に、館内から大きな拍手が巻き起こりました。

　あのときは、おかみさんの心痛も大変なようでしたが、翌日の新聞
の分解写真では、伊之助親方の判定が正しかったことを伝え、さすが
に行司生活六十年のキャリアだと、頭が下がる思いでした。

　定年になられてから杉並区の自宅に伺い、ミカン箱いっぱいに詰め
られた、ファンからの激励の手紙を見たことがありましたが、これが
親方の信念の強力な支えになっていたのでしょう。

　それにしても、当時、"七十二歳の抵抗"といわれた伊之助親方は、
こと軍配に関しては最後まで頑固なところがありました。

　昭和四十四年三月場所で、大鵬が戸田（後の双黒岩）に押し出され、
連勝が四十五でストップ。この勝負をめぐる判定が物議をかもし、翌
五月場所から写真判定が参考として採用されるようになりました。

　写真が自分の信念を裏づけてくれただけに『機械よりも人間の目が
正しいというのは変だし、写真判定もいいのではないか』と言いなが
ら、『行司に勝負判定権の一票が与えられないのも不合理だ』と、弱
い行司の立場を訴え続けていました。

　最後まで後進の行司のことを心配してくれたいい親方でした。」
（pp.79-81）

　行司が著した自著や自伝ではほとんど、誤審を犯したときの心情が述べ
られている。各自、責任の重さを感じながらも、誤審にもさまざま原因が
あり、中にはどうしても避けられないものもある。審判委員5名が土俵下
で見ていても、いったん下した判定があとでビデオを再検討すると、その
判定を覆したくなるようなケースもある。もちろん、勝敗を下した後では、
判定を覆すことはできない。立行司（式守伊之助や木村庄之助）だけに限

定しても、長い目で見れば誤審は意外なほどたくさんある。関心があれば、いろいろな視点からそれぞれの誤審を調べてみたら、どうだろうか。

第2章　自伝や雑誌記事の記述

1. 本章の目的

　本章の目的は行司自身の自伝や雑誌対談の中で事実に即していないと思われる記述をいくつか取り上げ、それがなぜ事実に即していないかを指摘することである。自伝や雑誌対談は全体的には正しいが、事実と異なると思われるものがわずかながら見られる。自伝はそれほど多くはないが、雑誌対談は数限りなくある。その中から、具体的に取り上げる自伝や雑誌対談を次に示しておく。なお、自著は必ずしも自伝ではないが、行司自身が著者である場合、それも「自伝」として扱っている。

(1)　20代木村庄之助筆「行司生活五十一年」(p.78)（『夏場所相撲号』、昭和10年5月）
(2)　22代木村庄之助著『行司と呼出し』（昭和32年）
(3)　19代式守伊之助著『軍配六十年』（昭和36年）
(4)　21代木村庄之助著『ハッケヨイ人生』（昭和41年）
(5)　24代木村庄之助筆「行司生活五十五年」（『大相撲』、昭和39年7月）
(6)　雪の家漁叟の記『木村瀬平』（明治31年）[1]

　本章で焦点を当てているのは、行司歴に関する記述である。行司が記載している昇進年月は、もちろん、正しいのが普通だが、ときどき記憶違いか勘違いか、何らかの理由で、事実に即していないことがある。昇格年月であれ階級であれ、記述に矛盾があれば、記憶違いや勘違いによるものと処理できるが、記述に一貫性がなければ、やはりそれなりの理由があると

---

1)　この小冊子の中に木村瀬平について語っている箇所がある。自伝ではないが、瀬平から直に聞いたことを文章化している。

見なければならない場合もある。そういう場合は、その理由を追究しなければならない。

　私はこれまでも拙著で各行司の昇進歴を何度も扱っている。本章では、一人一人の行司歴を詳しく扱うことはせず、特定の昇進年月だけを問題視している。すべての詳しい昇進年月に関心があれば、拙著のいずれかに当たることを進めたい。もちろん、番付表に直接あたるのが最善だが、昭和34年以前は番付記載法が現在と異なるので、番付表を見れば各行司の昇進年月が必ずしも一目瞭然というわけではない。

2.　20代木村庄之助の紅白軍配房

　『夏場所相撲号』（昭和10年5月）の二十代木村庄之助筆「行司生活五十一年」に「木村庄之助氏の筆跡」（p.79）というキャプション付きで、庄之助の行司歴が掲載されている[2]。その中に、理解に苦しむ行司歴の記載がある。それを三角形（△）で示す。なお、表記を少し変えてある。

　　明治32年1月　　　　式守錦太夫と改名。土俵上足袋行司に昇進。
　　明治35年1月　　　　本足袋として幕内行司に昇進。
　　△明治42年　　　　　土俵上紅白の軍配房を許さる。
　　大正3年1月　　　　 土俵上草履を許され、三役行司に昇進[3]。

　自筆の履歴は整然としていて、修正した後は見当たらない。疑いを抱かせるような筆致はない。明治42年に「紅白房」が許されたとあるが、それは事実に即しているだろうか。というのは、明治35年1月に本足袋（紅

---

2)　自筆を活字にしたものは、『野球界：春場所相撲号』（昭和11年1月）の永坂實筆「松翁土俵生活五十有二年」（p.47）で見られる。その中でも明治42年は「紅白軍配の房」を許されるとなっている。

3)　15代伊之助（のちの20代木村庄之助）本人は大正15年1月、伊之助を襲名したと語っているが、番付記載は翌場所の5月である。

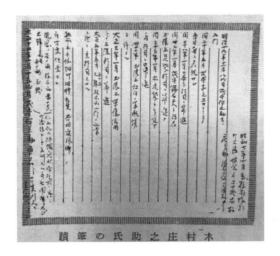

松翁の行司歴

（『夏場所相撲号』昭和 10 年 5 月から）

白房）へ昇進していたからである。同じ房色を二度も許されるというのは不自然である。しかも、行司が自分の房色を履歴で間違うのは不自然である。35 年の本足袋は紅白房だし、42 年には「紅白の軍配房」と記載している。35 年と 45 年のあいだに他の年月は記載されていない。このように、同じ色を隣り合って記載するには、それなりの理由があったと疑ってもよさそうである。

　錦太夫は明治 42 年 5 月、朱房を許されている。これは他の資料で確認できる。それ以外に、他に昇格に類することはない。これだけを考慮しても、錦太夫は何らかの理由で朱房と紅白房を混同したに違いない。不思議なことが一つある。それは、朱房を許された時だけ、「5 月」が記入漏れになっていることである。これをどう解釈すればよいだろうか。

---

4)　たとえば、『朝日新聞』（明治 42 年 2 月 10 日）の「行司の出世」を参照。自著『国技勧進相撲』（昭和 17 年）の藤島秀光筆「敍」（p.1）では明治 42 年 5 月に朱房に昇格したと書いている。

この履歴を書いたのは、少なくとも大正5年5月である。両端に大正15年1月と昭和7年1月の日付が見られるが[5]、これは後に追加された可能性がある。追加する際、過去の履歴を見直ししたはずだが、まったく修正を加えてある跡が見当たらない。明治42年の朱房昇格に関し、なぜ「何月」であったかを記載していないのか不明である。行司歴を大正5年5月に書いたのであれば、42年の5月に朱房を許されたことは間違いなく記憶していたはずである。しかも、他の昇格年月に関してはすべて、何月かも明確に記している。明治42年だけ、軍配房の色を間違えたり、何月だったかを記入していなかったりしている。房色の違いは勘違いによるかもしれないが、「月」の記入漏れは別の理由によるとするのが自然である。本章では、その理由は不明としておくしかない。

3.　22代木村庄之助

（1）　朱房・幕内格

　木村林之助は、大正13年に大阪相撲を辞め、東京相撲の出羽海部屋に所属していた。大阪相撲では朱房の幕内格だった[6]。つまり、草履を履いていなかった。これについて、木村庄之助著『呼出しと行司』（昭和32年、ベースボール・マガジン社）では[7]、次のように語っている。

---

5)　大正15年1月に15代式守伊之助を襲名し、故実門人に差加えられたとあるし、昭和7年1月場所後には20代木村庄之助を襲名する旨の記載が追加されている。番付では15代式守伊之助を襲名したのは大正15年5月としてあるが、本人はすでに前場所（すなわち1月場所）に襲名したと記している。14代式守伊之助は大正15年1月場所前（12月）に病死し、本場所を勤めていない。なお、錦太夫（つまり15代式守伊之助）が20代木村庄之助を襲名したのは、番付上は昭和8年1月場所である。木村松翁として記載されたのは、昭和11年1月場所である。

6)　林之助は大阪では上から4番目の行司だったが、朱房であってもやはり「幕内格」だった。この順位は、泉林八筆「22代庄之助一代記（6）」（『大相撲』、昭和53年〈1978〉8月、p.138）でも確認できる。

7)　この『行司と呼出し』は前原太郎と共著だが、本章では簡略化し、あたかも木

　「私の新しい名前は木村林之助。番付は幕内のドン尻。だが、私は涙
　がでるほどうれしかった。大阪の幕内が、東京でも幕内格であつかっ
　ていただけたのである。」(p.49)

　林之助は朱房だったが、階級は幕内だったので、地位を「幕内」としてい
る。これに対し、19 代式守伊之助（大正末期は玉治郎や庄三郎）や 21
代木村庄之助（大正末期は与之吉や勘太夫）は「三役格」と語っている。「幕
内格」と「三役格」のうち、いずれが正しい呼び方なのだろうか。本章で
は、林之助が語っているように、大正末期には朱房であっても、草履を履
かない行司は「朱房・幕内格」または「朱・足袋格」だったという立場で
ある。したがって、「三役格」という呼称をこの行司に使うのは適切でな
いとしている。
　22 代木村庄之助著『行司と呼出し』や対談記事では、22 代木村庄之助
は一貫して「幕内格」と呼んでいる。他方、19 代式守伊之助や 21 代木村
庄之助は一貫して「三役格」と呼んでいる。この「三役格」という呼び方
に関しては、後ほど立ち返り、詳しく扱うことにする。

（2）　庄三郎の階級

　　村庄之助単著のように扱う。本の前半は行司、後半は呼出しを扱い、それぞれ執
　　筆分担している。
8)　　林之助をどの地位に据え置くかに関しては、ひと悶着あったようだ。これに関
　　しては、たとえば『野球界・夏場所相撲号』（大正 13 年 5 月号）の江口福来筆「名
　　古屋の春場所を中心にして」(p.100) や『大相撲画報』（昭和 33 年 12 月）の彦
　　山光三筆「大相撲太平記（その 13）」(p.43) などを参照。
9)　　私は草履を履かない朱房行司をさまざまな呼称で呼んできたが、本章では「朱
　　房・幕内格」と呼ぶことにする。他の章では「朱・足袋」と呼ぶこともある。名
　　称に関しては、本書をはじめ、拙著では一貫していない。大正末期まで、その行
　　司をどのような呼称で呼んでいたかははっきりしない。少なくとも草履を履いた
　　「三役格」とは異なる呼称があったに違いない。

林之助（のちの 22 代木村庄之助）は、庄三郎（元・玉治郎、19 代式守
伊之助）を十両行司と捉えている。

- 林之助（俗称：泉林八）筆「22 代庄之助一代記（9）」（『大相撲』、昭
  和 54 年〈1979〉3 月）
  「私が幕内格のどんジリで、私のすぐ下が、十両最上位の木村玉治郎
  だった。のちのいわゆる "ヒゲの伊之助" である。」（p.148）

　朱房行司だった林之助が自身を「幕内格」と呼んでいることは確かだが、
一枚下の庄三郎を「十両最上位」としていることは間違っている。当時、
庄三郎は紅白房であり、幕内格だったことは確かである。林之助が自分を
幕内の「ドン尻」だとしても自分より下の紅白房行司をなぜ「十両格」と
して捉えているのだろうか。紅白房行司は当時でも「本足袋」であり、房
色は紅白だったからである。単なる誤解にしては、行司として珍しい誤解
である。

（3）　軍配の握り方

　『行司と呼出し』（昭和 32 年）でもう一つ気になるのは、軍配の握り方
に関し、22 代木村庄之助が一貫性に欠けていることである。これについ
ては、『呼出しと行司』の「行司の格と型」に次のように語っている。

- 22 代木村庄之助著『行司と呼出し』
  「木村家と式守家の差は、この "名乗りの型" のうちわの持ち方に、
  陰陽の区別がある。つまり『片や千代の山、こなた鏡里ォ』と名乗り
  をあげるとき、式守はまっすぐに伸ばした右手のにぎりこぶしを上に
  かまえるが、木村家は下にする。式守は "陽" 木村は "陰" の差である。」
  （p.68）

　22 代木村庄之助が二つの握り方を認めて、それに従っていれば、何も

50

問題ないが、22 代木村庄之助は、軍配は行司の握りやすいようにすればよいという考えである。22 代庄木村之助を師匠と仰ぐ 28 代木村庄之助や 30 代木村庄之助は二つの握り方について大いに疑問を抱いていた。これに関しては、たとえば拙著『大相撲行司の伝統と変化』(2010) の第 1 章「軍配の握り方を巡って」や『大相撲の行司と階級色』(2022) の第 2 章「軍配の握り方再訪」でも詳しく扱っている。[10] 本章では、『行司と呼出し』では握り方に二流を認めているのに、雑誌記事ではその二流を認めていないことを指摘しておきたい。現在は、二流を認めながらも、握り方を強制してはいない。ほとんどの行司は伝統を重視しているが、木村姓の中には式守流に握っているものもわずかばかりいる。[11]

（4）幕下以下の房色

『行司と呼出し』（昭和 32 年）の「行司の格と型」では幕下以下の行司の房色に関し、次のように書いている。

> 「幕下までは土俵上素足で序ノ口、序二段は黒房、三段目、幕下は青房で区別されるが、現在は黒房はほとんど使われていない。」（p.66）

22 代木村庄之助が昭和 32 年当時、これを語ったとすれば、首をかしげ

---

10)　式守流の握り方はおそらく幕末か江戸初期には伝統となっていたに違いない。明治末期には式守家と木村家には軍配の握りで違いがあったことを示唆する新聞記事がるし、20 代木村松翁は義父・8 代式守伊之助の弟子だったからである。8 代伊之助は安政 3 年に番付に載り、明治 30 年に亡くなっている。そのあいだ、松翁は義父から式守流の軍配の握り方も学んだことになる。今のところ、式守流の握り方がいつ決まったか、それを裏付ける確かな証拠はまだ見つかっていない。

11)　現在（令和 5 年、2023）、軍配の握り方がどういう状況下と言えば、木村流と式守流の伝統を維持していると言ってよい。これについては、たとえば 33 代木村庄之助著『力士の世界』（2007、pp.127-8）や 36 代木村庄之助著『大相撲―行司さんのちょっといい話』（2014、pp.111-2）などが参考になる。

たくなる。その当時、幕下以下は黒房か青房だったからである。黒房をあまり見かけなかったことは確かで、ほとんど青房だったことも確かである。問題は、三段目と幕下は青、序ノ口と序二段は黒というように、房色が階級によって区分けされていたかどうかである。これに関しては、拙著『大相撲行司の格付けと役相撲の並び方』（2023）の第2章「幕下以下行司の房色—青か黒」で、階級によって房色の区別がなかったことを指摘している。

　22代木村庄之助が『行司と呼出し』で階級によって房色が変わると語る一方、『体育週報』（昭和19年1月）の雑誌対談で、房色が階級によって区分けされないことに異を唱えていないことである[13]。これに関しては、拙著『大相撲行司の格付けと役相撲の並び方』（2023）の第2章「幕下以下行司の房色—青か黒」にやや詳しく扱っている[14]。同じ行司が異なることを別々の機会に語ると、いずれが真実なのかを問わなければならない。

4.　21代木村庄之助の三役格

　与之吉（のちの勘太夫、21代木村庄之助）は大正11年春に朱房・幕内格へ昇進している。朱房だが、草履を履いていない。階級は幕内格である。大正15年春に勘太夫を襲名している。本章では、草履を履かない朱房行司を「朱房・幕内格」と称しているが、21代庄之助著『ハッケヨイ人生』（昭

---

12)　30代木村庄之助は22代木村庄之助著『行司と呼出し』で師匠が二つの握り方について語っているのを親方自身が語ったはずはないと言ったのと同様に、幕下以下行司の房色が階級によって区分けされていることも親方が語ったはずはないと言うかもしれない。本章では『行司と呼出し』は22代木村庄之助が著したものという前提の下で話を進めている。実際は、これは口述筆記によるもので、小島貞二氏が口述筆記したものであることはその著書の中で記してある。昭和33年あたりまでは、師匠の教えは間違いないという風潮があった。

13)　この『体育週報』（昭和19年1月）では、木村善太郎が「豆行司すなわち取的連中の行司は黒糸格式と言って、黒房の軍配で素足です。」（p.16）と語っている。

14)　幕下以下の房色については、拙著『大相撲の行司と階級色』（2022）の第6章「課題の探求再訪」でも少し書いてある。

和 41 年）では「三役格」と称している。この「朱房・幕内格」に関しては、次の拙著でもしばしば取り上げている。

(1)　『大相撲行司の伝統と変化』(2010) の第 8 章「昭和初期の番付と表記」
(2)　『大相撲の歴史に見る秘話とその検証』(2013) の第 7 章「大正末期の三名の朱房行司」
(3)　『大相撲の神々と昭和前半の三役行司』(2021) の第 4 章「行司の昇進年月」と第 5 章「昭和前半の三役行司」
(4)　『大相撲の行司と階級色』(2022) の第 3 章「昭和初期の行司再訪」、第 4 章「大相撲の三役行司再訪」、それに第 6 章「課題の探求再訪」
(5)　『大相撲行司の格付けと役相撲の並び方』(2023) の第 1 章「大相撲朱房行司の変遷」

　本章では、自伝で 21 代木村庄之助が「三役格」と称していることを取り上げ、それは適切な呼称ではないと指摘する。大正末期までの勘太夫の行司歴は、次のようになっている。ここでは、三角形のついている朱房・幕内格の呼称「三役格」に焦点をあてる。

　　　大正 5 年 5 月　　　　紅白（幕内）に昇進。
　　△大正 11 年春場所　幕内格（朱房）に昇進。
　　　大正 15 年春　　　　式守勘太夫（4 代）を襲名。

『大相撲春場所』(昭和 16 年 1 月、サンデー毎日編輯) の「行司紹介」[15]や『大相撲』(昭和 54 年 3 月) の泉林八談「22 代庄之助の一代記 (9)」では大

---

15)　この「行司紹介」では大正 11 年 5 月に「紅白房幕内〈本足袋〉」となっているが、実際は「朱房・幕内格」を指しているに違いない。「紅白・幕内〈本足袋〉」には大正 5 年 5 月に昇格していたからである。なお、「行司紹介」では大正期の「紅白幕内格」と「朱房・幕内格」や昭和期の「朱房・三役格」を明確に区別していないため、昇格年月がはっきりしない行司がいる。参考にするときは、注意する必要がある。このことを指摘しておきたい。

正 11 年 5 月に朱房・幕内格へ昇進したとなっているが、本章では番付表や星取表などを考慮し、大正 11 年 1 月に昇進したとしている。

　先に見たように、22 代庄之助はこの朱房行司を「幕内格」と称しているが、21 代木村庄之助は「三役格」と称している。いずれの呼称も正しいのだろうか。本章では、「三役格」は適切でないとしている。というのは、草履を履いた朱房行司が階級としての「三役格」だからである。草履を履かない朱房行司は「幕内格」である。房色は同じでも、階級が異なる。幕内には他に「紅白房」の行司もいる。おそらく房色の違いは待遇面でも反映されていたに違いない。たとえば、乗り物や宿泊所などで差別があったかもしれない。当時、行司のあいだで「朱房・幕内格」をどのような名称で呼んでいたかはやはり不明である。

　21 代木村庄之助著『ハッケヨイ人生』(昭和 41 年、帝都日日新聞社)では、「朱房・幕内格」を「三役格」と語っている。

> 「明治 45 年、すなわち大正元年に兵隊から帰ってきて、大正 2 年に十両格になりました。その十両格も 2 年そこそこで、すぐ 5 年から幕内格になりました。幕内の軍配の房は紅白ですが、その紅白の房を持ったのは 10 年ほどではなかったかと思っています。そして大正 15 年 1 月に三役となり、勘太夫と名前もかわって朱房の軍配を持つことになりました。」(pp.76-7)

　この記述には事実に即していない点が二つある。一つは、朱房になったのが大正 15 年 1 月となっているが、大正 11 年春が正しい年月である。これはおそらく、記憶違いによるものであろう。大正 5 年 5 月に本足袋(紅白房)になっていることから、11 年春に朱房に変わるまで紅白だったことになる。大正 15 年 1 月に勘太夫に名前を変えたのは確かである。[16)]

---

16)　中村倭夫著『信濃力士伝―昭和前篇』(甲陽書房、昭和 63 年)には 15 年 1 月に「三役格」(pp.276-7)になったとあるが、これは基本的に『ハッケヨイ人生』をそのまま採用したものに違いない。

　二つ目は、勘太夫に改名したとき、「三役」に昇格したと語っていることである。そのとき、地位に変化があったかを調べてみたが、地位は朱房・幕内格のままである。草履を履いた朱房行司、つまり「三役格」に昇進したことを裏付ける証拠は何もない。上位の錦太夫（後の 7 代与太夫、16 代式守伊之助）でさえ、15 年 5 月に「三役格」になっている。その下の勘太夫が、春場所に「三役格」へ昇格したはずがない。しかし、21 代木村庄之助自身は「三役格」だと語っている。これは、草履を履いた「三役格」とかち合う。もし勘太夫が朱房・幕内格を「三役格」と語っているとしたら、それは明らかに草履を履いた「三役格」と区別して用いていたに違いない。二つの三役格を区別した名称があったはずだが、それが現在のところ、不明である。[17]

5.　19 代式守伊之助の三役格

　庄三郎の自伝や雑誌対談などで昇進年月が語られているが、ここで取り上げるのは大正期の幕内（紅白房）以上の昇進年月である。興味深いことに、庄三郎には異なる昇進年月がいくつかあり、一つの文献だけに依存すると間違いを起こす危険性がある。文献をいくつか照合し、どれが真実なのかを見極める必要がある。

　本章では、19 代式守伊之助の行司歴を次のように捉えている。ここで特に焦点を当てるものには、三角形をつけてある（T は大正、S は昭和をそれぞれ表す）。

　　T2 年夏　　　　　　　　格足袋（青白房）。金吾から玉治郎に改名。

---

17)　『夏場所相撲号』(大正 10 年 5 月)の式守与太夫・他談「行司さん物語」(pp.104-5)
　　では、朱房・幕内格を「三役並み」と語っているが、それが当時、使われていた
　　名称なのか不明である。待遇面が「三役並み」という意味であって、名称として
　　は何となく似つかわしくない響きがする。

T4 年夏	本足袋（紅白房）へ昇進[18]
△ T14 年春	朱房（幕内格）
T15 年春	木村庄三郎を襲名
S2 年春	紅白へ降格（幕内）
S11 年春	朱房（三役格）
△ S22 年夏	格草履（朱房、三役格）
△ S26 年夏	副立行司（半々紫白房）。春場所後に決まる。 夏場所は病休。
S26 年秋	19 代伊之助（紫白房）

　この昇進年月を基準にし、自伝や雑誌対談などで語っているのを見ると、誤っているのではないかという疑問が出てくる。それを詳しく見ていこう。

（1）　三役格

　19 代式守伊之助は、大正 14 年春に朱房に昇格し、「三役格」になったと語っている。そのような自伝や雑誌対談記事をいくつか示す。

（a）　『相撲』（昭和 29 年 11 月）の 19 代式守伊之助談「式守伊之助物語
　　　―生い立ちから今日まで」
　　　「大正二年春には、格足袋を許されて、十両格に出世致し、昭和四年（大
　　　正：本書訂正）の夏には、本足袋（幕内格）、十四年春には、緋総（三
　　　役格）と、順を追ってすすみ、十五年夏には、木村庄三郎を襲名いた
　　　しました。」（p.43）

18）『大相撲春場所』（昭和 16 年 1 月、サンデー毎日編輯）の「行司紹介」（p.65）、
　　『大相撲』（平成 6 年〈1994〉6 月）の三宅充筆「立行司なるまで」（pp.135-7）、『大
　　相撲人物大事典』（平成 13 年）の「行司の代々」の項「19 代式守伊之助」（p.695）
　　などでは、幕内格（本足袋）への昇格を大正 7 年 5 月としているが、これは正し
　　くない。19 代式守伊之助自身がその年月を語っているわけでないので、本章では
　　年月が正しくないことだけを指摘しておきたい。

(b)　『軍配六十年』（昭和 36 年）

　「大正 2 年の春に金吾から足袋のはける木村玉治郎に昇進し、同 4 年
には本足袋という幕内格になり、同 14 年春には三役格に上がってい
ましたから、（後略）」（p.28）

(c)　『軍配六十年』の「年譜」

　「大正 14 年春、三役格に昇進。
　大正 15 年春、木村庄三郎を襲名。」（p.158）

(d)　『近世日本相撲史（3）』

　「木村庄三郎は、（中略）大正 4 年夏場所幕内格、大正 14 年春場所三
役格。」（p.19）

　木村庄三郎の朱房・幕内格を「三役格」としているが、一枚上の勘太夫
が朱房・幕内格へ昇進したことについては、「幕内格」としている。

　「(21 代庄之助は：本章補足）大正 11 年夏場所幕内格、昭和 2 年夏場所
三役格」（p.19）

　このように、『近世日本相撲史（3）』（p.19）では朱房・幕内格を「幕内
格」としたり、「三役格」としたりし、呼び方が混同している。大正末期
まで草履を履かない朱房・幕内格と草履を履く朱房三役格とを明確に区別
する呼称はなかったかもしれない。

(e)　　中村倭夫著『信濃力士伝―昭和前篇』（甲陽書房、昭和 63 年）

　「(式守勘太夫は：本章補足）大正 5 年 5 月場所、幕内格に昇進、15
年 1 月場所には式守勘太夫を襲名、三役格に昇った。」（p.276）

　これは 21 代木村庄之助著『ハッケヨイ人生』を参考にし、大正末期の
「三役格」をあたかも草履・朱房行司と捉えている。21 代木村庄之助は大

正 15 年 1 月、朱房に昇格したが、草履を履いた行司ではない。したがって、階級としては依然として「幕内」であり、「三役格」ではなかった。

　自伝や雑誌対談で、房色が朱になれば、「三役格」になったと語っているが、これはもちろん、朱房で草履を履く「三役格」とは異なる。大正末期までは朱房には二種があり、草履を履く行司が「三役格」だった。草履を履かない朱房行司は「幕内格」で、正式な「三役格」ではなかった。21 代木村庄之助も朱房・幕内格を「三役格」と呼んでいたが、19 代木村庄之助も同じ呼び方をしている。なぜ朱房・幕内格でありながら、「三役格」と呼んだのであろうか。

　その理由はおそらく、昭和 2 年春以降、朱房行司はすべて三役格だったことである。昭和以降の呼称にならって大正末期の朱房行司を「三役格」と呼んでいるのかも知れない。それは昭和 34 年 11 月まで続いた。自伝や雑誌対談は昭和 30 年以降のものであり、階級や房色を「時代に合わせて」語っているのかもしれない。22 代木村庄之助は、不思議なことに、大正末期の草履なしの朱房行司を「朱房・幕内格」と呼んでおり、「三役格」という呼び方をしていない。また、大正末期の「朱房・幕内格」を表すのに、朱房を省略し、「幕内格」とだけ呼び方をしていることもある。

・『大相撲』（昭和 54 年 3 月）の泉林八筆「二十二代庄之助一代記（9）」（pp.146-8）

(a)「私が幕内格のどんジリで、私のすぐ下が、十両最上位の木村玉治郎だった。のちのいわゆる "ヒゲの伊之助" である」（p.148）

(b)「式守錦太夫は、（中略）大正 11 年春、幕内格に上がり、同年夏、4 代目錦太夫を襲名した。」（p.147）

(c)「式守与之吉は、（中略）大正 11 年夏場所、幕内格に上がっている。[19] 大正 15 年春、4 代目勘太夫を襲名、（後略）」（p.147）

(d)「私（木村林之助、のちの 22 代木村庄之助）が幕内格のどんジリで、私のすぐ下が、十両最上位の木村玉治郎だった。[20]」（p.148）

(e)「（木村金吾は（中略）大正 2 年夏に玉治郎となった。このすぐあとの大正 15 年春、木村庄三郎を襲名して幕内格に上がり、[21]（後略）」（p.148）

　『大相撲人物大事典』（平成 13 年）の「行司の代々」（pp.685-706）では、朱房・幕内格を「幕内格」昇進としていることが多い。たとえば、16 代式守伊之助の「幕内格」を大正 11 年 1 月としているが、これは「朱房・幕内格」を表している。しかし、行司によっては、本足袋（紅白房）への昇格を「幕内昇格」としていることもある。「幕内格」昇格の基準が必ずしも一定でないので、「本足袋」への昇格なのか、「朱房・幕内格」への昇格なのか、見きわめる必要がある。[22]

(2)　副立行司と式守伊之助

　山田野理夫著『相撲』（ダヴィッド社、昭和 35 年）に式守伊之助が著

---

19)　本章では、星取表や番付表などを勘案し、11 年春場所に昇進したとしている。

20)　玉治郎は十両格でなく、幕内格（紅白房）の最上位だった。自分を幕内の最下位と言いながら、そのすぐ下を十両と呼んでいるのは不思議だが、無意識のうちにのちの時代に合わせたのかもしれない。

21)　大正 14 年春に朱房・幕内格に昇進している。昇格後に、玉治郎から庄三郎を襲名している。

22)　たとえば、19 代式守伊之助は大正 7 年 5 月に「幕内格」に昇進したとあるが、それは本足袋（紅白房）への昇格年月である。ただし、本章では、その昇格年月を大正 4 年 5 月としている。朱房への昇格は大正 14 年春である。

者の問いかけに対し、次のように答えている。

「(伊之助:本章補足)金吾から玉次郎になったのは大正2年の春です。ここで十両格になったのでタビを履くことになりました。そして4年の夏に幕内格で本タビ、同15年の春に三役格で緋房、その年の夏場所に庄三郎を襲名し、昭和16年の春、友綱部屋が二派に分かれ、私は立浪部屋に所望されて移り、同22年の夏、草履を履けることになりました。さらに終戦後の22年春に副立行司に昇格、25年1月30日に19代式守伊之助を襲名いたしました。」(p.197)

この山田野理夫著『相撲』(昭和35年)は、自伝『軍配六十年』より1年前だが、昇格年月にいくつか正しくないものがある。中には昇進が決まった年月と免許状授与の年月を混同しているものもある。

本章

(a)	幕内・朱房	大正15年春	△大正14年春
(b)	格草履	昭和22年春[23]	△昭和22年6月[24]
(c)	副立行司	昭和26年春	△昭和26年夏[25]
(d)	伊之助	昭和25年1月	△昭和26年9月

---

23) これは必ずしも間違いではない。春場所番付編成会議後(1月)に副立行司に昇格している。副立行司に関しては、『近世日本相撲史(3)』に「春場所後の番付編成会議において、行司木村庄三郎が新設された副立行司に昇格、紫白房の軍配を使用することが許された。なお、立行司だった木村玉之助が副立行司に格下げされ、立行司は木村庄三郎と式守伊之助の二人である。」(p.19)とある。

24) 『大相撲』(昭和38年1月)の23代木村庄之助談「土俵一途の五十五年」(p.47)を参照。木村正直(のちの23代木村伊之助)と一緒に格草履になった。

25) 6月本場所は病休のため出場していない。したがって、病休後、9月場所に出場したときは19代式守伊之助を襲名していた。そのためか、自伝『軍配六十年』の「年譜」には副立行司昇格の記載がないかもしれない。

　自分の行司歴をこれほど勘違いするとは、驚きである。私は 29 代伊之助の行司歴を調べていたとき、昇格年月に問題があることに気づいていたが、以前はそれを文献によって異なる年月があるとだけ記してある。本章では、今後の研究のために、具体的にその誤りを指摘しておきたい。

　19 代式守伊之助は『軍配六十年』(昭和 36 年)で、次のように語っている。

　　「私が 19 代式守伊之助を襲名いたしましたのは、昭和 26 年 5 月で、そのときはまだ病床におりました。22 年に土俵で草履を許され、副立行司格になってから 4 年目であります。」(p.85)

　伊之助襲名を昭和 26 年 5 月としているのは、やはり勘違いによるものかも知れない。6 月場所を病気で休場しているからである。その時、副立行司だった。[26] 22 年に「格草履」になったことは確かだが、「副立行司格」になったというのは、その昇格年月に何か割り切れないものがある。22 年春に格草履を許され、副立行司になったのは 26 年春の番付編成後である。[27]「格草履」と「副立行司」を混同していないだろうか。

　22 年春に「格草履」になり、草履を履けるようになったが、階級はやはり「三役格」だった。大正末期まであった草履を履いた朱房行司を「三役格」と呼んでいたように、名称は以前と同じ名称になったが、草履を特例として許されただけである。他にも「三役格」は何人かいたが、その行司たちは依然として草履を許されていない。また、草履格になっても房色は依然として「朱」だった。[28] これも他の草履を履かない朱房三役行司と同

---

　26)　『相撲』(昭和 33 年 3 月)の「伊之助回顧録(4)─喜びと悲しみの六十年」では昭和 26 年 1 月場所に副立行司なったが、病気だったため副立行司として土俵に上がらなかったと語っている。この「1 月場所」は勘違いである。場所後に副立行司になったからである。

　27)　『日刊スポーツ』(昭和 22 年 5 月 27 日)の「昇進の行司」でも木村庄三郎と木村正直の二人が「副草履」に昇進したことが書いてある。

　28)　格草履は草履を履かない朱房三役行司と待遇面で何らかの形で優遇されていたかもしれない。どのように優遇されていたかは、残念ながら、不明である。草履

じである。一枚上の木村玉之助は立行司で、紫白房（厳密には半々紫白房）
だった。

　なお、副立行司の木村庄三郎が 19 代式守伊之助を襲名したことに関し、
『近世日本相撲史（3）』では、その経緯を簡潔に、次のように書いている。

　　「伊之助（18 代：本章補足）が庄之助（22 代：本章補足）に昇格し
　　たことにより、木村庄三郎が 19 代式守伊之助に昇格した。」（p.19）

　伊之助昇格の時は「免許状」が出ているが、副立行司昇格の時は「免許状」
が出ているのかどうか、不明である。それまでの経緯からすれば、昇格時
には「免許状」が出るのが普通だが、新設した「副立行司」の場合、それ
を踏襲したのか、はっきりしない。なお、伊之助昇格の時の免許状は『軍
配六十年』の「伊之助思い出のアルバム」に掲載されている。

6. 24 代木村庄之助の番付書き

(1) 紅白房へ抜擢

・『大相撲』（昭和 39 年 7 月）の 24 代木村庄之助談「行司生活五十五年」
　「二十二年六月に、戦争中の功績が買われて三役格に抜てきされ、つ
　いで二十四年一月に五代目式守鬼一郎を襲名した。だいたい式守家に
　伊三郎などという名はないので、私が初代というわけだ。鬼一郎になっ
　てはじめて由緒ある名前をもらったわけである。」（p.49）

　この記述の「二十二年六月」は記憶違いで、正しくは「19 年春場所」
である。この場所、伊三郎は紅白房に戻り、友治郎と錦之助（ともに紅白房）

　を許すなら、それに伴って待遇面でも優遇するというのは自然な考えである。式
　守与太夫・他筆「行司さん物語」『夏場所相撲号』（大正 10 年 5 月）にも、朱房・
　幕内格には「三役並み」としていろいろ優遇されると書いてある。

のあいだに位置づけられている。18 年夏場所、伊三郎は青白房で、錦太夫と滝夫（ともに青白房）のあいだに位置していた。この二階級特進については、木村林之助（当時の行司監督）が正しく語っている。

・『大相撲』（昭和 33 年 2 月）の「座談会　勝負のかげに」
　志村正順　戦争で、喜一郎さんの二階級特進があったね。
　木村林之助　あれは、大体、喜一郎さんという人は今の位置がほんとうなんですが、一時脱退したでしょう。それでまた帰ってきたんですが、戦争中軍人会の方で相当功績があったんで、それを認められて元の地位に戻してもらったんですね。最近は特進は全然ないです。抜てきという制度はあるんですが、これもめったにないんじゃないですか。（後略）」（p.84）

　さらに、伊三郎は 22 年 6 月に「三役格」に抜てきされたと語っているが、それも記憶違いである。正しくは、青白房から紅白房へ抜擢されている。7 人抜きの昇進なので、理由がどうあれ、抜てきと言っても間違いではない。
　なお、24 代木村庄之助の特進には、昭和 18 年に昇進性を設定した「行司昇進制改正」が適用されたようだ[29]。これについては、『近世日本相撲史(第 2 巻)』に次のように書いてある。

　「協会は夏場所中に役員会を開いて行司の昇進制度について協議した結果、次のように改善することが決定した。
　　行司は従来、年功順次昇進制度を採用してきたが、これからは技倆、

---

29)　この次に行司昇進制度が大きく変わったのは、昭和 48 年である。その恩恵を受けたのが何人かいる。その一人が三役から二階級特進した 23 代式守伊之助（のちの 27 代木村庄之助）である。抜てき人事を進めるには、行司の査定基準を明確にしておかないと、行司間に葛藤が生じる。客観的な基準があれば、抜てきされた行司も抜かれた行司も納得がいく。

品位の優秀なる者を特別昇進させて、その格に適応しない者は格下げすることにした。」(p.22)

　この制度により、24 代木村庄之助は青白房から紅白房へ昇進したと思われるが、他にもこの制度の恩恵を受けたり格下げされたりしたものがいたかは、調べていないのでわからない。番付表を注意して調べれば、答えはおのずから出てくるに違いない。

（2）　番付書き

・24 代木村庄之助談「行司生活五十五年」(『大相撲』、昭和 39 年 7 月号)
　「(非公式に：本書補足) 20 年の 5 月場所から、私が番付の文字を書くことになった。21 年 11 月に、正式に取締会からの命令で、新番付を私が書くことになり、版元の根岸家から印刷も協会が一切正式に譲り受けることになった。いずれにせよ、現役行司が番付を書いたのは私が最初である。だいたい相撲の番付の字というのは、勘亭流といわれているが、実際はそうじゃない。勘亭流というのは流儀じゃないので、これはもともとカブキ専門の字で、これを書いた人が、自分でしゃれて勘亭流とつけたものだそうである。
　　　相撲の字と言えば番付の字で、一種独特の勘亭流のような字体に見えるが、元来は楷書である。(後略)」(p.49)

　24 代木村庄之助は番付書きを昭和 20 年の 5 月場所から書き始めたと語っているが、それは記憶違いのようだ。番付の字体を調べてみると、その前年 (19 年) の 11 月場所で字体が変化していることがわかる。しかも、その字体は 20 年 5 月以降の字体とよく似ている。番付を 20 年 5 月に書き始めたと本人が語っているし、その年月に間違いはないはずだと思いながら、何回も注意して字体を見たが、やはり明らかに違っている。番付書きについて述べている本を調べてみると、「相撲」編集部編『知れば知るほど行司・呼出し・床山』(2019) に昭和 19 年 11 月と記されていること

がわかった。

　早速、行司監督の木村元基（幕内格）に確認の電話をすると、[30]「しばらく待ってください」という返事を頂いた。翌日、元基さんから連絡があり、「相撲博物館で番付表を閲覧すると、19 年 11 月と 20 年 5 月の字体がよく似ているし、それ以前の字体ともかなり異なるように見えるので、19 年 11 月は間違いないと思う」という趣旨の返事をいただいた。番付書きを誰が書いたかを知るには、もちろん、番付表の字体を見比べることである。素人目には、字体が明らかに違うこともあるし、そうでないこともある。

　拙著『大相撲の行司と階級色』（2022）の第 5 章「行司の役割再訪〈番付書き〉」で、初代から現在までの番付書きを列記しているが、中には必ずしも正しくないものがある。私に番付表の字体を見る目がなく、いつ代替わりをしたのか、正確な判断をすることができなかった。異なる年月があったとき、番付表を調べるのが最善だということは知っていたが、字体の細かい特徴を見る目がないと、正確な判断ができないことがある。拙著『大相撲の行司と階級色』の第 5 章「行司の役割〈2. 番付書き〉」を執筆していたときは正確な判断をしたつもりだが、字体を見極める「正確な眼」をしているのかと問われると、少し怪しいと言わざるを得ない。[31]

　24 代木村庄之助は番付書きを 20 年 5 月に書き始めたと思っていたに違いない。しかし、番付表を調べてみると、それは正しくないと言わざるを得ない。番付表の字体が証拠である。

---

30)　『知れば知るほど行司・呼出し・床山』（2019）の本は、現在の行司に確認し、忠実に描いている。木村元基（幕内）は行司監督なので、編集者からいろいろと尋ねられたに違いない。それで、日頃お世話になっている元基さんに尋ねてみることにした。改めて、感謝の意を表しておきたい。なお、この『知れば知るほど行司・呼出し・床山』には歴代の番付書きの行司やその期間などが詳しく書いてある。

31)　見る目がないだけでなく、他の資料などから不正確な年月を「正しい」と決めつけた色眼鏡で番付表を漠然と見ていることもある。一見似たように見える字体であっても、細心の注意が必要である。自戒の念を込めて、記しておきたい。

(3)　軍配の握り方

　24代木村庄之助と21代式守伊之助（のちの25代木村庄之助）が『相撲』（昭和38年2月）の「軍配さばきのむずかしさ」という雑誌対談で、「木村家と式守家の違い」について、次のように語っている。

> 「**記者**　木村と式守の区別というのは、どこでするんですか。
> **庄之助**　それは軍配の持ち方が違います。木村家は手の甲を上にして軍配を持つし、式守家は逆になるんですね。で、これが陰と陽を現わしているわけですね。
> **記者**　そうすると、ずっと式守なら式守でやってきた行司さんが木村に変わった場合——伊之助さんなんかの場合ですね——つい前のくせが出てまごつくというようなことはないんですか。
> **庄之助**　ああ、どうしてもなれた形が出てしまいますね。
> **伊之助**　それが一番厄介なんです。私はもう、ずっと木村でやってきたんですから、急にこんど式守になってこうやらなくちゃいけないとなったら、それを意識してやるのが大変なんです。（後略）」(p.149)

　この対談では24代木村庄之助も21代式守伊之助も軍配の握り方に二通りあることを認めている。これは伝統になっている。ところが、これと異なる考えがあったという指摘をした文献がある。

・36代木村庄之助著『大相撲—行司さんのちょっといい話』(pp.111-2)
　「昭和30年頃まで、握り方に関しては諸説があり、木村家、式守家というよりも、各行司が自分の師匠（兄弟子）から教わった握り方を踏襲する形だったそうです。
　　ところが、30年代、24代・庄之助親方の時代に、『木村家と式守家の握り方をきっちり分けよう』ということで、こぶしの上下で両家を区別するようにしました。
　　ところが、28代・庄之助（後藤悟氏＝後藤の親方）の時に、その

方針が変わります。木村家、式守家というより、握り方は個人個人で
やりやすい方法があるだろうから、それにこだわることはないのでは
ないか？　ということで、あくまで『個人の判断に委ねる』となった
のです。

　次に庄之助を継いだ29代（桜井春芳氏＝桜井の親方）は、後藤の
親方の方針とは逆の考え方でした。

　やはり、木村家と式守家は分けなければならない。

　こうした経緯で現在は、木村家はこぶしが上、式守家はこぶしが下
という見解が一般的です。

　これまで軍配の握り方について、行司会で話し合うことはありませ
んでした。

　私個人の意見としては、ある程度、木村家と式守家の違いがあった
ほうがよいと思うし、説明もしやすいと思うので、現在のような形を
引き継ぐことがベターだと思います。姓が木村家から式守家、または
逆に変わった時は、その姓の型に従えばよいのではないかと思いま
す。」（pp.111-2）

　24代木村庄之助が木村流と式守流をきっちり分けるという提案をした
かどうかを確認するため、元立行司の何人かに尋ねたが「わからない」あ
るいは「聞いたことがない」ということだった。それで、そのような提
案らしきものを24代木村庄之助が文献で語っていないかを調べたが、今
のところ、見つかっていない。ただ出羽一門には握り方にあまりこだわら
ないとする傾向があったので、伝統を維持したいという多数派と意見の相
違があったかもしれない。そういう状況の中で、いつの間にか24代木村
庄之助の名前が噂になったのかもしれない[32]。したがって、24代木村庄之
助が二通りの握り方を明確に提案したのかどうか、今のところ、不明であ

32)　出羽海一門以外の立行司、たとえば、29代・33代・34代木村庄之助等は、入
　　門した当時、行司監督から軍配の握り方に二通りあり、それぞれの握り方を教わっ
　　たと語っていた。

る。

　軍配の握り方がいつ頃から式守流と木村流の二つに分かれたのかは不明
である。少なくとも明治末期には二派があったが、それ以前からあった可
能性もある。20 代木村庄之助が初土俵を踏んだ頃にはあったはずだ。そ
れを示唆するような文献があるからである[34]。

　握り方にあまりこだわらなくなったのは、木村庄三郎が明治 44 年 1 月
に 10 代式守伊之助を襲名した頃かもしれない[35]。それまでは木村家と式守
家が明確に分かれていたが、明治末期に両家の境が取り払われるように
なったからである。当時、式守家は少数派だったせいか、握り方を堅守し
ていたが、木村家は握り方にこだわっていなかったようだ。木村姓が式守
伊之助を襲名しても、木村流に固執する傾向があった。もともと式守姓を
名乗っていた行司は、木村庄之助を襲名すると、意外と円滑に木村流に切
り替えている。少なくともその傾向がある。これは、現在も同じである。

　明治末期に木村家と式守家が交流するようになるまでは、握り方の違い
は維持されていたに違いない。これに関しては、24 代木村庄之助も指摘
している。

・『相撲』（昭和 38 年 2 月）の「軍配さばきのむずかしさ」
　「**記者** （前略）昔は何か、式守家と木村家というのがはっきり分れて
　おったそうですけれども。

　　庄之助 はっきり分れておりました。それが明治 44 年の 1 月に 9
　代目の式守伊之助という人がなくなりまして、この場所でおそらく、

---

33)　私は 36 代木村庄之助にも直接お尋ねしたが、直接聞いたのではなく、そうい
　　う噂を聞いたことがあるということだった。行司部屋では行司が常に集まる場所
　　なので、24 代庄之助が雑談の中で話題にしたのかもしれない。
34)　これに関しては、拙著『大相撲行司の伝統と変化』（2010）の第 1 章「軍配の
　　握り方」で指摘してある。
35)　17 代木村庄之助は『大相撲』（大正 11 年 1 月）の「五十三ケ年の土俵生活」（p.32）
　　で、明治 39 年 5 月場所に規則が改正され、10 代式守伊之助を襲名したと語って
　　いる。明治 44 年 1 月の 17 代木村庄之助襲名もその規則に従っていることになる。

式守家と木村家とが交流するようになったんです。これは協会の命令
だと思いますな。それまでは、行司で木村家に属する部屋に入門した
場合には、ずっと木村でもって式守にはなれなかったわけです。です
から庄之助にはなれるが伊之助にはならなくともいい。また式守家へ
入ったら逆に、式守伊之助までいったらこれが最高位で、木村庄之助
にはなれなかったものなんです。」（p.149）

（4）　役相撲の口上

　23 代木村庄之助と 20 代式守伊之助（のちの 24 代木村庄之助）が雑誌
対談で、役相撲で行司が唱える口上について語っている。実際は 23 代木
村庄之助が語っているが、同席している 20 代式守伊之助も同じ考えだと
解釈している。二人の立行司が異なる考えであれば、すぐ訂正があるはず
だが、それを示す痕跡はまったくない。

・『大相撲画報』（朝日出版社、昭和 35 年 2 月）の「行司生活五十年―
　23 代木村庄之助・20 代伊之助に聞く」（p.18）
　「（記者：本章補足）　千秋楽に三役力士の勝ち力士に渡すものはなん
　ですか。
　　庄之助　小結に叶うといって誰々と呼び最初に矢、次が関脇に叶う
　でツルを渡し、最後は昔は弓を渡したこともありますが、今は勝ち名
　乗りだけで、代わって弓取りの儀が行なわれるわけです。弓取りのと
　きは、たとえば結びに栃錦関が勝てば、栃錦代十三ノ浦といって弓を
　渡すわけです。」（p.18）

　これは立行司が直に語っている所作なので、間違いなく事実である。し
たがって、その真偽を問う必要はない。関心事は、この所作がいつ復活し、
いつ現在の所作に変化したのかである。というのは、個別口上から同一口

上に変化したのは昭和27年だからである。[36] つまり、「小結・関脇・大関に叶う」という個別口上が27年を境に同一口上の「役相撲に叶う」となっている。ところが、この雑誌記事で見るように昭和35年2月には個別口上が復活している。個別口上が復活したのは、昭和27年から35年のあいだであるし、同一口上に戻ったのは35年以降に違いない。

今のところ、その両方の年月を確認できる証拠は見つかっていない。[37] 昭和27年以降であれば、文字資料や映像資料が豊富なので、簡単に見つかりそうである。[38] 近いうちに、見つかるに違いない。また、大関相撲の勝ち力士には「大関に叶う」という口上を唱えないこともあったらしい。以前から大関相撲の勝ち力士には「大関に叶う」という口上を唱えていなかったかどうかも調べる必要がある。もし以前唱えていた口上があるとき途絶えとなると、それが途絶えた年月は確認しなければならない。[39]

河原武雄・神風正一共著『土俵のうちそと』(昭和40年4月、家の光協会)によれば、昭和40年(1965)には同一口上が唱えられている。

「これらの賞(弓、弦、矢：本稿補足)を授けるとき、行司の勝ち名乗りとともに『役相撲にかのう』と口上をいうが、これは役相撲にか

---

36) 役相撲の口上を巡っては、拙著『大相撲行司の格付けと役相撲の並び方』(2023)の第3章「役相撲の行司の口上」でも詳しく扱っている。ここで取り上げた雑誌対談記事については、その章の末尾で「追記：個別口上の復活」(p.94)として提示してある。

37) 元・立行司の何人かにもいつから「役相撲に叶う」という口上になったかを尋ねてみた。ところが、記憶があいまいか、まったく記憶にないということだった。こうなると、やはり文献や映像を丹念に調べるしかない。

38) 昭和35年以降の文字資料があり、かつ語っている行司が役相撲を裁いた経験のある三役以上ならば、かなり信頼できる。35年以前であれば、立行司が望ましい。その頃は立行司が3名ない4名いて、役相撲は基本的に、その行司が裁いていたはずだ。

39) 私が尋ねた元・立行司は全員、大関相撲でも「役相撲に叶う」と唱えると語っていた。昭和35年当時、個別口上があったのに大関相撲の勝ち力士に「大関に叶う」を唱えなかったとすれば、やはりそれはある時点で途絶えたに違いない。

70

なう、つまり役相撲にふさわしいという意味のものである。」（p.14）

これから推測すれば、次のことがいえる。

(a) 昭和 27 年から 35 年のあいだに個別口上が復活した。
(b) 昭和 35 年から 39 年のあいだに同一口上に戻った。
(c) 少なくとも 39 年以降は同一口上である。

これはあくまでも昭和 35 年に個別口上が復活したという前提に立っている。庄之助と伊之助になったばかりの立行司が語っていることから、もしかするとその前提は正しくないかもしれない。しかし、言葉遣いのアヤでもなさそうである。「役相撲に叶う」という言葉遣いは見られないからである。その前提が正しいことを裏付けるには、27 年から 39 年のあいだの役相撲で、「個別口上」が唱えられていたことを示す証拠を見つけることである。

7.　木村瀬平の朱房

　木村瀬平（6 代）の朱房昇格に関し、二つの異なる年月がある。一つは、明治 17 年 3 月とする見方である。たとえば、『木村瀬平』（漬和堂製、明治 31 年）という小冊子があるが、この中で、瀬平（6 代）の朱房昇格の年月を示唆する記述がある。

「明治十七年三月十日　今上天皇濱離宮に於いて相撲天覧の御盛挙あり。その際木村庄之助等と共に行司を勤む。（中略）肥後の吉田相撲司より緋房の軍配紐を授与せられたり。その後、明治 17 年の春、木村瀬平の名跡を継ぎ、年寄となり。爾来庄五郎の名を以て勤め来たりしが、二十七年の春、いったん行司役を辞し、年寄役専務となりしに、（中略）再勤の勧誘もあり、旁々初志を翻して、再び行司となる。明治二十九なり。同年、また相撲司より麻上下熨斗目織りの衣服、木剣、

上草履等の免許を得たり。」(pp.4-5)

　この記述によれば、庄五郎（のちの瀬平）は天覧相撲の際、それに合わ
せて朱房を授与されている[40]。これに対し、もう一つの見方もある。たとえば、
『時事新報』（明治38年2月6日）の「故木村瀬平の経歴」によれば、瀬
平は明治15年7月に朱房を許されている。小冊子『木村瀬平』は明治17
年3月とし、『時事新報』（明治38年2月6日）は明治15年7月としている。
この二つの見方のうち、いずれが事実に即しているだろうか。

　拙著『大相撲行司の格付けと役相撲の並び方』（2023）の第1章「大相
撲朱房行司の変遷」では、瀬平は明治15年7月に朱房を許されたとして
いるが、裏付けとなる確固とした証拠はない。天覧相撲を描いた他の行司
の房色を参考にしても、問題を解決するというよりますます混乱させるだ
けである。たとえば、瀬平より一枚地位の低い誠道の房色も「朱」で描か
れているが、その房色は明治18年1月に許されている。すなわち、天覧
相撲の後である。それをどう説明すればよいだろうか。誠道が天覧相撲に
合わせて朱房を許されたなら、一枚上の瀬平は天覧相撲より何年か前に許
されていても不思議ではない。つまり、明治15年3月という年月も不思
議な年月ではない。しかし、その場合、誠道の朱房が天覧相撲の後に許さ
れていたら、そのギャップをどう説明すればよいだろうか[41]。

---

40)　小池謙一筆「年寄名跡の代々(88-下)―木村瀬平代々の巻」(『相撲』、1997年1月、
　　pp.102-5）では、木村瀬平は明治17年3月の天覧相撲のあと、緋房を許された
　　としている。また、『角力新報』(M31.8)の「行司木村瀬平の軍配について」(p.57)
　　では、天覧相撲の際に授与されている。実際、朱房を許された年月に関しては他
　　にもあり、必ずしも決着がついているわけではない。本章では、小冊子『木村瀬平』
　　（明治31年）を中心に、それと異なる明治15年3月を比較することにした。

41)　明治17年3月の天覧相撲の梅ケ谷横綱土俵入りを描いた錦絵では、土俵の周
　　囲に待機している誠道の軍配房は朱である。誠道と庄五郎はともに天覧相撲の際
　　に朱房を許されたのだろうか。それとも庄五郎は先に、誠道はその後に、許され
　　たのだろうか。錦絵が事実を正しく描いているのであれば、庄五郎は17年3月
　　以前に朱房を許されたかもしれない。吉田長孝著『原点に還れ』(2010)の「御
　　請書」(pp.34-5、明治15年7月4日付け）には、木村庄五郎は方屋上草履、木

　朱房を許された年月とは別に、瀬平は上草履を許されると熨斗目麻上下の装束を許されるとしている。これには協会幹部も不振を抱き、瀬平に説明を求めている。その説明を聞いて、協会は一理あることを認め、黙認している。このいきさつは、『読売新聞』（明治 30 年 2 月 15 日）の「木村瀬平の土俵上麻上下及び木刀帯用の事」で確認できる。ところが、他の草履格行司がそれに同調したかどうかは不明である。明治 30 年当時、熨斗目麻上下装束は立行司だけが着用できる装束だったはずだ。にもかかわらず、協会は瀬平の言い分を認め、それを黙認したという。これも不思議な判断である。

8.　今後の課題

　行司は階級社会である。それを端的に表しているのが行司歴である。行司の世界に入門し、しばらくすると序ノ口になり、それから順々に階段を少しずつ上がっていく。最後は式守伊之助となり、木村庄之助となる。行司一人一人に行司歴があり、行司をしているとき、あるいは行司会を離れてからその行司歴を思い返すことがある。その時、昇格年月を語ることがあるが、それがすべて正しいとは限らないのである。過去の出来事の年月を思い返すとき、それを正確に思い出すのは誰にとっても大変なことである。年月だけでなく、階級そのものさえ正確に思い出せないこともある。

　本章では、そういう背景があることを承知の上で、行司自身が著者になっている自伝や実際に対談で語っている雑誌記事などを参考にし、その行司の昇格年月や階級や出来事などについて語っていることを調べている。自伝や雑誌対談では正しいことを書いてあるのが普通だが、ときどき他の文献と一致しないことを語っていることもある。一致しないことがあれば、

村誠道は「同」と記載されているが、その記載は信用してよいのだろうか。それが信用できるなら、両行司の朱房昇格はその頃かも知れない。今のところ、それを信用してよいのかどうかわからない。いずれにしても、両行司の朱房がいつ許されたかを知るためには、もっと吟味する必要がある。

いずれかが正しいはずである。実際はいずれが正しいのかさえ不明な場合もあるが、そういうときは他の行司の経歴や当時の行司界を調べて判断している。

　なぜそのようなミスを単純なミスだと割り切り、見過ごさないのかという疑問が出てもおかしくない。実は、ミスと割り切れず、語っていることが本当かもしれないからである。たとえば、21代木村庄之助や19代式守伊之助が自伝の中で語っている「三役格」という階級名があるが、それを間違いと判断してよいのか、それとも当時そういう呼び名があったのか、今でもはっきりしないのである。本章では、草履を履いた朱房が「三役格」であり、草履を履かない朱房は「幕内格」なので、それを「三役格」とするのは間違っていると判断しているが、実際はどうなのだろうか。これに関しては、今後とも研究し、明確な答えを出す必要がある。

　行司の昇格や出来事の記載に矛盾があった時、それを指摘し、いずれが正しいかの判断をしているが、その判断が本当に正しいかは追究しなければならない。間違っているとは思っていないが、判断材料にまったく問題がないか、判断そのものに問題がないかなど、やはり検討しなければならない。私はこれまで拙著をいくつか出版してきたが、あとから調べてみると、ときどき誤った記述があることに気づく。本章でも、似たような判断ミスや記述がないとは断言できない。

第 3 章　大相撲の方向性

1.　本章の目的

　相撲の作法の中には一定の方向性を示すものがある。それは何に基づいているのだろうか。本章では、方向性を示す作法にはどんなものがあり、なぜそのような作法をするのかに焦点を当てている。

(1)　土俵祭の清祓い、塩撒き、軍配振りなどは左→右→左という順番である。これは神道のしきたりである。
(2)　横綱・幕内・十枚目土俵入りの房振りは右→左である。
(3)　土俵入りと土俵三周などの左回りは自然の動きに基づくものである。三周は明治 42 年 6 月の国技館開館時に僧侶が土俵三周したことに準じたものである。本場所の三周は約 2 年半後の 45 年 1 月から始まる。
(4)　横綱土俵入りでは房振りを始めるとき、土俵で蹲踞している行司が警蹕を発するが、幕内・十枚目では最後に土俵へ上る力士が「シー」という声を発する。
(5)　土俵や揚巻の四房は四季や四神などを表すが、それは五行説に基づくものである。四天王は仏教に基づくものである。
(6)　水引幕は黒柱→青柱→赤柱→白柱→黒柱の順で巻く。水引幕の各方面の中央に揚巻が吊るされ、それが定着したのは明治 23 年 5 月である。しかも、その色は四本柱の色と一致している。

2.　土俵祭

　初日の前日、午前 10 時から土俵祭が執り行われるが、そこで方向性が

決まっている作法がいくつか見られる。[1]たとえば、次の作法では左→右→左か左→右→中央の順序が普通である。

(1)　清祓いの儀では、榊の枝を左→右→左の順で振り清める。[2]
(2)　祭主祝詞奏上では、左手で塩を左→右→中央の順に撒く。
(3)　祭幣並びに献酒では、脇行司が四隅の上げ俵へお神酒を左→右→中央の順で注ぐ。
(4)　方屋開口故実言上では、祭主が軍配を左→右→左の順で大きく振る。[3]
(5)　鎮め物を埋めた後、祭主が徳俵に左→右→中央の順に献酒する。
(6)　触（れ）太鼓土俵三周では、太鼓は左回りに土俵を三周する。

　なぜ榊の枝振りなどで左→右→左の順序で行うのか不思議で、その根拠があるはずだとずっと探し求めていたが、行司は昔から「しきたり」で行っているだけで、理由や根拠についてはわからないということだった。土俵祭は神道に基づいているので、神道にその理由があるかもしれないと思い、文献を調べてみた。しかし、左→右→左についての記述を見つけられなかったが、たまたまパソコンで「大祓」を検索すると、関連あるらしい

1)　土俵祭の詳細は、たとえば拙著『大相撲の神々と昭和前半の三役行司』(2021)の第3章「土俵祭の作法」に詳しく扱っている。土俵祭は一定の形式に基づき、どの作法にも一定の型があるが、本章ではその中でも顕著な方向性が見られる作法のみを取り上げている。
2)　『大相撲の神々』(2021)の「土俵の作法」では、献酒や塩撒きで「左、右、左」の順序としているが、実際は左→右→中央とするのが正しい。ビデオを見て、方向を判断したが、「中央」付近に撒いたり「左側」の方へ房振りしたりしていたようだ。これは正確に方向を見定めているわけでなく、手の動きを誤って判断したからである。『古事記』で確認できるように、塩撒きは左→右→中央、房振りは左→右→左の順序が基本である。最後の三回目の方向は中途で終わることもあるので、どの位置で終わるのかを判断するのが難しいことがある。
3)　「土俵の作法」では軍配振りを「左右」としているが、正しくは「左右左」である。「土俵の作法」を執筆しているとき、軍配を振る回数に注意を払っていなかった。

記述を見つけた。ホームページの神社を訪ね、宮司さんにお話をお伺いした。土俵祭に左→右→左、左→右→中央、左回りの所作があることをお話ししたところ、特にサウサ（左右左のこと）に関しては具体的な出典があることを教えてくれた。それは、竹田恒泰著『現代語古事記』（学研プラス、2016）の「天照大神の誕生」にある文章である。

　「（前略）さて、伊邪那岐神は最後に顔をおすすぎになりました。左の御目（みめ）をお洗いに時に成ったのが、天にましまして照りたもう神である、天照大御神（あまてらすおおみかみ）。右のお目をお洗いになった時に成ったのが、月の神である、月読命（つくよみのみこと）。御鼻（みはな）をお洗いになった時に成ったのが、嵐の神で、勇猛迅速に荒れすさぶ神である、建速須佐之男命（たけはやすさのおのみこと）です。」（p.52）

　伊邪那岐神が顔を洗った順序が神道の作法の基本になっているという指摘がある。これに関しても、町田天満宮の宮司さんに教えてもらった[4]。神宮のホームページにも次のように記述されている。

　「ここで注目したいのは、イザナギが、左目→右目→鼻の順番で洗ったことです。神道の清めやお祓いには、左→右→左という順番が存在します。
　例えば、
（1）　神社を参拝する前に左→右→左の順番に手を洗う。
（2）　清めの塩を左→右→左の順番にまく。
（3）　神職が大麻（おおぬさ）を左→右→左の順番に振る。
（4）　切麻（きりぬさ）を左→右→左の順番に身体にかける。

---

4)　町田天満宮は町田市にあり、町田駅から歩いて数分のところにある。神社のホームページに左→右→左の順序に関する記載があるのを見つけたとき、出典や関連あるお話を聞きたくて、その天満宮を訪れた。宮司さんから左→右→左の件だけでなく、幕張りや柱の色などについても教えてもらった。幕張では赤、紅白、青白がよく使われるとのことだった。赤一色は魔除けの色を表し、鳥居が赤色なのもそのためだとのことだった。要するに、鳥居は結界の役割を果たしている。

イザナギが洗ったのは、あくまでも左目→右目→鼻の順番ですが、これが左→右→左の順番の原型と言われています。こういった例から見ても、左→右→左の順番で茅の輪をくぐるのもごく自然なお祓いの流儀であることがわかります。」

　この左→右→左の順番は「サウサ」の作法として神道ではごく自然な「しきたり」だということだった。[5]

3.　触太鼓土俵三周

　触太鼓が土俵を三周するようになったのは明治45年1月場所以降であることから、故実があるとすればそれ以降にできたものということになる[6]。以前も左回りだったかどうかは、まだ確たる証拠を見ていない。

（1）　土俵を左回りにする理由

　（a）神道では左から先に始まる傾向があるので、左回りになった。たとえば、塩撒きや神酒注ぎなどは左が先である。拙著『大相撲の歴史に見る秘話とその検証』(2013)の第2章「土俵三周の太鼓と触れ太鼓」では、触太鼓の左回りを基本としながら、その理由をいくつか提示している。
　（b）神道と関係なく、右利きの人は左回りが自然である。運動競技で

---

5)　左→右→左の作法がいつ頃から「しきたり」になったかに関して尋ねたが、それは不明だということだった。古事記が成立する以前からそういう「しきたり」になっていたかもしれないとも語っていた。神道の原型は古事記成立以前からあるということだった。

6)　土俵祭の触太鼓土俵三周については、拙著『大相撲の歴史に見る秘話とその検証』(2013)の第2章「土俵三周の太鼓と触れ太鼓」や『詳しくなる大相撲』(2020)の「話題15　触れ太鼓の土俵三周と左回り」に詳しく扱っている。

は、左回りになるように作る。運動競技場では、左手が内側になるように設計するのが基本だという。

(2)　三周する理由

大体、次の四つにまとめられる。

(a) 国技館会館時（明治 42 年 6 月 2 日）の「地鎮祭と土俵祭」で、土俵を三周したことに準じた。

(b) 勝利の三神に敬意を表すため。懸賞金を受け取るときの三神と同じ。

(c) 天下泰平、五穀豊穣、土俵の無事をそれぞれ祈願するため。

(d) 相撲の繁盛だけでなく、平穏・無事を祈願するため。

土俵三周を三神に結び付けるのは明治 42 年 6 月以降である。それまでは一周が普通だったので、神の名が何であれ、代表的な一つの神か八百万の神々だったに違いない。土俵祭では三神（戸隠大神、鹿島大神、野見宿禰尊）をお招きする前は、八百万の神々だったからである。いずれにしても、神と太鼓には密接な結びつきがあると言われているので、太鼓の周回数に

---

7)　左利きの走者については、古事記でも述べていない。また、運動競技場の設計にも、左利きの走者は考慮されていないらしい。

8)　土俵一周が普通だが、二周もしている。それは、たとえば『中外商業新聞』（明治 38 年 5 月 20 日）の「相撲だより」でも確認できる。触太鼓は昔からあったが、その際、常に土俵を巡回したのか、またそれは何回だったのかは、まだ調べていない。明治末期以降なら、ある程度新聞で確認してある。結果は必ずしも三周とは限らない。それをどう解釈すればよいのだろうか。

9)　鹿島大神は鹿島神宮の祭神である武甕槌神のことであり、戸隠大神は戸隠神社奥宮の祭神手力男神のことである。

10)　少し具体的に言えば、「天神七代、地神五代の神々」となるかもしれないが、神様であれば名称にこだわらず祈願の対象となる。普段の生活でも、具体的な神ではなく、祈願を聞いてくれる神ならどの神様でもよいというのが普通である。

合致する神々がいるに違いない。明治42年1月から三周を始めているが、その当時から昭和20年頃まで、3神の名前が具体的に選択されたことはないはずだ。土俵祭では万の神々を相撲場にはお招きしていたはずである。

　太鼓は昔から相撲や演芸などと結びつきがあり、勇ましい音の響きで、場を盛り上げたり人々の注目を引いたりする効果がある。神を迎えるとか、神に五穀豊穣を祈願するとか、いろいろな意義が唱えられているが、何かいいことを祈願するのであれば、そういうこともあり得ることになる。本場所で土俵の三周を始めたのは、明治45年1月場所である。「三」に合致する意義付けをしたようだ。それ以前は一周だったので、「一」に合致する意義付けをしたはずである。土俵や相撲と太鼓は以前から結びつきがあり、それが土俵の周回数にも反映しているのかもしれない。

　松翁木村庄之助（20代）筆「土俵祭の話」（『相撲』、昭和11年5月号、pp.48-9）では、土俵祭の神々について次のように書いている。

　　「（前略）土俵が出来上がりますと、その上に天神七代、地神五代の神々を象った幣束を七本立て、脇行司が土俵に上がりまして、清めの祓いを行い、それから神々の降臨を祈り、（後略）」（p.49）

　天神七代、地神五代の神々と万の神々が同じなのか、違うのかについて、私は詳しくないが、少なくとも昭和20年頃の土俵祭では漠然と万の神々

11)　内館牧子著『女はなぜ土俵にあがれないのか』（p.145）には、相撲博物館のメモと称し、三周は具体的な三神（神々の名はここでは省略する）に捧げていると書かれている。その三神が誰によっていつ頃言われだしたのか、はっきりしない。土俵は明治末期以前には一周あるいは二周したりし、以後でも周回数は三周とは限らないようだが、その時どの神に捧げているのか、やはりはっきりしない。太鼓の音が神の世界と現世を結ぶ橋渡しをあまりにも強調するので、どうしても神々が出てくるが、太鼓の音で相撲を盛り上げることに本意があるかもしれない。つまり、先ず太鼓の音があり、三周にあとから神々を割り当てたかもしれない。それでも、一周や二周の場合は、どの神にするか、気になる。神道の神々は人間の都合で容易に招くことができる印象を受ける。具体的な神々は見つかりそうだが、実際は、どうだろうか。

を招き、祈願していた。¹²⁾『相撲伝秘書』には三神（八幡宮、天照皇太神宮、春日大明神）また吉田司家の土俵には相撲三神（天照大神、住吉大神、戸隠大神）がかなり以前から祭られていたが、その神々は同一でなさそうである。¹³⁾いつのまにか「天神七代、地神五代の神々」に取って代わられている。そして、泉林八（22 代木村庄之助）筆「庄之助一代記（第 14 回）」（『大相撲』、昭和 55 年 1 月号、pp.140-2）では、土俵の七幣は相撲三神と四季の神々となっている。

> 「土俵中央にあらかじめ、七本の幣を安置、七本のうち三本は造化の
> 三神（天御中主神、高御産巣日神、神産巣日神）。東西の二本ずつは
> 四季の神の意。」（p.141）

　この神々が現在も祭られている。土俵上に神々を招くのは、土俵が構築される頃からお祈りされていたはずなので、相撲の神々がどのような変遷をたどって現在に至っているかは、調べてみる必要がある。

（3）　国技館開館の土俵三周

　異なる新聞記事で同じ本場所の触太鼓が一周と三周がある場合、おそらく三周が正しいはずだと推測している。三周するという「しきたり」を破るにはそれなりの理由があるはずだが、それが記事に提示されていないからである。それにしても、一周したという記事が多いのは不思議である。触太鼓が土俵を周回したことは記載してあっても、周回数が記載されてい

---

12)　相撲の神々については、たとえば拙著『大相撲の神々』（2021）の第 2 章「土
　　俵の神々」でも詳しく扱っている。その祭りで降臨をお招きする神々が、原則と
　　して、相撲の神々ということになる。

13)　相撲の三神が『相撲伝秘書』や吉田司家あるいは相撲協会によって呼び名が変
　　わっているが、神の名をそのように変えてよいのかという疑問もわいてくる。同
　　一の神を異なる名前で呼んでいるのか、元々の神が異なるのか、その辺のことに
　　ついて、私自身はあまり理解していない。

ない記事もけっこう見られる。いずれにしても、正確な回数を調べたくな
れば、初日の新聞記事を注意深く調べてみるとよい。

　ちなみに、風見明著『相撲、国技となる』（大修館書店、2002〈平成 14
年〉）には、国技館開館時から土俵を三周するようになったと書いてある。

> 「全天候型の国技館ができてからは当然、初日を知らせる触れ太鼓だ
> けとなった。そして、土俵を三巡りしてから始める手順が新しく導入
> された。午前十一時頃、十両以上の取組割の印刷ができると、土俵を
> 取り巻いて待っていた六組の触れ太鼓が音響かせながら土俵を廻り始
> め、三巡りした後、館の裏門から出てそれぞれ受け持ちの所へ出掛け
> た。」（p.56）

　土俵三周が開館時の本場所から始まったかを調べてみたが、そういう事
実はなかった。土俵を三周したのは、国技館開館式の地鎮祭である。おそ
らく、これを初日の土俵祭の三周と勘違いしたのかもしれない。土俵を三
周したのは、確かに『時事新報』（明治 42 年 6 月 3 日）の「国技館開館
式─地鎮祭と土俵祭り」で確認できる。

> 「（前略）午前三時吉田追風の地鎮祭を執行したる後、増上寺住職堀尾
> 貫務師大導師となり、霊岸寺住職神谷大周師副導師となり、回向院住
> 職本多浄厳師以下僧侶四十人を率いて土俵に面して読経し、それより
> 楽を奏しつつ土俵を三周して回向院本堂に引き上ぐれば、続いて（後
> 略）」

　これは 6 月 3 日、国技館開館の地鎮祭のことであって、場所初日 5 日
の土俵祭の触太鼓ではない。本場所初日の土俵祭では、太鼓は土俵を一周
しているだけである。どの新聞でも、一周となっている。地鎮祭に三周し
たことに習って、本場所でも三周したと理解しているが、なぜ本場所で三
周し、しかも国技館開館の 2, 3 年後になって始めたのかは不明である。
すなわち、43 年から 44 年まで触太鼓は土俵を三周していない。一周だけ

である。

（4）触太鼓一周の新聞記事

　土俵を三周するようになったのは、明治45年1月場所である[14]。これに関しては、拙著『大相撲の歴史に見る秘話とその検証』(2013)の第2章「土俵三周の太鼓と触れ太鼓」を参照。それ以降、大正末期まで常に三周だったかどうかを調べたが、新聞記事ではときおり一周したということもある。その真偽は不明である。参考までに、そのような記事をいくつか示しておく。三周と記してある記事は取り上げていない（Mは明治、Tは大正をそれぞれ表す）。

  (a) M45.1.12　『萬』の「相撲だより」／『都』の「勇ましい触れ太鼓」
  (b) M45.5.17　『萬』の「初日の前日〈胸を踊らず太鼓の音〉」
  (c) T2.1.9　　『都』の「本日の太鼓」。しかし、『やまと』(T2.1.10)の「勇ましい触れ太鼓」（三周）。
  (d) T2.5.16　『時事』の「触れ太鼓」／『都』の「本場所始まる」
  (e) T3.1.10　『毎夕』の「八組の触太鼓は六人宛各一団となり」
  (f) T4.1.14　『読売』の「触太鼓」
  (g) T4.6.4　　『読売』の「ドドンドカ～〈初日の取組〉」

---

14)　風間明著『相撲、国技となる』(p.56) では、土俵三周は国技館会館時（明治42年6月）としている。明治42年6月から44年5月までの新聞記事を調べても、一周と記載してある。たとえば、『日日新聞』（明治42年6月5日）の「5月場所前期〈零時二十分太鼓〉」、『報知新聞』（明治42年6月6日）の「大相撲初日取組〈近来稀な顔揃い〉」、『朝日新聞』（明治42年6月5日）に「大相撲初日〈市中触太鼓〉」などでは、太鼓は土俵の周囲を一巡したと書いている。45年1月や5月でも一周したと書いてある新聞記事がある。たとえば『萬』（明治45年1月12日）の「相撲だより」／『都』の「勇ましい触れ太鼓」や『萬』（明治45年5月17日）の「初日の前日〈胸を踊らす太鼓の音〉」／『やまと』の「角力は明日初日〈各所を廻る触太鼓〉」など。

(h) T5.5.18 　『萬』の「太鼓は出したが」

(i) T6.1.11 　『都』の「触太鼓」

(j) T7.1.11 　『都』の「触太鼓」

(k) T10.1.14 　『日日』の「春の大相撲〈初日の取組〉」

(l) T10.5.13 　『朝日』の「相撲初日の取組」

(m) T15.1.14 　『都』の「春場所の触れ太鼓」／『萬』の「けさ恒例
　　　　　　　の触れ太鼓」。しかし、『やまと』（T15.1.15）の「江
　　　　　　　東に漲る角力気分〈けさ勇ましく触太鼓〉」は三周。

(n) T15.5.13 　『都』の「初日は民衆デー」。しかし、『やまと』の
　　　　　　　「けさ触太鼓」は三周。

　触太鼓が土俵を回るのを一周とする記事が多いことから、単に三周を見間違えたとするのは不自然である。しかし、一周が事実だったのかどうかにも疑問がわく。ここで示していない本場所では、三周としているのが普通だからである。三周したり一周したりしたのは不自然である。もしそのようなことがあったなら、何か理由があったはずで、それをときには記事にしてもおかしくない。実際は三周だったが思い込みで一周として記事にしていたはずだと推測しているが、それは推測に過ぎない。実際には一周したことは事実だったかもしれない。そうであったなら、何か理由があったはずである。この一周とした記事の信ぴょう性を吟味する必要がある。

4.　懸賞金の受け取り方

　懸賞金をもらうとき、手刀を切ってもらう作法が決まったのは昭和41年7月場所からである。左→右→中央の順序だが、それぞれ勝利の三神に感謝する儀礼と言われている。宗教的匂いのする新しい意味付けで、故実として受け入れるには抵抗感がないわけでもないが、もともと故実というものにはそういうニオイがある。目に見えない神と結びつけるからである。
　勝利の三神と結びつける前は、感謝の意を表して「心」という漢字の真似をしたしぐさだということも言われている。大関・名寄岩がその作法を

はじめ、他の力士が感動してまねるようになり、定着したとも言われている。宗教的匂いのない素朴な感謝の心を表しているが、この作法が別の宗教的意味に解釈されるようになったようだ。

33 代木村庄之助著『力士の世界』には、懸賞金の受け取り方に関し、二つの見方を紹介している。

(a) 「指をぴったりつけて前に突き出し、懸賞に向かって左右中の順で切るのが正しい手刀の切り方です。昭和 41 年の 7 月場所から、手刀は規則で義務化されています。」(p.72)

(b) 「手刀も神事に基づく作法とする説があり、左は神産巣日神、右が高御産巣日神、中が天御中主神、いずれも五穀豊穣を司る神様へ感謝の意を表したものだと言われたりします。ただ私に言わせれば、その説は後付けですね。なぜなら私は、手刀を切ることを始めたのは昭和初期の大関、名寄岩関（元年寄・春日山親方）だと聞いているからです。（中略）勝負に勝った名寄岩関はもちろん手刀を切って懸賞を受け取り、（後略）」(p.73)

(c) 「（名寄岩は独特の手刀を切って懸賞金を受け取っていました：本章補足）名寄岩関の手刀は、何を表していたのでしょう。仲間の力士が『どうしてあんなことをするの』と聞いたら、『心という字を書いている。ありがとうございますという感謝の気持ちを表したくて』と答えたそうです。良い話じゃないですか。私にはこちらのほうが、神事説よりぴったりくる気がします。第一、神様を片手で拝むなんて、おかしな話です。」(p.74)

相撲では、いろいろな作法が宗教的解釈をされているので、規則化された時に付与された「神事説」が抵抗なく受け入れられていくのかもしれない。

因みに、手刀の切り方を定める以前は、『相撲別冊　なんでもわかる相撲百科』（昭和 37 年 11 月）に記されているように、「まん中から右へいき、それから左へいくのが正しい順序で三回切るのが本当である」(p.275) と

いう作法になっていたらしいというものもあった。窪寺紘一著『日本相撲大鑑』（新人物往来社、1992〈平成 4 年〉、p.235）でも中→右→左の順で切るとなっている。昭和 41 年 7 月以降、手刀は左→右→左の順序で切ると定めているので、この中→右→左の順序は正しくないはずだ。[15]

5.　土俵入りの東西

　土俵入りは顔見世の儀式なので、勧進相撲が始まったころから行われていたかもしれない。『古今相撲大全』（宝暦 13 年）には土俵入りの絵が描かれており、その頃には土俵入りがあったことは確実である。それ以前にもお客さんに見せる勧進相撲があったことから、出場する力士の顔見世的な儀式はやはりあったはずである。[16]その儀式の様子は、もちろん、現在の土俵入りとは異なっていたかもしれない。

　幕内・十枚目土俵入りは左回りである。[17]土俵祭の触太鼓が左回りするのと同じである。土俵祭では三周するが、幕内・十枚目土俵入りでは一周である。なぜ左回りするのかに関しては、今のところ、不明である。一周するのは、顔見世にはそれで十分だと判断したからかもしれない。土俵上で

---

15)　テレビ観戦していると、中央を先にする作法もときどき見られる。おそらく協会が唱えている手刀の切り方が力士間に徹底していないかもしれない。それとも少々の乱れは許容範囲として黙認しているのかもしれない。賞金を礼儀正しく受け取っているのであれば、それでよいのかもしれないが、協会は左→右→中央を規則で定めている。

16)　宝暦以前の土俵入りについては、たとえば酒井忠正著『相撲随筆』（ベースボール・マガジン社、1995〈平成 7 年〉）の「土俵入り」も参考になる。もっと詳しく知りたければ、酒井忠正著『日本相撲史（上）―神代から江戸時代』（ベースボール・マガジン社、昭和 31 年）がある。

17)　『大相撲おもしろ読本』（昭和 59 年、日本実業社出版）には 40 年 1 月場所 2 日目、「行司の木村義男は十両土俵入りの先導を右回りに行なった。普通は左回りなのになぜかこの日は逆。誰も気づかなかった。」（p.129）とある。同様な記述は他の本でも見られ、たとえば高橋義孝監修『大相撲の事典』（三省堂、昭和 60 年、p.91）もその一つである。

お客に顔を見せて、つまり対面式で立つようになったのは、昭和 40 年初場所である。それ以前は、力士は土俵に顔を向き、お客には背を向けていたこともある。土俵を下りるときも、以前はバラバラであったこともある[18]。

　横綱は土俵入りの際、右足を二度、左足を一度、それぞれ力強く踏む[19]。それは故実として、式守蝸牛著『相撲穏雲解』（寛政 5 年）には次のように書いてある。

　　「土俵に出でて手を二つ打つ。乾坤陰陽和順なり。足三つ踏むは天地人の三才、智仁勇に三徳、合わせて五つは木火土金水、仁義礼智信の五常なり。」

　横綱が足を五つ踏むことを五行説と結びつけているが、いかにもコジツケという感を免れない[20]。しかし、右足を二回、左足を一回、踏むことには何か謂れがありそうである。行司が房を左→右→左や左→右に振り回したりするのに「邪気を振り払い、清浄な気にする」たぐいのように、地中の邪気を閉じ込め、地上に出ないようにする」まじないかも知れない[21]。古の宗教書を調べていないので、江戸中期の写本から引用するにとどめておく。

---

18)　土俵入りに関しては、拙著『大相撲行司の軍配房と土俵』（2012）の第 3 章「明治 17 年の天覧相撲と現在の土俵入り」にも詳しく扱っている。

19)　寛政 3 年 6 月の上覧相撲のとき、谷風と小野川が横綱土俵入りをしているが、現在と同じように右足を二度、左足を一度、踏んでいるのであれば、その当時、すでに式守蝸牛著『相撲穏雲解』に述べてあることは、故実として受け入れられていたかもしれない。

20)　土俵中央で右足を二度踏むことが「四股踏み」と同じなのか定かでないが、それが四股踏みなら、それには「災厄を追い払う意味がある」という。33 代木村庄之助著『力士の世界』（文春新書、平成 19 年〈2007〉、p.42）ではそう書いてある。

21)　『相撲』編集部編『知れば知るほど行司・呼出し・床山』（ベースボール・マガジン社、2019〈平成 3 年〉）には「土俵の穢れを祓うといわれている」（p.25）とある。行司に尋ねて得た言葉に違いない。穢れを正常なものに変える儀式に違いない。俗なるものを聖なるもの変える儀式の一つと解釈することができる。

なお、横綱の土俵入りの方向や順番に関しては、拙著『大相撲の行司と階級色』(2022) の第5章「行司の役割〈6.横綱土俵入り〉」(pp.151-4) でも簡単に触れている。

6.　行司の房振り

　横綱・幕内・十枚目土俵入りで、行司が土俵上で軍配の房振りをする作法がある。[22]「軍配の房振り」と呼ぶことにするが、房振りは左手で右→左の順番で行われる。これは「邪気を祓い清める」(33代木村庄之助が行司控室で語っていた) という宗教的儀式の一つである。[23] 右手は軍配を支えているので、右手で房を振るわけにはいかない。振る前に房を下に垂らす。それから、まず右回りに振り、次に左回りに振る。[24] すなわち、右回りで始まり、左回りで終わる。振りは二回である。振りを右から始めるのは、左手で振るからであろう。軍配の方に房を振れば、房が軍配の上の方に落ちる。

　この儀式がいつ頃始まったかは不明である。錦絵で房振りを確認することは容易でない。[25] その房振りに大きな意味があれば別だが、そうでなければ見過ごしてしまうような所作である。そういう動く所作作を静止画で描

---

22)　軍配房振りについては、たとえば拙著『大相撲行司の房色と賞罰』(2016) の第1章「軍配左支えと軍配房振り」でも扱っている。

23)　それを信じるかどうかは別問題である。善と悪、善土と悪土、清浄な気と邪悪な気というように、物事を二分するのは、神道だけでなく、どの宗教でもよく見られる。俗なるものを聖なるものにするには、儀式を伴うのが普通である。房振りはその儀式の一つということになる。

24)　拙著『詳しくなる大相撲』(2020〈令和2年〉) の「横綱土俵入り」で「行司は軍配の房を左・右に振る」(p.69) とあるが、「右・左」とするのが正しい。

25)　相撲協会の所蔵する明治33年の映像によると、当時すでに、横綱土俵入りでの房振り、軍配左端支え、結びで房を垂らす所作などがあったことは確認できるが、それ以前のことになると極端に資料が少なくなる。文字資料でその所作を見つけるのは至難の業だが、珍しい所作なので何かの文献で記載されているかもしれない。

くのは至難の業である。そうなると、文献で見つけなければならない。そういう文献がどこかに埋もれているような気がするが、今のところ、まだ見つかっていない。

　現在、房振りは右→左の順序で、二回だが、枡岡智・花岡吉兵衛著『相撲講本』（昭和 10 年、相撲講本刊行会）には右→左→右の順序で、三回だったということが書かれている。

　　「（前略）力足の時、行司は軍配の房を左手にて、右左右と団扇越しに
　　振り分けるのである。」（p.466）

　いつから右→左→右の順序が現在の右→左だけになったかは不明である[26]。三回振るのが他の作法と一貫性があるが、あえて二回にしたのにも何らかの理由があったに違いない。変更になったのがいつからか、また変更したのはなぜかなど、何かの文献に記述されているはずだが、現段階ではまだ見つかっていない。

　横綱・幕内・十枚土俵入りでは、いずれの場合も房振りは同じ右→左で、二回だが、警蹕に関して違いがある。

（a）　横綱土俵入りでは、せり上がりが始まる頃に行司は房を土俵に垂らすが、そのとき警蹕を発する。この警蹕は「静粛に、ご注意を」という合図だと言われている。

（b）　幕内・十枚目土俵入りでは、最後に土俵に昇る力士が土俵に昇りながら、合図の「シー」という声を発する[27]。行司はこの二つの土俵入り

――――――――――――

26)　35 代木村庄之助に房振りについて尋ねたが、二回振る理由はわからないと語っていた。先輩行司からもなぜ二回なのかについて何も聞いていないそうだ。そういう「しきたり」として受け継ぎ、それを実行していただけだとも語っていた。

27)　幕内・十枚目土俵入りの「シー」という合図の声は、行司とは関係ないものだそうだ。若者頭が最後の力士に発するように伝え、全力士がその声に従って、所作の準備をするとのこと。これは元・木村庄之助だけでなく、現役力士（木村元基）もそう語っていた。この合図の声を何と呼んでいるかを元・木村庄之助（29 代と

では、警蹕を発しない。合図の「シー」という声は警蹕ではなく、ある動作をするための合図にしか過ぎない。[28]この合図の「シー」はいつ頃から、なぜ発するようになったのだろうか。[29]

(c)　警蹕の作法が横綱土俵入りと幕内・十枚目土俵入りで異なるのは、土俵入りの「重さ」に違いがあるかもしれない。横綱は力士の中の第一人者が単独で行うので、敬意を表するため行司が警蹕を発するかも知れない。幕内・十枚目土俵入りであっても、行司が土俵上で蹲踞する姿勢はお同じなので、タイミングを見計らって、警蹕を発することはできるはずだ。それをあえてしないのは、やはり横綱とそれ以外の力士との差を区別したいという意思が働いているはずである。しかし、この推測が正しいのかどうかは、文献では確認してない。

幕内土俵入りの警蹕に関しては、『朝日新聞から』（昭和27年9月22日）にも見られる。[30]

　「従来は丸く内側を向いて並び、大関の『シーシー』の合図で揃って

　35代）に確認したが、特別の名称はないと語っていた。

28)　横綱土俵入りの房振りで右→左→右の三回はないかについても尋ねたが、そういうことはなかったとも語っていた。そうなると、昭和10年の『相撲講本』が正しければ、その後、二回に変わったことになる。回数変更にこだわるなら、文献や映像などの資料を丹念に調べる必要がある。

29)　大西秀胤編著（著者・越處士識）『相撲沿革史』（発行・松田貞吉、明治28年）によると、寛政3年の上覧相撲ではあるが、「行司よりシッという合図に（後略）」（p.78）とあり、寛政時代にはすでにあったことがわかっている。勧進相撲でもその頃からあったのかどうか不明である。横綱創出と勧進相撲は時代的に異なる。

30)　幕内・十枚目の「警蹕」は最後の力士が土俵入りすることを全力士に知らせる一種の合図である。これは横綱土俵入りの「警蹕」と意味が異なる。しかし、単に「お知らせの合図」という言葉を見たことがない。幕内・十枚目土俵入りの「お知らせの合図」を「警蹕」と呼ぶのは正しくないので、訂正しておく。たとえば、大鵬監修『相撲道とは何か』（KKロングセラーズ、2007、p.45）も同じミスを犯している。

手を打ち、手を上げていたが、外側を向いているので、この合図がわからずテンデンバラバラ、東西とも不揃いの土俵入りとなってしまった。」

横綱土俵入りの警蹕は現在も行われているが、そのことを記している最近の本を二つ示す。

(a)　33 代木村庄之助著『力士の世界』(文芸春秋、平成 19 年)
　「(前略) 最後に上がった力士、普通は大関ですね、が周回を終えて『シー』と声を掛けると、全員が中央を向き、(後略)」(p.37)

(b)　拙著『詳しくなる大相撲』(2020〈令和 2 年〉)
　「警蹕の合図は現在でも行われていて、最後の力士は土俵に上がるや否や『シーシー』(p.82) という声を発する。[31]」

　実際には、最後の力士が全員揃う直前に客席と対面していた体を土俵の内側に変え、その合図とともに両手モミモミの所作を始めている。最後の力士が土俵に上がった時には、力士はすでに土俵の内側に向いている。土俵に上がるや否や、所作が始まる。要するに、合図は全員の所作が最初から整然と行われることを目指している。

　因みに、内館牧子著『大相撲の不思議』(潮出版社) では、幕内と十両の「警蹕」について、次のように書いている。

　「警蹕は、十両と幕内の土俵入りでもやっている。ただし、声を発するのは行司ではない。最後に土俵に上がる力士だ。それまで全力士は

---

31)　拙著『詳しくなる大相撲』では、合図とともに内向きになると書いてあるが、そうではなく合図の直前に内向きになり、合図とほとんど同時に所作を開始する。すなわち、合図の前には客席に背を向けていることになる。

客の方を向いて立っているが、警蹕と同時に一斉に内側を向き、柏手を打つ。最後に上がった大関が、口をつぼめている顔をテレビでごくたまに見ることができる。」(p.129)

　横綱土俵入りの「警蹕」と幕内・十両土俵入りの「警蹕」とは意味合いが少し異なる。前者は会場の観客に「静かに！」という一種の警告を発しているが、後者は土俵入りの所作を開始する一種の合図である。どちらも同じ発声法なので、同じ「警蹕」を使用しているのかも知れない。

7.　四本柱（四房）の方角[32)]

　土俵全体は陰陽五行説、儒教（道教）、仏教などを反映しているとよく指摘されているが、どこがどの宗教を反映しているか、説明を聞くまでなかなか理解できないことがある[33)]。しかし、土俵の四本柱の四色であれば、それが五行説に基づいていることは理解しやすい。同時に、五行説の基本をある程度理解すれば、色以外のことでもそれを確認できる。

　相撲で見られる五行説がどのように反映されているかを示す。これは山田知子著『相撲の民俗史』（人文書院、1966〈昭和41年〉）の「四　方屋祭文」（pp.166-75）に基づいている。

---

32)　以前の四本柱は撤廃され、昭和27年9月から四房が屋根から垂れ下げられているが、機能は少しも変わっていない。そのため、本章では四房としたり、四本柱としたり、同じ意味で使っている。昭和27年以前の文献を読みなれている人にとっては、四本柱の方がなじみ深い。私はその一人である。

33)　たとえば、「土俵の内を太極とする。東の口を陽、西の口を陰にあてる」と書いてあるが、それを即座に理解するのは難しい。式守蝸牛著『相撲穏雲解』（寛政5年〈1793〉）に「内丸土俵数十五は、天の九、地の六、東西の入口は陰陽和順の理なり。外の角を儒道、内の丸を仏道、中の幣束を神道、これ神儒仏の三つなり。」とあるが、それぞれがいずれかの宗教に割り当てられているかを理解するのは容易でない。

「土俵の四本柱

方角	中央	北南西東
五行	土	水火金木
五気	土用	冬夏秋春
顕色	黄	黒赤白青
五常	礼	信義智仁
五輪	空	風火水地

	四天王	四神獣
東	持国天	青龍
南	増長天	朱雀
西	広目天	白虎
北	多聞天	玄武」（pp.172-3）

(a) 五常は「信義礼智仁」、五輪は「風火空水地」である。

(b)「方角」、「五行」、「五気」、「顕色」はそれぞれ 5 つに区分けされる。

(c)『相撲伝秘書』には「四天王」として別名が当てられている。
　　「東は麒麟、南は龍、西を鳳凰。北を亀。これを仏道にては四天
　　王と号す。」

　相撲に陰陽五行説が比較的容易に取り入れられたのは、それが 6 世紀に
はすでに日本に取り入れられていたからかもしれない。方角と色が結びつ
き、昔から日本文化の一部として自然に受け入れられていたようだ。現代
でも、東西南北をなぜ四色で表すかはわからないが、それを四色で表すと
いっても特に違和感はない。しかし、「五常」や「五輪」の中身となると、
何か違和感を抱くから不思議である。

8.　水引幕の巻き方

　屋根の下に張り巡らされている幕を水引幕という。これは以前、三色だったらしいが、時代の流れの中で一色となり、現在では紫色になっている。色は何度か変化しているが、変わっていないのが巻き方である。『相撲家伝鈔』（正徳 4 年）でも黒柱から巻き始め、黒柱で巻き終わることになっている。すなわち、黒→青→赤→白→黒の順序である。この巻き方は昔も今も変わっていない。水引幕の巻き方に関しては、陰陽五行説の観点から述べられている。

　水引幕とその意義に関し、33 代木村庄之助著『力士の世界』（文芸春秋、平成 19 年）では次のように書いている。

　　「屋根をよく見ると、水引と呼ばれる幕が回してあるのがわかります。その幕にもちゃんと意味があります。土俵上では力士が激しくぶつかり合うと、火花が散ります。その火花が土俵の外へ飛ばないように、屋根に水引幕を回して空間を囲ってあるのです。勝負にまつわる恨みを土俵の外へ持ち出さないように、という意味だそうです。」（p.67）

　水引幕の巻き方や意義については、この他にもいくつかある。[34]

(a)「水引の因縁は黒き布を北の柱から巻き始め、北の柱にて巻き納める。
　　黒きは易にて水を象る。水は物を清浄する謂れにて水引と申すなり。」
　　（『相撲家伝鈔』、正徳 4 年〈1714〉）

---

34)　水引幕の巻方はどの本でも一定しているが、水引幕の意義に関してはさまざまな説明がある。本章ではその中からいくつか示すのにとどめているが、他にもさまざまな表現があることを指摘しておきたい。どのような意義が唱えられているかに関心があれば、相撲の本で土俵や水引幕について言及して箇所をひも解くとよい。

(b)「四本柱の上に水引幕を張る。これもはなはだ習いあることなり。北
　　方は陰にて水徳をつかさどる。水の縁により北より張って北に張り納
　　める。幕の地絹、染め色、あるいは模様等などのことは、古今ともに
　　風流にまかす。」(『古今相撲大全（下巻)』、宝暦 13 年〈1763〉)

(c)「水引と言える意は、是、水は穢れと不浄の塵を払い、その元は清浄
　　なり。天地陰陽の中は一体に同様、清浄と不浄を選ばんや。したがっ
　　てその人の気を転じ清める時は、見るところ、是、清浄なり。天地人
　　の三つを清めるというにして、すなわち、北より巻き始め、北の柱に
　　巻き留める。北は易にいう水なり。よって北を極陰という。」(『相撲
　　伝秘書』、安永 5 年〈1776〉)

　陰陽説に加え、太陽の運行と結び付けて説明するものもある。

(a)「四本柱の上に張る幕を水引幕と名づけるのは、東西の力者、精力を
　　励まして勝負をいどむ。これ陽と陽を闘わす技なり。陽気戦うときは
　　陽火を生ず。たとえば檜と檜をすり合わす時は火を生ずるが如し。こ
　　の理をもって陽火を鎮めるため水を表して水引幕というなり。かかる
　　が故に張る時も北より張り出し、北にて張り納める。北は陰にて水徳
　　をつかさどり、易では坎なり。もっとも絹の色は黒なるべけれども、
　　これも後世風流の好みより色々の絹を用いるなり。」(『大相撲評判記』、
　　天保 7 年〈1836〉)

(b)「四本柱の上に張る幕を水引というのは東西の力士精気を励まして勝
　　負を争うはこれ陽気と陽気を闘わす業なり。しかして陽と陽と闘う時
　　は自然と火を生ずるの理なり。たとえば鉄と石と打ち合わすときは火
　　を生ずるが如し。この理をもって陽の火を鎮めるがため水に表して水
　　引幕というなり。これ土俵の上に力士の怪我等なからんしめんがため
　　なり。故にこの水引を張るには北より張り始め、北に納める。北は陰

にして水をつかさどるをもってなり。もっとも昔は黒き色を用いていたが、おいおい元の故実を失い、種々の色を用いるようになった。」（半渓著『相撲宝鑑』、明治 27 年〈1894〉、pp.18-9）

(c)「四本柱の上に張り回した天幕を、昔は水引と申しました。これを北の柱からまき始めて、北の柱に巻き納めることを考えますと、古人が太陽の運行を 15 度ずつに 6 等分して、1 年を 24 節に区分し、旧 11 月子の月中の冬至より地下に生気が生ずるものとして、順次小寒大寒を経て立春に至って春となり、さらに廻って夏至、秋分と、夏から秋を経て再び冬の冬至に至るといたしました、それを象ったものと思われます。故にこの北の極陰を象る柱を役柱と申します。」（松翁 20 代木村庄之助筆「土俵祭の話」（『相撲』、昭和 11 年 5 月、p.48）

(d)「相撲は陽、水は陰であって、水引の陰をもって、陽の相撲を鎮める。つまり、陰陽の和合を象徴するものだと言われているが、いささか、牽強・付会の観がないでもない。要は、北の柱から巻き始めて、北の柱に巻き納めることを考えると、これは、古人が、太陽の運行を 15 度ずつに 6 等分して、1 年を 24 節に区分し、旧 11 月子の月なかの冬至から、地下に生気がきざすものとして、順次、小寒・大寒を経て、立春に春となり、さらにめぐって、夏至、秋分と、夏から秋を経て、再び、冬の冬至にいたるとした、それを象ったものであり、やはり、四時の循環と大関係があることが察せられる。だから、この北の極陰を象る柱を役柱と称し、昔時は、この柱の前に取締りが座って、検査長に任じたのだ。しかも、その形が、神殿に幕を張ったのと同様であり、その心持ちも少なからず預かっていると思う。これによって、屋形の姿が、著しく整ってくることを見逃してはならぬ。水引幕を絞り上げる揚巻も、東・西・南・北、それぞれ、四本柱の色布と、同色の紐を用いることになっている。」（彦山著『土俵場規範』、昭和 13 年、pp.83-4、字句を少し変えてある）。

　水引幕の故実に疑問を呈するわけではないが、故実家の一種だと冷めた目で捉えているものもある。

(a)「これもいつごろからできたかはっきりしないが、江戸中期に屋根・四本柱が完備したときに生まれたものであろう。根本は四本柱同様に土俵を神聖視したところからであろうが、これはもっとも実用を欠いたものであり、単に飾りであるといえないこともない。しかし故実的には重要な役割をしているのである。勝敗を争うことは陽と陽の争いであるから、怪我やわざわいがあってはならないので、水引幕という名をつけて陰としてこれを防いでいるという。引幕でもよいものを水引幕と呼んでいる。また、屋根を天とし、水引を瑞引と書いて瑞雲たな引くといっている。これは初めの意味に重々しさを加えたのであろう。といって、現在この幕をしようしなかったら土俵は殺風景なものとなるであろう。水引幕は黒房のところから正面を東にまわして黒房で止めることになっている。」(秀ノ山著『相撲』、昭和 37 年〈1962〉、p.35)

　水引幕の色にも決まりがあったとするものもある。

(a)「水引は黒赤黄三色の絹をもって北柱より巻き始め北の柱へ巻き納める。出る人入る人を清める心なり。北を極陰という。相撲にこれを役柱と名づけ、俵を以ってなすは五穀成就のまつりごとなり。」(『骨董相撲奇巻』、享保 9 年〈1724〉)

(b)「水引は黒赤黄三色の色の絹をもって北柱より巻き始め、北柱へ巻き納める。出る人、入る人を清める心なり。北を極陰という。相撲にこれを役柱と名づけ、俵をもってなすは五穀成就のまつりごとなり。」(式守蝸牛著『相撲穏雲解』、寛政 5 年〈1793〉)

　明治 28 年には水引幕に海軍と陸軍の紋章が入った水引幕を巻いている。

これに関しては、風見明著『相撲、国技となる』（平成14年）の「陸海軍の紋章の入った水引幕」（pp.95-9）で詳しく記述されている。

　本場所の水引幕は昔と変わりないが、幕色は紫である。これについては、金指基著『相撲大事典』（現代書館、平成14年）には、次のように説明している。

　　「本場所や巡業などの土俵の場合、四つの面それぞれに日本相撲協会の桜の紋章が二つずつ白く染め抜かれ、真ん中を『揚巻』で絞り揚げている。」（pp.314-5）

　水引幕はかなり以前から使われていたらしく、相撲の絵図などでもよく見かける。色についての説明もしばしば見られるが、『古今相撲大全』（宝暦13年）には色の意義は失われ、どの色でもよかったようである。土俵の故実を扱っているような本では、ほとんどすべてと言っていいくらい、水引幕の故実は言及されている。

9.　揚巻と四房

　水引幕の東西南北の中央に揚巻が吊るされ、しかもその色と隣接する柱の色が同じになったのは、明治23年5月である[35]。これは『朝日新聞』（明治23年5月27日）の「大相撲」で確認できる。四本柱と揚巻の色は一致している。

　五行説では、東西南北を「四正」と言い、そのあいだを南東隅、南西隅、北東隅、北西隅を「四隅」と言うが、相撲の四本柱は「四隅」にあり、それがあたかも「四正」であるかのように記述されている[36]。すなわち、春は

---

35)　相撲場の方位の変更に関しては、拙著『大相撲行司の松翁と四本柱の色』（2020）の第5章「四本柱と揚巻」でも詳しく扱っている。

36)　四隅を東南隅、南西隅、北東隅、北西隅とするか、南東隅、南西隅、北東隅、北西隅とするかに関しては、私は知識不足である。呼び方には何か違いがあるか

東南隅が緑柱、南西隅が赤柱、北東隅が白柱、北西隅が黒柱である。

　相撲では、まず、四隅の柱が先に現れ、それに四色の絹布で巻かれている。水引幕が巻かれていたのに、四正の中央には何も吊るされていなかった。明治 23 年 5 月に揚巻が四正に吊るされ、それが隣の柱の色と同じになった。理屈では、四正の色を四隅の色として使用したかもしれないが、四隅をあたかも四正のように捉えていたのである。

　四正の中央に揚巻を吊るしたのは、幕を吊り上げるためだけではなく、四正の色を示すのが自然だと判断したからかもしれない。揚巻を主色とし、四隅の柱はその色に一致させることにしたわけである。それにしても、どういうわけか、揚巻は小さく、四隅の柱が目立つ格好になっている。歴史的には、四本柱の色が主であり、揚巻は後から現れ、副次的な感じがする。しかし、五行説では、四正の色が主であり、四隅の色はそのコピーである。相撲では、たまたま四本柱を立てていることから、土俵の構造上、四正の色を四本柱の色に移したのかも知れない。しかし、現在、四本柱を撤廃したのだから、柱の代わりに吊るされた四房も廃止、中央の揚巻を残し、それを四色してもよさそうなのに、四本柱と揚巻を両方とも残している。これを見ると、相撲で四本柱がいかに重要であるかを示している。

10. 相撲場の方角変更

　明治 42 年 6 月、国技館開館時に相撲場の方角が変わった。それまでは、行司溜りが土俵の北側だった。国技館には天皇陛下が臨席することを予期し、行司が天皇陛下に背を向けないように南側に移したという。北側を正面とし、南側を向正面と称するようになったのは、国技館会館時である。北側が正面となり、向かって左側が東となり、右側が西となった。[37]

もしれない。

37)　相撲場の方位の変更に関しては、拙著『大相撲行司の松翁と四本柱の色』(2020) の第 5 章「四本柱と揚巻」、特に「3. 正面の方位と東西の方位」(pp.119-21) でも詳しく扱っている。

このように、従来の方角をする理由について、風見明著『相撲、国技となる』（大修館書店、2002〈平成 14 年〉）の「二、土俵まわり〈行司溜りの新方角〉」（pp.85-6）に詳しい説明がある。

「行司溜りは南に置くべきだと説いた吉田追風の根拠は、『律令時代では天皇は宮中において相撲節会を催し、江戸時代では将軍は江戸城において上覧相撲を催したが、相撲節会における天皇の見物席も上覧相撲における見物席も、中国から伝えられた「天使は南面す」という決まりに従って、土俵の北に位置した』というものだった。つまり、北は天皇や将軍が観覧する位置だから、ここに行司が控えるのはいけないということであった。」（p.86）

桝岡智・花坂吉兵衛著『相撲講本』（相撲講本刊行会、昭和 10 年）にも、土俵の方が訓を決めることに関し、次のように述べている。

「土俵の東西の定め方は、一所を正面とし、それより向かって左を東とし、右を西とすべきである。このことは彼の寛政上覧相撲の際、十九代吉田追風の上申の書付に、

　　　御左の方　　　　　東
　　　御右の方　　　　　西

とあるを以て明らかである。斯くの如くなれば天子南面、侍臣北面の語に叶い、（中略）そして行司は常に北面と心得るべきである。」（p.456）

なお、方角が変わったことについては、『東京朝日新聞』（明治 42 年 6 月 3 日）の「式前の土俵」にも記述されている。

「（前略）片屋の東西はこれも古式に依りて玉座より左を東とし、その右を西と定めて以前とは正反対となれり」

明治 42 年 6 月以前に描かれた錦絵では、役座敷がよく描かれているが、

そこが正面で、南側となっている。土俵入りで行司は役座敷の方に向かって蹲踞している。役座敷から見て、土俵の北側に行司黙りであり、行司が何人か描かれていることがある。この方角の知識があれば、土俵の方角を判別するのに大いに役立つ。四本柱の色は従来と同じで、東西と南北の方位が変わっている。相撲場の方位は明治 42 年 6 月以降変わりなく現在も続いている。

11. 今後の課題

　相撲の中で一定の方向性を示す土俵の標示や行司の所作をいくつか取り上げてその特徴を指摘してきたが、今後の課題はその指摘が正しいのかを検証することである。そのいくつかを示しておく。

(a)　清祓いや塩撒きは左→右→左の順で行われているが、それを神道のしきたりとしている。なぜそうするのかは『古事記』の記述に基づいているとしている。その指摘は正しいだろうか。

(b)　横綱・幕内・十枚目土俵入りでは、房振りが右→左の順で行われる。房振りは邪気を払い、周りの気を清める儀式だとしている。その指摘は正しいのか、それ以外に理由はないのか、あるとすれば、どんなものがあるかを検討する必要がある。本章では房振りを右→左としているが、なぜ二回なのか、またそれ以外に、たとえば左→右→左という三回の房振りはないだろうか。二回振りと三回振りに大きな違いがあり、二回でなければいけないのだろうか。そういうことも今後、深く追究してみる必要があるかもしれない。枡岡・花坂著『相撲講本』では房振りは左→右→左の三回となっている。現在は右→左の二回である。いつそのように変わったのだろうか。

(c)　土俵祭の最後に触太鼓は土俵を三周しているが、なぜ三周しているのだろうか。明治末期まで一周するのが普通だったのに、明治 45 年

1月場所から三周している。そもそもなぜ太鼓が出てくるのだろうか。太鼓は相撲の神様と関係あるのだろうか。三周するのを三神に結び付けることがあるが、その三神は一周するときの神と同一なのだろうか、別なのだろうか。

(d)　明治42年6月の国技館開館時から土俵や相撲場の南北が変わっている。四本柱の色は変わっていないので、正面から見て、東西の方角は基本的に変わっていない。江戸時代、御前相撲が行われた時、南北の方角はどうなっていたのだろうか。また、東西の方角はどうなっていたのだろうか。そもそも四本柱に色は四色だったのだろうか。それとも赤色か紅白色だったのだろうか。四本柱の四色でなかったなら、東西の位置はどのように定めていただろうか。

(e)　横綱土俵入りでは、行司が警蹕を発する。しかし、幕内・十枚目土俵入りでは、行司はそのような警蹕は発しない。その代わりのように、最後に上がる力士が「シー」という声を発する。それを合図に力士は土俵の方を向く。幕内・十枚目土俵入りの合図の声は、一種の警蹕と見做してよいだろうか。横綱土俵入りでは露払いと太刀持ちがいるが、幕内・十枚目土俵入りではそのような力士はいない。やはり単なる「合図」だと本章では扱っているが、それは正しい解釈だろうか。また、本章ではまったく触れていないが、幕内・十枚土俵入りで、最後の土俵に上がる力士はいつから「シー」という合図の声を発するようになったのだろうか。

(f)　土俵の四本柱（現在の四房）や揚巻の色は五行説に基づいているが、四本柱の色と揚巻の色は同時に使われただろうか。なぜ勧進相撲では安政5年1月になって四色になったのだろうか。また揚巻は明治23年ごろになって四本柱を同じ四色で吊るされるようになった。遅れた理由は何だろうか。四方角の中央を揚巻の色と一致し、それぞれの角に立っている四本柱の色は揚巻の色と一致するのが正しいはずで

ある。それなのに、相撲では四本柱の四色が先に出現し、揚巻は明治
23 年まで出現していない。四本柱と揚巻の関係はもう少し検討して
みる必要があるのではないか。

(g)　揚巻を吊るす水引幕は一定の方向で巻く。すなわち、黒柱→青柱→
　　赤柱→白柱→黒柱の順である。その巻き方を太陽の運行や季節の変化
　　に合わせて説明するのが一般的だが、その説明はもともと陰陽五行説
　　にあったものだろうか。それとものちに付加されたものだろうか。太
　　陽の運行や季節の変化に基づいた説明は昭和になって彦山光三が初め
　　て行ない、その後、受け入れられている節があるが、元々の考えとど
　　の程度一致しているかは調べてみる必要がある。

　相撲では、本章で取り上げなかった一定の方向性は他にもある。たとえ
ば、番付表の東西、東西への振り分け、その東西の入れ替え、取組体制の
変遷、横綱土俵入りの方角、土俵祭の三神（幣帛）や四季の神々（幣帛）
の配置、などである。そういう方向性やその変遷などにも目を向けると、
故実の変遷などももっと追究したくなるかもしれない。

第 4 章　四本柱の色とその変遷

1.　本章の目的

　本章の目的は、四本柱に赤や紅白が使われだし、安政 5 年 1 月に四色が出現するまでの色の変遷をたどりながら、寛政の頃に行司の司家として認められた吉田司家の四本柱の故実はどんなものであったかを調べることである。明治以降でも天覧相撲では赤や紅白もときおり使用されていたが、基本的には江戸時代の勧進相撲、御前相撲、上覧相撲の四本柱の色に焦点を当てている。南部相撲はずっと以前から四色を用いる傾向があるが、その相撲については江戸相撲との比較において取り上げるだけである。全体としては、正徳から安政 5 年までの色の変遷をたどりながら、具体的には、次のことを調べる。

(1)　四色は『相撲家伝鈔』（正徳 4 年〈1714〉）、『古今相撲大全』（宝暦 13 年〈1763〉）、『相撲伝秘書』（安永 5 年〈1776〉）などの古書では一種の故実として書かれている。それにもかかわらず、なぜ当時の相撲では赤や紅白が使われていたのだろうか。
(2)　寛政 3 年 6 月と同 6 年 3 月の上覧相撲では四本柱は紅と紫の二色だった[1]。なぜ文政 6 年 4 月の上覧相撲では現在のように四色になっているのだろうか。
(3)　勧進相撲では安政 5 年 1 月から四色が現れている[2]。なぜ四色が導

---

1)　本章ではこの「紅」の色を「赤、朱、緋」のいずれかで表すことが多い。どちらの色を使っても、内容的には同じである。
2)　四色で描かれた錦絵「勧進大相撲興行之図」（豊国筆）は安政 5 年 3 月となっているが、本場所は 1 月に挙行されていない。したがって、錦絵は 1 月の本場所開催を推測して描いたものに違いない。本章では、錦絵が描いている 1 月場所を想定し、便宜的にあえて四色の四本柱は安政 5 年 1 月場所からとしている。厳密

入されたのだろうか。

(4) 明治 17 年 3 月の天覧相撲では基本的に紅白が使われている。なぜ四色を用いなかったのだろうか。

四本柱の四色は陰陽五行説に基づいている。土俵や四本柱を扱っている本なら、どれでも陰陽五行説に言及していると言っても過言ではない。[3]四本柱や色の変遷に関しては、たとえば次の拙著でも扱っている。

(a)『大相撲行司の松翁と四本柱の四色』(2020) の第 6 章「四本柱の色と相撲の種類」
(b)『大相撲行司の松翁と四本柱の四色』(2020) の第 7 章「安政 5 年以前の四本柱の色」
(c)『大相撲の神々と昭和前半の三役行司』(2021) の第 6 章「赤色の四本柱と土俵の四方位」

これまでの拙著でも、柱の色や事例を提示し、なぜ色の変更があったかを断片的に指摘している。本章はその延長で、吉田司家が四本柱の色に関し、確固とした故実を持っていたかどうかを調べている。江戸相撲の木村庄之助や伊勢ノ海（式守）五太夫が寛延 2 年、吉田司家の門人になっている。[4]その後、江戸相撲は吉田司家の傘下にあったが、勧進相撲では安政 5

には「安政 5 年」としておいたほうが無難かもしれない。

3) 陰陽五行説の方位と四色（中央を加えれば五色）については、たとえば吉野裕子著『陰陽五行と日本の民俗』（昭和 58 年）の第一章「陰陽五行思想の概要」(pp.19-62) もわかりやすく解説している。また、山田知子著『相撲の民俗史』（平成 8 年）の「四 方屋祭文」(pp.166-75) や岩井左右馬著『相撲伝秘書』（安永 5 年）の「四本柱土俵五行配当の因縁」などでわかりやすくまとめてある。

4) 枡岡・花坂著『相撲講本』（昭和 10 年）の「式守伊之助」(pp.604-6) では、式守伊之助は木村庄之助より先か、あるいは同時に吉田司家の門人だったと書いている。肥後相撲協会発行の『本朝相撲之司吉田家』(p.15) には享保 14 年に式守五太夫が門人になったと書いてある。式守家の起源については、たとえば古河三樹著『江戸時代大相撲』（昭和 43 年）の「行司の二名家」(pp.304-11) や酒井

年まで四本柱は赤が基本だった。天明の頃には、四色に加えて、紅白も散見されている。

2.　四本柱の色と吉田司家

　四本柱が確認できる江戸初期の絵図をみると、四本柱は赤が基本で、ときおり紅白である。安政 5 年以降、四色が現れ、錦絵もほとんど四色だが、その事例を本章では例示しない。その事例に関心があれば、拙著『大相撲行司の松翁と四本柱の四色』（2020）も参考になる。もちろん、錦絵を掲示した相撲の本はたくさんある。

　四本柱の色は安政 5 年まで変化しているが、これについて、吉田司家はどのようにかかわってきたのだろうか。色の持つ本来の理由は文献でも知ることができるが、なぜ以前の赤を新しい四色に変えたのか、その動機を知ることは必ずしも容易でない。その動機を述べてある文献が見つからないからである。本章では、大体、次のことを指摘する。その動機らしきものを推測するが、それは推測の域を出ないことも確かである。そのことをあらかじめ記しておきたい。

- （a）　四色の故実はもともと備わっていなかった。御前相撲では赤や紅白だったこともあり、寛政以前はいずれかの色でもよかったのかも知れない[5]。
- （b）　四色はもともとあったが、それを活用しなかった。御前相撲の行司

忠正著『日本相撲史（上）』の第 7 篇「行司、年寄」などでも詳しく扱っている。専門的な研究となれば、木村幸吉氏による一連の論考が『大相撲』（1960 年初期）にあり、それを手掛かりに他の研究家の論考も参考にするとよい。

[5]　文政 11 年の『角觝詳説活金剛伝』に絵図「御前相撲土俵之図」（モノクロ）では、四本柱は紅白である。同じ写本に絵図「（勧進相撲）土俵入之図」（モノクロ）があり、その四本柱は赤である。二つの絵図を見比べると、御前相撲の四本柱は二色だったと推定できる。文政 6 年 4 月の上覧相撲では四色だったのに、5 年後の御前相撲では紅白の二色となっている。御前相撲の種類が違うのかもしれない。

家だったので、もともと勧進相撲とかかわりがなかった。

(c)　四色を取り入れたのは、寛政の上覧相撲の後である。最初は文政6年4月の上覧相撲で使い始めた。勧進相撲では、安政5年1月場所以降である。

(d)　文政6年4月から安政5年1月場所まで赤と紅白だったのは、南部相撲の四色との兼ね合いで、遠慮したのかも知れない。四色は元々南部相撲の特色だったからである。

　吉田司家は文政6年4月の上覧相撲で、四色を取り入れているが、勧進相撲では安政5年1月にそれを取り入れている。それまでは赤が基本で、紅白もときおり使われていた。寛政3年6月と同6年3月の上覧相撲では赤色と紫色だったのに、文政6年4月以降の上覧相撲では四色を取り入れている。⁶⁾その変遷は次のようにまとめることができる。

(a)　四色を最初に取り入れたのは、岩井流の行司家であった。他の行司家はそれに見習わなかったのかも知れない。

(b)　他の行司家は御前相撲の赤や紅白をただ見習っただけかも知れない。

(c)　四色は中国の陰陽五行説に基づいており、日本本来の神道に基づいていない。赤や紅白が伝統的な神道の慶事色である。

(d)　安政5年1月以降、四色を取り入れたのは、吉田司家がその四色を認めたからかも知れない。

(e)　天覧相撲などで赤や紅白が依然として使用されているのは、吉田司⁷⁾

---

6)　享保2年12月にも上覧相撲が行なわれているが、四本柱の色を確認できる資料が見当たらない。寛政6年3月に近いので、紅と紫と推定しているが、文政6年4月の上覧相撲のように四色かもしれない。いずれも裏付けがないので、本章では享保2年12月の上覧相撲は不明とする。

7)　大阪相撲では明治初期でも紅白柱（たとえば錦絵「八陣横綱土俵入之図」、芳雪画）が見られるが、四色（たとえば「磯風横綱土俵入之図」、国明画）も見られる。江戸相撲と同じような色の変遷をしたのかはっきりしない。本章では大阪相撲は

家の四色を拒絶しているか、日本の慶事色は赤か紅白であるという宗教的理由によるものかも知れない。

　なぜ勧進相撲でも、上覧相撲のように、四色を取り入れなかったのだろうか。これに対し確固とした答えは持ち合わせてない。変更した事実は指摘できるが、なぜ変更したのかがわからないのである。変更した理由がないかを文献で調べてみたが、今までのところ、見当たらない。

3.　吉田司家と上覧相撲

　吉田行司家が行司の司家に名実ともになったのは、寛政 3 年 6 月の上覧相撲を取り仕切った後とするのが一般的である。吉田追風家は先祖書も幕府に提出している。寛政以前にも由緒ある行司家としては認められていたが、幕府に「司家」と公認されたのはやはり寛政 3 年 6 月の上覧相撲後とするのが妥当である。これについて述べている文献をいくつか示す。

（a）　吉田長孝著『原点に還れ』
　　「寛政 3 年 6 月の上覧相撲の前は、吉田司家は相撲会所年寄や行司などの関係だけで、幕府ではまだ吉田追風善左衛門のことは余り知られていなかった。相撲会所年寄などの熱心な勧めがあって、相撲故実の

扱わない。

8)　実際、天明から江戸末期までも四本柱を紅白で描いた錦絵はいくらかみられる。また、紅白のように二色が使われるとき、その巻き方は必ずしも一様ではない。赤（紅）の上に白を巻いたり、赤と白を交互に巻いたりしている。寛政 3 年 6 月の上覧相撲では、赤の上に紫を巻いている。本章では、巻き方にこだわらず、段だらで巻くとしている。なお、寛政 3 年の上覧相撲を描いた絵図では、赤と白の段だら模様のものもあるが、それは事実を正しく描いていないはずだ。

9)　この先祖書の信ぴょう性については疑いがある。特に江戸以前の内容に関しては裏付けがない。しかし、万治元年から慶長の頃までは真実性があるのではないだろうか。これに関しては、四本柱の色とは関係ないが、本章の末尾で少し取り上げる。

家筋と判り、それではと急に御用番・戸田采女正からお呼び出しがあって、御目付・中川勘三郎から『上覧相撲に出て無事にやるように』と仰せ付けられた。それが上覧相撲のあるという六月十一日の前日、十日のことであった。もとより御家筋のことではあるし、願ってもない晴れの舞台に仕えるのだから、その場で善左衛門は引受けた。引受けた以上は全力をつくした。時間の余裕がないながら、さすがに故実の家柄だけあって決して故実を破ることなく、大変な好評であった。」（pp.177-8）

　「相撲の故実の家筋」とは、おそらく御前相撲や上覧相撲の規式に詳しかったことを表しているに違いない。上覧相撲の土俵、柱の高さ、水引幕、柱の色などは「相撲の故実」[10]に基づいていたに違いない。四本柱やその色に関していえば、柱を紅と紫で巻くことは故実を反映したもの[11]である。御前相撲では赤や紅白で巻くのが普通だったが、将軍がご覧になる上覧相撲では、赤の上に紫を巻いているからである。

　寛政6年3月にも上覧相撲が行なわれているが、柱の色に関しては吉田司家の故実が反映されている。吉田長孝著『原点に還れ』では、容易万

---

10)　水引幕（天幕ともいう）では、四正方位としての「東西南北」に揚巻を吊るし、その色は四隅方位としての「東南、西南、東北、西北」と同じである。四正方位の中央に揚巻を吊るしたのは、明治23年5月場所である。それまでは、揚巻を吊るすことはなかった。相撲の場合、四隅の色が先に決まっていて、四正に吊るす揚巻の色は後から吊るすようになったと言ってよい。それは先に四本柱を四隅に立てたからである。水引幕も四本柱と同じくらい昔から巻いていたが、どういうわけか四正の揚巻を吊るすのは明治20年代に入ってからである（より正確には23年5月）。方位を表す色は元々四正の色である。相撲の場合、その色が最初に四隅だったというわけである。天幕には紙垂を垂らすことはよく見られたが、それは方位を表す揚巻とは異なるものである。

11)　急きょ、吉田追風が上覧相撲を取り仕切るに至る経緯については、たとえば新田一郎著『相撲の歴史』（山川出版社、1994）の第7章「江戸相撲の隆盛」と第8章「相撲故実と吉田司家」にも詳しく述べられている。この経緯については、他にも多くの文献がある。

端で吉田司家の規式が反映されたと記している。

(b)　吉田長孝著『原点に還れ』
　　「それから三年後の寛政 6 年の上覧相撲は、前の時に比べると万端、
　　水も漏らさぬように用意できたのである。」(p.178)

　寛政 3 年 6 月と同 6 年 3 月の上覧相撲では、四本柱は紅と紫である。
不思議なのは、文政 6 年 4 月以降の上覧相撲では、四本柱に四色を使用
していることである。

(c)　新田一郎著『相撲の歴史』(山川出版社、1994)
　　「吉田家はいまや相撲興行の最大の集団でなった江戸相撲を傘下にお
　　さめた。また、一条家から『越後』の国名の名乗りを拝領するなど独
　　自の立場を保ち、吉田家の最大のライバルであった盛岡藩南部家抱え
　　の行司長瀬越後家も、文化年間（1804-18）には勧進相撲への出仕を
　　一条家および南部家より禁ぜられ、事実上南部領内に封じ込められる。
　　こうして行司中の第一人者から、一段上位の権威をおびた存在へと変
　　貌していた吉田家にとって、（後略)」(p.250)

　吉田司家は南部相撲を傘下に組み入れることはできなかった。南部相撲
は独自の規式を維持し、南部地域内だけで相撲を取っていたからである。

(d)　金指基著『相撲大事典』の「吉田司家」
　　「（前略）寛政三年六月に行われた徳川家斉の上覧相撲を取り仕切った
　　ことで、吉田司家は相撲の故実を伝える家として相撲界に長く君臨す
　　ることとなった。」(p.342)

(e)　吉田長孝著『原点に還れ』
　　「寛政の勧進相撲黄金期、そして寛政上覧相撲が挙行されるに当たっ
　　て、十九世吉田追風善左衛門が武家式法の故実を制定し、『追風家』

という行司最高地位を確立し、全国の行司の家を統制したのである。そのために関東に根強い勢力を持っていた木村庄之助や木村瀬平の一門は言うまでなく、その門流である式守家も江戸における限り一つの統制の元に、追風の門弟として、行司界が確立されていったのである。それは関西の岩井家も含めて統制されたのであった。」（p.142）

　吉田司家が故実の家であったことは確かだが、相撲のすべてに故実を有していたかは疑問である。上覧相撲や勧進相撲に関し、独自の故実を備えていたかも知れないが、それは必ずしも確固としたものではなかったかも知れない。たとえば、上覧相撲の四本柱の色は、確固とした故実だったのだろうか。寛政期の上覧相撲では、柱は紅と紫で巻いていたが、文政6年以降の上覧相撲では四色で巻いている。勧進相撲では安政4年末まで四本柱は赤が基本であったが、安政5年以降は上覧相撲の四色が使用されている。結果を見る限り、上覧相撲であれ、勧進相撲であれ、色の使用は一定していない。
　江戸相撲には江戸相撲なりの故実はあった。これに関しては、新田一郎著『相撲の歴史』で次のように書いている。

(f)　新田一郎著『相撲の歴史』（山川出版社、1994）
　「（前略）江戸相撲集団には故実が欠けていたわけではない。この『入門』が意味したのは、それまで木村・式守というローカルな行司家に伝えられた故実にもとづいて興行を打っていたであろう江戸相撲集団が、より洗練され高い由緒を認められた故実のもとに統合されたことであり、こののち江戸が相撲興行の中心を占めてゆくにしたがい、吉田司家の保持する故実が相撲故実の『正統』としての地位を占めてゆく。そうした過程の始まりであった。（後略）」（pp.255-6）

　江戸相撲が吉田司家の傘下に入ることによっては、もちろん、他に利点

がたくさんあったことは確かだ。これについては、相撲の本で知ることができる。本章では、四本柱の色に焦点を当てているので、その視点で吉田司家の故実を捉えているにすぎない。

4.　江戸相撲と吉田司家

　木村庄之助は吉田司家の門人となっている。江戸行司は吉田司家の傘下に入り、江戸相撲は吉田司家の故実も取り入れているはずなのに、やはり依然として柱の色を変えていない。すなわち、寛政期でも赤が基本だったし、その前も赤だった。『古今相撲大全』（宝暦 13 年）や『相撲秘伝書（安永 5 年）などでも、柱の色は四色だとしながらも、現実には赤だとしている。たとえば、『古今相撲大全』（宝暦 13 年）の「四本柱の相当」には次のように書いている。

　　「四本柱は四季に標す。東は春にてその色青色、西は秋にて白色、南は夏にて赤色、北は冬にて黒色なれば、そのいろいろの絹を以て巻くを差別とす。御前相撲の風流なる物好きより、ついに一様の色絹にて

---

12)　これについては、たとえば高埜利彦筆「VII 幕藩体制における家職と権威」
　　（pp.233-76）『権威と支配』（岩波書店、昭和 62 年）、新田一郎著『相撲の歴史』
　　の第 8 章「相撲故実と吉田司家」などが参考になる。
13)　『本朝相撲之司吉田家』（p.16）には「寛延 2 年 8 月、木村庄之助、丸山権太左
　　衛門二人、熊本に来たり。庄之助は行司故実門人となる。以て江戸の目代とす」
　　とある。9 代木村庄之助は『木村庄之助の先祖書』（文政 11 年 11 月）で、寛延 2
　　年には行司免許状も授与されたとある。免許状を本当に授与されたかどうかはっ
　　きりしないが、免許の文面は事実を正しく述べていない。免許状には「上草履」
　　を履くことを許すとあるが、寛延 2 年当時、庄之助は草履を履いていないはずで
　　ある。この件に関しては、たとえば拙著『大相撲立行司の軍配と空位』（2017）
　　の第 3 章「文字資料と錦絵」（pp.76-9）などで幾度か指摘している。
14)　『古今相撲大全』に絵図「大阪相撲土俵之図」があるが、四本柱はおそらく赤
　　である。一本の線が柱全体に斜めに描かれている。色の違う他の線は描かれてい
　　ない。

巻くようになりたり」

　当時は、勧進相撲だけでなく、御前相撲も「赤色」だったに違いない。
寛政期や天保期を過ぎ、安政4年末までも、江戸相撲の勧進相撲では四本
柱は赤色だった。天明期の錦絵では、赤色に加えて、紅白の柱も描かれて
いるが、どの色をどのような基準で選んだかは不明である。赤は基本であ
り、錦絵もたくさんあるが、紅白の錦絵は数が少ない。参考までに二つだ
け示しておく。¹⁵⁾

(1)　天明2年10月、「東方幕内土俵入之図」、春章画、『相撲百年の歴史』
　　（p.60）
(2)　文政12年から13年、「稲妻横綱土俵入之図」、国貞画、『大相撲』（学
　　習研究社、p.47）

　吉田司家との関係で言えば、江戸相撲が吉田司家の傘下に入っても、依
然として赤色を使用していたことから、江戸相撲はそれまでと変わってい
ない。吉田司家は勧進相撲の四本柱に関し、赤で巻くという故実を持って
いた。江戸相撲の四本柱も赤だったので、吉田司家と江戸相撲は期せずし
て一致していたことになる。もし吉田司家が別の色を持ち、それに固執し
ていたなら、江戸相撲と衝突したはずである。しかし、そのような衝突を
におわすような文献資料はない。
　江戸相撲が吉田司家の傘下になっても、江戸相撲が吉田司家の故実をす
べて丸呑みしたわけでもなさそうである。また、吉田司家が相撲のすべて
に関し、故実を備えていたわけでもなさそうである。吉田司家は元々公家
相撲や上覧相撲の行司家であり、そのような相撲には詳しかったかも知れ
ない。吉田司家はまず公家相撲や上覧相撲の規式を定め、あとから勧進相
撲の規式を定めている。それは『本朝相撲之司吉田家』（大正2年）、荒

---

15)　他の紅白柱の例は拙著『大相撲行司の松翁と四本柱の四色』（pp.175-6）を参照。
　　紅白柱は文政期の錦絵でも見られる。

木精之著『相撲道と吉田司家』（昭和 34 年）、吉田長善編『ちから草』（昭和 42 年）、吉田長孝著『原点に還れ』（平成 22 年）などでうかがえる。上覧相撲に精通してことをうかがわせるのは、寛政 3 年 6 月の上覧相撲で大いに活躍していることである。少なくとも江戸相撲は吉田司家に一目置き、吉田司家の協力をお願いしている。

　吉田司家がいつごろ、勧進相撲に興味を抱き、その規式を定めるようになったかははっきりしない。万治元年に細川家に行司として移籍していることを考慮すれば、その前後には勧進相撲にも大いに関心を抱き始めていたかも知れない。それまでは行司家の一つとして、京都を中心に活動していたようだ。¹⁶⁾ いずれにしても、勧進相撲という視点からすれば、吉田司家は後発組である。勧進相撲の四本柱の色に関しては、武家相撲や上覧相撲よりは疎かったかも知れない。

　吉田司家は寛政期の頃、四本柱を四色にするという故実を備えていなかっただろうか。それに関しては、確定的なことは言えないが、二つの見方を提示できるかも知れない。

（1）　勧進相撲では、四本柱を四色にするという考えはあったが、故実として確定するほどではなかった。そのため、四色を実際には使用しなかった。

（2）　勧進相撲では、四本柱を四色にするという考えは元々なかった。故実としても備えてなかったので、実際の相撲でも使用しなかった。

　いずれが正しいかははっきりしない。四本柱を四色にしなかったわけだから、確固とした故実を備えていなかったとするのが自然である。繰り返し述べているように、寛政期の上覧相撲では赤を基本とし、その上に紫を

---

16)　吉田追風は元禄 12 年（1699）、京都岡崎村で行われた勧進相撲で行司として名前が出ている。万治は約 30 年前であるが、元和の頃も活躍していることから、慶長の頃にも有力な行司家として活躍していたことが推測できる。

巻いている。これが上覧相撲の故実だったのかとなると、疑問がないわけではない。なぜなら文政6年4月以降の上覧相撲では、四色を使用しているからである。

5. 四本柱と上覧相撲

（1） 上覧相撲では、基本的に御前相撲の四本柱の色を使用するという考えがあった。
（2） 上覧相撲では、赤に加えて、その上に紫を使用するという考えがあった。

　大名がご覧になる御前相撲は、基本的に赤だった。[17]　紅白も使用したかどうかははっきりしない。[18]

　上覧相撲は一種の御前相撲だが、将軍が見る特別な相撲なので、普通の御前相撲より一段上の相撲という認識があったかも知れない。それで、赤に加えて、高貴な色である紫を加えたかも知れない。実際、寛政3年6月の上覧相撲を描いた錦絵（狩野画）が『大相撲』（pp.67-8）で見られる

---

17)　大名がご覧になる御前相撲で赤か紅白のうち、いずれでもよいという考えがあったのかどうか、はっきりしない。基本的に赤だったはずだが、紅白をまったく使わなかったかとなると、明確な答えがないのである。それで、赤か紅白の使用としているが、実際は赤だけだったかもしれない。たとえば、堺市博物館制作『相撲の歴史』（p.70とp.111）には御前相撲の絵図「紀州安藤家相撲の図」（円沙利壽画、文政4年）があるが、四本柱は赤である。

18)　柱が紅白の例を一つ示す。『角觝詳説活金剛伝』（文政11年）の絵図「御前相撲土俵之図」（カラーではない）では柱が白と黒）の段だら模様で描かれている。これは紅白に違いない。この黒は「赤」に違いない。柱が赤一色なら、斜め線や糸状の線が柱に描かれているのが普通だが、この絵の柱は間違いなく二色である。同じ絵図は古河三樹著『江戸時代大相撲』（p.266）にも掲載されている。この絵では「鎌倉」の文字が消されている。

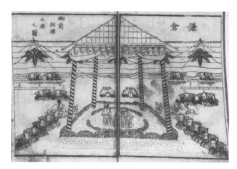

紅白柱（推定）　　　　　　　　　　　赤柱（推定）

（二つとも『角觝詳説活金剛伝』から）

[19]
が、赤と紫の段だら模様ではなく、赤柱に紫を巻いている。赤を基本とし、その上から紫を巻いていると言ってもよい。寛政 3 年 6 月と同 6 年 3 月の上覧相撲の四本柱に色については、文献でも確認できる。

（1）　寛政 3 年 6 月[20]
　　成島峰雄著『すまいご覧の記』、『ちから草』、『相撲道と吉田司家』など。
（2）　寛政 6 年 3 月
　　『ちから草』、『相撲道と吉田司家』など。

　寛政 3 年 6 月と同 6 年 3 月の二つの上覧相撲では紅と紫が使用されていたのに、文政 6 年以降の上覧相撲では、房の色が四色に変わっている。それをどう説明すればよいのだろうか。当時の文献では、なぜ変わったか

---

19)　この錦絵は『大相撲』（学習研究社、昭和 52 年、pp.67-8）で見られる。キャプションは「寛政 3 年将軍上覧相撲」となっている。古河三樹著『江戸時代の大相撲』（p.227）にもその絵の縮小版が掲載されているが、カラーでないため柱の色は判別できない。

20)　特に寛政 3 年 6 月の上覧相撲は有名なので、相撲の歴史を扱っている本では取り上げられている。その具体的な例として、たとえば酒井忠正著『日本相撲史（上）』では『すまいご覧の記』がかなり詳しく提示されている。

を記していない。理由は推測するしかない。これに関しては、二つのこと
が考えられる。

(1)　御前相撲や上覧相撲の四本柱は、故実として二色（紅と紫）である。
(2)　寛政6年3月以降に、上覧相撲では四色にすることを新しく決めた。

　いずれが正しいかは不明だが、上覧相撲では寛政以降、四色にすること
にしたとするのが自然である。寛政期以前から、四色とする確固として故
実があったなら、寛政期の上覧相撲でもそれを使用するはずだからである。
あったのにもかかわらず、それを使用しなければ、それは確固とした故実
だとは言えない。一度だけでなく、二度もそうしている。
　もう一つは、うがった見方だが、南部相撲では四色が使用されているこ
とを知っていたかも知れない。古書の一部にも四色を用いるとあり、四色
を使用しても南部相撲から批判を受けることはない。たとえ受けたとして
も、古書に故実として書かれていると反論すればよいし、また当時は陰陽
五行説に基づいて方位を決め、その方位を五色（中央を黄色として加える）
にすることは周知の事実だったはずである。
　文政6年4月以降の上覧相撲では、赤ではなく、四色が使用されてい
る。嘉永の上覧相撲の柱の色は確認できていないが、状況を考慮すれば四
色として間違いなさそうである。つまり、文政6年4月と天保4年9月

---

21)　享保17年には京都で南部相撲の四色が使用されていることから、当時の行司
　　家はその四色の存在を知ることができた。実際に柱の四色を見ていなくても、噂
　　になったことは確実である。行司家の中にも古書の四色の存在を知識として知っ
　　ていたはずである。享保17年の南部相撲については、古河三樹著『江戸時代大
　　相撲』(p.302)でも確認できる。拙著『大相撲の歴史に見る秘話とその検証』(2013)
　　の5第9章「謎の絵は南部相撲ではない」(p.263)でも触れている。
22)　享和2年12月にも上覧相撲が行なわれているが、柱の色は不明である。それ
　　を確認できる資料がない。寛政6年3月を踏襲したなら紅と紫であり、寛政6年
　　3月以降文政6年4月のあいだに四色に変えたのかもしれない。いずれが事実に
　　即しているか不明である。

の二度の上覧相撲に鑑み、四色が使用されていたと推測している。上覧相撲の規式を寛政期前に定めたとき、それに併せて柱の色も定めてあったなら、寛政期はもちろん、それ以降の上覧相撲でも同じ色を使用するはずである。前例を踏襲するのが、慣例だからである。しかし、実際は異なる色が使用されている。その違いを説明するには、最初から四色にすべきだという故実は備わっていなかったとするのが自然である。

6.　柱の四色と勧進相撲

　上覧相撲と違い、安政 4 年末まで勧進相撲の柱は、基本的に赤である。安政 5 年になって、勧進相撲でも四色になっている。なぜ柱四色にしたのだろうか。これに関しても明確な理由付けはない。陰陽五行説に基づいて四色にしたのはわかるが、それまでの赤を四色に変えた理由がわからない。そうする理由があったはずだが、文献ではそれを確認できないのである。本章では、推測になるが、その理由を提示したい。

（1）　古書では、四本柱の色は陰陽五行説に基づくと指摘されている。
（2）　南部相撲では、相撲の種類を問わず、寛永 8 年頃より四色を基本にしている。[23]
（3）　上覧相撲では文政以降、四色を使用していた。
（4）　勧進相撲でも上覧相撲と同じようにそれを適用することにした。

　いたって簡単な理由である。文政 6 年 4 月以降の上覧相撲で四色を使用したが、他の行司家から言いがかりをつけられることもなかった。しばらく猶予期間を置き、適当な時期に四色に変えようと考えていたかも知れない。それがたまたま安政 5 年 1 月場所であった。これは結果を見て、あとから推測しているだけである。実際は、どういうことで色の変更を行っ

---

23)　南部相撲には 8 種類ほどの相撲形態があった。それぞれに独自の故実があり、それぞれ少しずつ違っていた。

たかは不明である。

　御前相撲や上覧相撲は神道を反映しなければならないという考えがある
はずである。神道では、慶事色は赤と紅白が基本だが、青白もある。勧進
相撲では、柱は赤か紅白だけであり、青白の柱は見たことがない。青白は、
何らかの理由で、相撲には適用されないのかも知れない。これは、もちろ
ん、単なる推測である。青白が慶事色の一つであるなら、青白柱があって
もおかしくないはずだ。明治 17 年 3 月の天覧相撲では、江戸時代の上覧
相撲で見た四色は使用されていない。それはなぜだろうか。それはおそら
く、神道の慶事色が赤か紅白だからである。[24] 四色を用いないのは、それが
中国由来の陰陽五行説に基づくことから、あえて赤か紅白を使用したので
はないだろうか。これは単なる推測であり、真相は別にあるかも知れない。

　昭和 5 年 4 月にも天覧相撲（宮城内）は行われているが、四本柱は四
色だった。[25] なぜ、明治 17 年 3 月の天覧相撲のように、赤か紅白を使用し
なかったのだろうか。それはおそらく、勧進相撲で四本柱が自然な色とし
て普通の市民にも受け入れられ、天覧相撲でもそれを踏襲したからである。
あえて神道色を出すために、赤か紅白にする必要はないと協会と宮内庁の
あいだで話し合いが持たれたかも知れない。これも単なる推測である。昭
和 5 年 4 月の天覧相撲（宮城内）で、なぜ四色にしたかを記述して文献
があり、それが本章で提示したものと異なるかも知れない。その時は、本
章の理由が間違っていたことになる。

---

24)　松木平吉編『角觝秘事解』（明治 17 年）に「四本柱は赤白の絹を以て手綱巻き
　　にして（後略）」（p.8）とあるように、紅白であった。錦絵も紅白で描かれている。
　　たとえば、「天覧相撲横綱土俵入之図」（梅ケ谷、豊宣画）や「天覧相撲取組之図」
　　（楯山と梅ケ谷、豊宣画）など。もちろん、明治天皇がご覧になった他の相撲では、
　　勧進相撲と同様に、四色の場合もあった。

25)　昭和 5 年 4 月の天覧相撲の土俵の写真が『近世日本相撲史（第 1 巻）』（p.143）、
　　池田郁雄編『激動のスポーツ史⑪ 相撲〈上〉』（平成元年 6 月、p.40）、日本相撲
　　協会編『大相撲八十年史』（平成 17 年、p.43）などに掲載されている。白黒写真
　　だが、四本柱は四色である。

7.　色の変遷のまとめ

　四本柱の色がどのような変遷をたどったか、その主なものを次にまとめ
ておきたい。本章で扱ったものを基本にしている。

(a)　寛永 8 年〈1631〉、四色で描かれた絵図がある。岩井播磨流の行司
　　家である。四色は通常と少し異なる。南部相撲に受け継がれて大正末
　　期までも四色だった。どうやら特定の行司家（長瀬家）だけに限られ、
　　他の行司家には影響しなかったようだ。

(b)　木村喜平次著『相撲家伝鈔』（正徳 4 年〈1714〉）
　　四色の故実がある。当時、四色が実際に現れたどうかは定かでない。
　　出現していたとしても、特定の行司家だけだったに違いない。木村喜
　　平次は江戸の行司だったので、江戸でも一部では使用されていたかも
　　知れない。しかし、それを裏付ける文献はない。

(c)　享保 17 年〈1732〉、京都で南部相撲の四本柱を見て、京都の人々
　　が見たことないと語っている。当時、関西だけでなく、江戸でも四本
　　柱は四色でなかったはずだ。

(d)　寛延 2 年〈1749〉、江戸相撲の木村庄之助が吉田司家の門人となり、
　　行司免許状を授けられている。木村庄之助は江戸の行司家の一つだっ
　　たが、四色を使用した形跡はない。木村庄之助の行司家には四色の故
　　実が備わっていなかったかも知れない。

(e)　木村政勝著『古今相撲大全』（宝暦 13 年〈1763〉）
　　勧進相撲では柱の色として御前相撲の影響を受け、赤を使用したと書
　　いてある。当時、四色を用いたのは南部相撲だけかも知れない。

(f)　岩井左右馬著『相撲伝秘書』（安永 5 年〈1776〉）

四本柱は四時五行説に基づく[26]し、土俵は易の繋辞伝に基づく。四本柱の四色は、『相撲家伝鈔』や『古今相撲大全』と同じである。

(g)　天明年間（1781-88）の錦絵

錦絵では、四本柱は赤か紅白で描かれている。四色は見当たらない。宝暦以降の明和年間と安永年間も依然として赤だったに違いない。天明以降は錦絵が出回り、柱の色を判別するのに役立つ。

(h)　寛政 3 年 6 月の上覧相撲

四本柱の色は紅と紫である。上覧相撲を描いた錦絵では、赤を基本にし、その上に紫を巻いている。成島峰雄著『すまいご覧の記』には赤と紫を使用したと記してあるが、巻き方は不明である[27]。錦絵が事実に即しているかどうかは不明だが、吉田司家が依頼して描いたものなので、二色の巻き方は正しいはずだ。上覧相撲は特別な相撲なので、紫を特別な色として追加したかも知れない。これから推測すれば、御前相撲では赤が普通だったに違いない。

(i)　式守蝸牛著『相撲穏雲解』（寛政 5 年〈1793〉）

四本柱が易に基づいていることが記述されている。具体的には、四色について記されていない。寛政 3 年 3 月の上覧相撲では、四色が使用されていなかったからかも知れない。しかし、四本柱が易に基づいていることから、四色の存在は暗に認められていたのかも知れない。

---

26)　この「四時」は四神信仰と同義とみてよい。四方位に守護神の神々がいるという信仰。また「四季」としても捉え、四色で表す。水引幕の巻き方が四季の移り変わりや太陽の運行を表すとよく言われるが、中国から伝わった時、太陽の運行を表すことも意味していたかははっきりしない。

27)　この上覧相撲の二色については、たとえば『ちから草』（p.80）や『相撲道と吉田司家』（p.59）などでも確認できる。

(j)　寛政 6 年 3 月の上覧相撲

この上覧相撲の四本柱の色は先の寛政 3 年 6 月の場合と同じである。それは荒木精之著『相撲道と吉田司家』の「13. 寛政六年の上覧相撲」（pp.59-60）で確認できる。おそらく享和 2 年 12 月の上覧相撲にも使われていたかも知れない[28]。これはこの上覧を記した文献でも確認できる。

(k)　文政 6 年〈1823〉4 月の上覧相撲

上覧相撲で四色が初めて導入された。なぜ導入されたかは不明である。当時の文献では、その理由は記されていない。これまでの二色を廃止し、陰陽五行説に基づく四色を導入するには、それなりの理由があったはずである。導入の理由を記した文献があるのに、私がそれに気づいていないだけかも知れない。

(l)　文政 14 年〈1830〉3 月の上覧相撲

柱の色を確認できる資料を見ていないが、天保 14 年〈1843〉9 月の上覧相撲でも四色なので、文政 14 年 3 月の上覧相撲でも四色だったと推測している。先に行なわれた上覧相撲のしきたりを踏襲する傾向があるからである。

(m)　天保 14 年〈1843〉9 月の上覧相撲

四本柱が四色だったことは、古河三樹著『江戸時代の大相撲』（昭和 17 年）の「6. 天保十四年の上覧相撲」で確認できる。それには「四本柱には五色の絹を巻き、（後略）」（p.348）と明確に書いてある[29]。し

---

28)　それを裏付ける文献はまだ見ていない。『本朝相撲之司吉田家』にもこの上覧相撲についての記述はない。

29)　天保 14 年の上覧相撲を扱っている論考としては、たとえば竹内誠筆「天保十四年の将軍上覧相撲」（pp.221-34）、阿部猛編『日本社会における王権と封建』（東京堂出版、平成 9 年）もあり、四色の色絹を巻いていたこと（p.223）を確認できる。

かし、なぜ四色なのかは書いてない。

（n）　嘉永2年4月の上覧相撲

柱の色を確認できる資料は見ていない。天保14年9月までの上覧相撲で四色だったので、嘉永2年4月でも四色だったはずだ。四色でなければ、別の色を推測するしかない。裏付ける証拠があれば、それを最優先すべきである。その証拠がどこかに埋もれているかもしれない。

（o）　安政5年1月の色の変更

この場所から勧進相撲でも四色が導入された。上覧相撲で四色を文政6年4月以降導入していたが、勧進相撲にそれを導入したのは約35年後である。

（p）　明治17年3月の天覧相撲

明治17年3月には宮城内で天覧相撲が催されたが、江戸時代の御前相撲の流れで紅白が使用されている[30]。錦絵を見ると、赤と白の段だら模様である。紫を柱に使用していないが、土俵の天幕などでは紫を使用していたかもしれない。天皇がご覧になる相撲であり、その権威を示すのは紫が最善の色である。

（q）　昭和5年4月の天覧相撲

この天覧相撲の四本柱では四色が使用されている。勧進相撲で四色だったので、それと変わった色を使用しそうだが、あえてそうしていない。それはおそらく、勧進相撲の四色でかまわないという協会と宮内庁のあいだで事前に同意があったかもしれない。勧進相撲と天覧相撲にはいろいろな意味で違いがあるからである。その違いを四本柱の

30）　天覧相撲の錦絵の中には四本柱が赤一色で描かれているものもある。たとえば、錦絵「弥生神社天覧角觝之図」（国明画、明治21年）の四本柱は朱である。

色で何とか表現したいと思うのは自然である。しかし、あえて四色を使用したことには、宮内庁がそれに同意したからではないだろうか。実際は、どういう理由があったのか、どういう話し合いがあったのか、知る由もないが、本章ではそういう推測をしている。天覧相撲でも四色を使用することを記した文献があるような気がするが、まだ見ていない。

　ここでは、色の変遷にかかわる主な文献や出来事を箇条書き的にまとめてある。参考にした古書（写本）も示してある。古書の場合、書き写した暦年の場合もあり、正確さに欠けるかもしれない。色が変わる節目となる暦年や変化の理由を知る手掛かりが今後、運よく見つかるかもしれない。また、ここで示してないようなものが、実は、色の変遷を知るのに役立つかもしれない。そういう資料がいつか見つかることを期待しているが、現段階ではこの程度のことしか提示できなかった。それを強調しておきたい。

8.　南部家の四本柱の色

　国内の行司家はほとんどすべて吉田司家の傘下に入ったが、入らない行司家もあった。それが四角土俵で有名な南部相撲の行司家である。この行司家の由来については、たとえば木梨雅子著『鶴の守る地に祈りは満ちて』（平成 16 年）の特に「プロローグ」と「エピローグ」、古河三樹著『江戸時代大相撲』（昭和 17 年）の「六、南部相撲」、酒井忠正著『日本相撲史（上）』の「第七篇　行司、年寄」（特に）などが参考になる。他にも、南部相撲について書いている文献はたくさんである。南部相撲は吉田司家と違う独自の規式や故実を備えていたが、これに関しては、たとえば、新田一郎著『相撲の歴史』（山川出版社、1994）でも次のように指摘している。

　「全国の相撲組織がすべて吉田司家を頂点とした故実体制に包摂されていったのかというと、けっしてそうではない。南部家領内に限定されたとはいえ、長瀬越後家が吉田司家とは異なる故実を主張して近代

にいたるまで、健在であったことは前述したが、そのほかにも、たとえば土佐国（現、高知県）には、中央のシステムなどと異質な相撲の世界があった。（後略）」（p.260）

　本章では、四本柱の色に焦点を当てているので、その色がどのようになっていたかを見ていくことにする。南部相撲には８種類の相撲があるが、どの相撲でも四本柱は四色である。その中には、たとえば、叡覧相撲（勧進相撲と同じ）、御前相撲（大名や親族のための相撲）、式正相撲（特に将軍のための相撲）などがあるが、土俵の形状はそれぞれ違っても、四本柱だけは四色で統一されている。四角土俵は形状の一つで、江戸相撲と同様に、丸土俵もあった。

　吉田行司家だけでなく、全国にあった数多くの行司家もおそらく、岩井播磨流の四本柱の四色については知っていたに違いない。その証拠に、木村喜平次著『相撲家伝鈔』（正徳４年）の本を初め、それに続く行司の書いた「古今相撲大全」や『相撲伝秘書』などがある。これらの古書を著した行司はすべて、南部相撲以外で活躍していた。それにもかかわらず、四本柱は四色であると述べている。そうであるなら、南部以外の相撲でも四色が現れていたとしても不思議ではない。

　『相撲家伝鈔』の筆者は行司・木村喜平次だが、江戸相撲の行司である。[32]

31）　南部相撲の８種類の相撲について、それぞれの特徴を詳しく紹介している文献としては、たとえば菅敬愛編『角力世界』（大正８年）の「南部角力起原央」（連載）、木梨雅子氏の一連の論考（たとえば「南部相撲方屋形状と故実」はその一つ」）などがある。拙著『大相撲の歴史に見る秘話とその検証』（2013）の第８章「南部相撲の四角土俵と丸土俵」でも扱っている。南部相撲については、たとえば、白圭逸人氏の一連の論考（たとえば「南部力士裸記」、三木愛花筆「珍説南部の四角土俵」）など、たくさんある。

32）　行司の木村喜平次が四色を故実として書いたとき、陰陽五行説の知識を独自に適用したのか、それとも南部相撲の四色から間接的に影響を受けたのか、その辺の事情はまったくわからない。私は後者だと推定しているが、もし前者なら、陰陽五行説に基づく方位や四色は当たり前の常識だったということになる。木村喜平次がどのような経緯で四色を故実として捉えているかは興味ある課題だが、そ

この行司は故実を表す以前であれ、当時であれ、江戸相撲にも四本柱を使用してかもしれない。あるいはまた、江戸相撲以外の地域で活躍していた行司家の中にも四色を使用していたかもしれない。しかし、現在までのところ、それを使用していたとする文献をまだ見ていない。のちに司家となった吉田家でさえ、四本柱を四色で巻いていなかったようである。南部相撲の行司家が四色を巻いていたということは知っていたに違いないが、故実の一部として備えていなかったかもしれない。吉田司家が実際の相撲で四色を故実として取り入れたのは、寛政 6 年 3 月以降ではないだろうか。それも、最初は上覧相撲に適用し、あとで勧進相撲に適用したかもしれない。吉田司家が南部相撲の影響を受け入れたかもしれないというのは、南部相撲が少なくとも寛永 8 年からずっと継続して四色を使用していたからである。

9.　万治元年以前の吉田家

　吉田司家は万治 2 年以降、熊本入りし、その後は問題なく認知されているが、慶長や元和の頃もすでに行司家の一つとして活躍していたようだ。元禄 12 年にも京都岡崎村で行われた勧進相撲でも行司として登場している。細川家に仕えることは万治元年に決まったようである。この辺の事情については、吉田長孝著『原点に還れ』では、次のように述べている。

　　「(15 世追風長助は万治元年（1658）9 月：本章補足）尺子茂太夫（家宰で後見役：本章補足）を従えて江戸に下って細川綱利公に謁見した。万治 2 年正月、細川綱利肥後国へ入部に付き、ともに下国すべしとの命があった。」（p.128）

　そして、次のようにも述べている。

───────────────
　れに対して納得のいく説明を得ることは難しいかもしれない。

「善左衛門は万治元年（1658）年から四十六年のあいだ、藩主・細川綱利公に随従して江戸へ往来すること三十四度、（後略）」(p.132)[33]

　万治の頃には、京都方面で活躍し、有力な行司家の一つだったようだ。吉田追風が元和年間でも活躍していたことは、『本朝相撲之司吉田家』の記述からもうかがえる。次の引用は、『原点に還れ』(p.125-6)からのもので、表現を少し変えてある。

「元和年中（1615~）[34]、紀州和歌山に於いて東照宮祭典があり、相撲を催しととき、各国の力士がたくさん集った。このとき長左衛門尉は、紀州公から招かれて祭典相撲の式を行なった。その賞として無銘刀一振と時服上下を贈られた。
　以後、毎年四月十七日、東照宮の祭礼があり、吉例として相撲会の神事が行なわれ、長左衛門尉もまたその都度これに臨場して相撲のことを指導していたのである。さらに紀州公の所望に応じて、門弟である湯高勘左衛門を和歌山に派遣したのだが、神事に関するため特に湯高姓を吉田姓に改名させた。これより勘左衛門は長く留まって紀州藩の臣となった。」(p.8)

　元和年中（おそらく元和7年）、吉田家が和歌山東照宮の相撲会に行司として招かれ、その代理として湯高勘左衛門が相撲を取り仕切ったことは、東照宮の社史にも記されている。湯高氏はのちに姓を変え、吉田勘左衛門

---

33)　荒木精之著『相撲道と吉田司家』(p.195)によると、吉田善左衛門は万治2年に熊本へ移っていないという。細川綱利公は当時、病気であった。寛文元年に帰っているので、その頃に同伴して熊本へ入ったらしい。いずれにしても、万治元年には細川公の家臣になることは決まっていた。

34)　吉田長孝著『原点に還れ』(pp.125-6)では具体的に暦年「元和5年」と書いてある。東照宮の建立は元和7年となっているので、「元和年中」のほうが正しいようだ。祭典は建立後に行われたはずである。『相撲道と吉田司家』でも「元和年中」となっている。

になり、そこに留まっている。元和は慶長のすぐあとなので、吉田司家が
寛政の上覧相撲に提出した「先祖書」の万治以降の記述については、その
信ぴょう性についてはほとんど疑いがないはずだ。しかし、それ以前にな
ると、裏付けが乏しいため、その信ぴょう性に疑問がよく出される。万治
以前であっても、信頼してもよさそうな記述がある。たとえば、元和年中
の吉田行司家の活躍が東照宮の社史、堀内信（編）『南紀徳川史（第七巻）』（昭
和 46 年 3 月、pp.232-3）にあり、また実際に相撲も行われていたことから、
それは事実として認めてもよいのではないだろうか。

　元和のすぐ前は慶長である。「先祖書」には慶長時代の出来事も記して
あるが、それも真実に違いないはずだ。その出来事については、『本朝相
撲之司吉田家』に次のように書いている。表現を少し変えてある。

　　「慶長年中、徳川家康公より招かれて、江戸に下り将軍上覧相撲の規
　　式を定めて、一番勝負とし、関には弓、脇には弦、結には矢の勝賞を
　　与えることとしたり。」（pp.6-7）

　徳川家康に招かれて、上覧相撲の例式や規式を定めたということは確認
できていないため、『本朝相撲之司吉田家』を全面的にそのまま受け入れ
がたいが、吉田追風家が行司家の一つとして当時から活躍していたことは
間違いないはずだ。

　『本朝相撲之司吉田家』には、天正年中（1573~）の出来事も一つ記載
されている。それは、織田信長に招かれ、武家相撲の礼式を定めたことで
ある。

---

35)　東照宮に問い合わせたところ、吉田追風家の行司が元和 8 年に来たという直接
　　的な記録はなく、他の資料を参考にして記録に加えたと電話の向こうでは話して
　　いた。それをどう判断するかは難しいところだが、追風家が招かれて湯高氏が出
　　向いたことは間違いない。私はそう判断した。なお、吉田司家の文書に「元和 5 年」
　　とあるのは誤りで、元和 8 年が正しいという指摘もされている。

「天正年中、織田信長公に招かれ、武家相撲の例式を定めた。このとき、信長公の望みにより初めて相撲に采配を用いた。これは戦国時代のゆえに、采配は団扇より勇ましく見られることから、故実にはないけれど特に武家の相撲に限り用いることにした。」(p.6)

　この天正期の出来事に関しては、まったく裏付けとなる証拠を提示することができない。したがって、その真偽は不明である。だが、当時、吉田家が有力な行司家として活躍していたことは真実に違いないはずだ。そうでなければ、元和時代に東照宮から招待されることなどなかったはずだからである。また、直前の慶長期に無名であった行司家が急に有力な行司家になるはずもない。天正期にも行司家の一つして活躍していたかも知れない。天正期に関しては、証拠となる裏付けがまったく見当たらないので、吉田家については、今のところ、不明としておきたい。

　ここで指摘したいことは、元和期には吉田行司家が活躍していた証拠があることである。そうであれば、慶長期と天正期の出来事も荒唐無稽の話ではないかもしれないのである。もちろん、当時、吉田家が四本柱の色についてどういう考えであったかは、まったく不明である。『本朝相撲之司吉田家』には当時の四本柱の色については、何の言及もされていない。

10. 寛政 3 年 6 月以前の行司家

　寛政以前の吉田家は行司家の一つであり、全国には数多くの行司家があった。どのような人たちが行司家を起こし、その由来はどこにあったかについて、新田一郎著『相撲の歴史』では、次のように書いている。[36]

---

36)　相撲節会は承安 4 年 (1174) まで続いているが、相撲節と相撲の娯楽技芸への影響については、たとえば新田一郎著『相撲の歴史』の第二章「相撲節」(pp.71-105) と第三章「祭礼と相撲」(pp.107-58) に詳しく記述されている。なお、節会相撲について詳しく知りたければ、たとえば酒井忠正著『日本相撲史(上)』の第二篇「節会相撲」(pp.5-61) が参考になる。

「中世末から近世初期にかけては、木瀬・吉田・長瀬をはじめ、木村・式守・岩井・尺子・吉岡・服部など多くの流派が、理念的には相撲節に淵源をもつと考えられていたであろう『相撲故実』を伝える行司の家として[37]、それぞれの由緒を競い合っていた。なかでも中世を通じて相撲の最大のセンターでありつづけた京は、相撲故実のセンターでもあったと推測され、京周辺には多くの行司の家があった。吉田家は、そうした行司の家の一つとして出発し、他の流派をしのぎしたがえて『本朝相撲司』家への道をひらくべく、戦略を展開したのであろう。」（pp.248-9）

また、吉田家が東京相撲を傘下に治める経緯についても、次のように述べている。

「この吉田家が、中央、とりわけ江戸の相撲界と深い関わりをもちはじめたのは、享保から寛延(1716-51)ごろのことである。寛延2(1749)年八月、江戸相撲の木村庄之助と式守五太夫の二人が、故実門人として吉田家十六世追風に入門した。木村は江戸相撲の行司中の第一人者、一方の式守は年寄伊勢ノ海と一家別名であって、いずれも江戸相撲集団の中核をになう立場にあり、この二人の入門はすなわち、江戸相撲集団全体が吉田家の門下に連なることを意味したといってよい。事実、こののち彼らは、吉田追風の門人の資格で、他の行司や力士たちに故実門弟の証状を発行しているのである。」（p.249）

---

37)　どういう人たちが「行司の家」となったかは必ずしも明らかでないが、中には相撲節会と関係あった人たちがいたかもしれない。山田知子著『相撲の民俗史』（東京書籍、平成8年）にも「（前略）相撲節には多数の職員が種々の仕事に従事しており、こうした人々が朝廷で行われた相撲に関しても精通していたことから、相撲節の儀式の故実を知る者として存在し、後世になって行司を務めるようになったとも考えられる。」（p.169）とある。

享保以前の行司家については、吉田長孝著『原点に還れ』でも、次のように述べている。

「寛政以前、特に享保の頃には各行司の家が全国にかなりの数があり、家伝や故実家法など各流まちまちであった。それらを列記すると、次のようである。」(p.140)

それでは、どのような行司家があったかを具体的に見てみよう。

(1) 雷藤九郎・雷富右衛門共著『相撲鬼拳』(宝暦年間 1751-64)[38]

これには、宝暦以前の行司が数多く提示されている。この行司名は、たとえば常陸山谷右衛門著『相撲大鑑』(pp.385-5)、古河三樹著『江戸時代の大相撲』(pp.125)、吉田長孝著『原点に還れ』(pp.140-1) などでも紹介されている。

九州　吉田追風、尺子一学、尺子藤太夫、西川宇右衛門、新葉相馬、新葉音右衛門
京都　木村三之丞、木村茂太夫、木村茂末、木村丸平、小柳佐右衛門、吉岡勘弥、吉岡五郎吉、尾上嘉兵衛
大阪　岩井団右衛門、岩井団之助、岩井嘉七、木村辰之助、木村正藤、木村伝次郎、青柳吉平、吉川八之助、漣定右衛門、吉川兵庫、吉川次左衛門
江戸　木村庄之助、木村但馬、木村喜左衛門、木村喜平次、木村善兵衛、木村萬九郎[39]、木村中右衛門

---

38) 私はこの『相撲鬼拳』の原本（あるいは写本）を所蔵していない。コピーを所有していたつもりだったが、本章執筆当時それをじかに見ることができなかった。そのため、多くの文献で行司の家を確認し、それを提示することにした。
39) 『原点に還れ』(p.141) では、木村喜兵衛となっている。

　　阿州　尾上十太郎、風松瀬平、木村庄太郎、木村四郎兵衛
　　美濃　笠松久六
　　明石　木村十六之助
　　幡州　木村藤跡、稲葉九郎兵衛、森久太夫
　　伏見　川島林右衛門
　　尾州　木村歌之助、木村徳三郎
　　丹波　木村庄太夫
　　越前　木村六ッ六
　　紀州　吉岡戸右衛門
　　江州　木村四郎兵衛、木村庄太郎、風松瀬平

（2）　岩井左右馬著『相撲伝秘書』（安永 5 年 1776）[40]

　これには、安永年間の吉田追風の故実門人と目代配置網が提示されてい
る。これは、たとえば古河三樹著『江戸時代の大相撲』（p.194）や吉田長
孝著『原点に還れ』、pp.141-2）などでも紹介されている。

　　関八州支配　　　　　　式守五太夫[41]
　　同断　　　　　　　　　木村庄之助
　　九州九ヵ国支配　　　　一式左右馬[42]
　　五畿内五ヵ国支配　　　岩井左右馬[43]
　　大阪　　　　　　　　　尺子一学
　　肥後　　　　　　　　　服部式右衛門
　　同断　　　　　　　　　服部兵太夫

---

40)　古河三樹著『江戸時代の大相撲』(p.194)には『相撲伝書』とあるが、『相撲伝秘書』
　　の誤植である。
41)　式守五太夫は式守伊之助を兼ねていたかもしれない。寛延 2 年 8 月には式守五
　　太夫に 16 代式守追風から「式字説」なるものが授与されている。
42)　一式嘉門としている文献もある。
43)　岩井弁蔵こと岩井左右馬と改める。安永 5 年 11 月、吉田門人となる。

同断	服部源次郎
長崎	住江式九郎
同断	綿山勝治

　木村政勝著『古今相撲大全』（宝暦 13 年）の「古今行司姓名」にも、宝暦以前の行司や当時の行司を提示しているので、関心のある方はその著書に当たることを勧める。

　ここで行司家や行司を提示したのは、寛政以前は全国に数多くの行司家があり、それぞれの地域で活躍していたらしいことを指摘したかったからである。行司家の中には、独自の故実を備えていたのかもしれない。数多くの行司家があり、独自の故実を備えていたなら、故実の一端がどこかに埋もれているのもしれない。そういう古書がいつか見つかることを期待している。そうすれば、たとえば四色の四本柱がどこかの地域で立てられていたことを実証できるかもしれない。今のところ、四色の四本柱は『相撲家伝鈔』や南部相撲に限られている。しかも『相撲家伝鈔』の四色の四本柱が実際にどこで立てられたのかは不明である。

11. 今後の課題

　四本柱の色について、その変遷を見ながら、変えた理由などについて推測を交えて解説を加えてきたが、今後の課題はその提示した推測や解説に問題がないかを吟味することである。特に神道に詳しい人が宗教的観点から深く追究してくれると、なぜ赤柱や紅白柱が頻繁に使用できるかわかるかもしれない。また、その理解もさらに深まるに違いない。本章では、たとえば、赤や紅白は神道の慶事色だと決めつけ、そのために御前相撲や天覧相撲ではその色を使用していると指摘しているが、それが真実なのか、追究する必要がある。赤や紅白を使用しているのは、実際は、別の理由からかもしれないのである。

　安政 5 年 1 月にそれまでの赤から四色に変わったのは、いったいどういう理由からからだろうか。本章では、文政 6 年 4 月の上覧相撲で四色

を導入し、しばらくの猶予期間を置き、安政5年1月に導入したと述べているが、それは妥当な考えなのだろうか。そもそも、なぜ文政6年4月の上覧相撲では四色を導入したのだろうか。先の寛政期の二度の上覧相撲では、赤と紫の二色を用いていたのに、それを捨て、四色に変更している。その理由が不明である。そのため、いくつか理由を推測をしているが、その推測は本当に的を射ているだろうか。南部相撲の四色や他の行司家の影響はなかったのだろうか。今一度立ち止まって、その理由を検討してみる必要がある。

　『相撲家伝鈔』、『古今相撲大全』、『相撲伝秘書』などでは、四色は故実であるかのように書いている。故実であるなら、全国の行司家の中でそれを実践した行司家があっても不思議ではない。実践していたが、いつのまにか御前相撲の真似をし、赤に変わったのだろうか。江戸相撲や京都相撲あるいは大阪相撲では、当時、四色を実践したという文献がない。古書は理想を述べているだけなのだろうか。その辺の事情も今後はやはり検討すべきである。

　吉田追風家は単なる行司家の一つであった頃も、寛政3年6月の上覧相撲の頃も、四色に関して確固として故実は有していなかったと指摘しているが、実際は、どうだったのだろうか。有していたけれど、実践しなかっただけだろうか。実際に赤と紫を使用したわけだから、結果的には故実を有していなかったと結論づけても間違いではないが、「柱の色はこだわらない」という故実があったとした場合、それをどう解釈すればよいのだろうか。吉田司家と四本柱の色について、本章ではいろいろな推測をしているが、すべて吟味する必要があることを指摘しておきたい。

第5章　明治30年以降の行司番付再訪（資料編）

1.　本章の目的[1]

　本章の目的は、明治30年から45年までの行司番付を階級や房色で示すことである。昭和以前の番付は傘型であったので、階級の境目が明確でない[2]。それを現代風に、横列型に配列し、一見するだけで階級を見分けられるようにしてある。階級がわかれば、房色だけでなく、序列も容易にわかる[3]。

　以前にも、明治30年以降の行司番付は、拙著で公表したことがある。

・『大相撲行司の伝統と変化』（2010）の第4章「明治43年以前の紫房は紫白だった」と第9章「明治30年以降の番付と房の色」。（本章で

---

1)　　本章の作成では、特に星取表に関し、両国相撲博物館（中村史彦さん）と相撲趣味の会の野中孝一さんに大変お世話になった。中村さんには明治30年以降と大正期の星取表から行司一覧の最後の行司を全部教えていただいた。野中さんには星取表に青白房や紅白房以上の行司が記載されていることを教えていただき、さらに星取表のコピーも何枚かいただいた。相撲談話会の多田真行さんには、いつものように、原稿を送付し、貴重なコメントをもらった。お世話になった3名の方々に、改めて感謝の意を表しておきたい。

2)　　異なる階級のあいだには明確な空間がある場合もあるし、そうでない場合もある。それが一定していない。特に紅白房と青白房の場合、その区分けが難しい。なお、昭和34年11月までの行司番付は拙著『大相撲行司の格付けと役相撲の並び方』（2023）の第6章「傘型表記と横列表記（資料編）」（pp.175-217）で扱っている。

3)　　傘型記載の番付で階級の見分けが難しくても、行司の序列自体は横列記載の番付と何ら変わりない。左右交互に行司は記載されているからである。半端な行司は、基本的に左端に記載される。

は『伝統と変化』と略す)

　これは傘型の番付をそのまま受け入れ、階級と房色を提示している。一見しただけでは、階級や序列を見分けるのは容易でない。二つの階級が一段に記載され、しかも階級あいだの境目が見分けられないこともあるからである。本章では、それを階級ごとに分けてあるので、簡単に見分けられる。
　以前の拙著『伝統と変化』でも房色は提示してあるが、紫房と朱房を細かく区別してなかった。公表した当時、紫房に四種あることや朱房に二種あることの知識が不足していたからである。
　本章では、紫房の場合、四種のどれであるかを提示するよう心掛けてある。その四変種とは、次のとおりである。

・紫房の変種
　1.　総紫房　　　　すべて紫糸。
　2.　准紫房　　　　白糸が約2、3本混じっている。
　3.　（真）紫白房　白糸が約2、3割混じっている。
　4.　半々紫白房　　白糸が約半分混じっている。

　紫房の四変種に関してはこれまでの拙著にも詳しく取り扱っているので、それを参考にしていただきたい。

・紫房の四変種を扱っている拙著
　1.　『大相撲行司の房色と賞罰』(2016)の第3章「明治の立行司の紫房」
　2.　『大相撲立行司の軍配と空位』(2017)の第1章「紫房の異種」と第2章「准立行司と半々紫白」
　3.　『大相撲立行司の名跡と総紫房』(2018)の第1章「紫白房と准紫房」
　4.　『大相撲の行司と階級色』(2022)の第6章「課題の探求再訪」
　5.　『大相撲行司の格付けと役相撲の並び方』(2023)の第5章「紫房行司一覧」と第8章「准立行司と半々紫白房」

　さらに、朱房行司にも二つある。草履を履くか否かで、二つに分かれる。

・　二つの朱房行司
　　1.　三役行司　　　　　草履を履いている朱房行司
　　　　　　　　　　　　本章では、「朱（房）・草履」として表す。
　　2.　幕内行司　　　　　草履を履かない朱房行司[4]
　　　　　　　　　　　　本章では、「朱（房）・足袋」として表す。[5]

　この二つの朱房行司については、拙著にも詳しく扱っている。

・　二つの朱房行司を扱っている拙著
　　1.　『大相撲行司の軍配房と土俵』（2012）の第 5 章「草履の朱房行
　　　　司と無草履の朱房行司」
　　2.　『大相撲の行司と階級色』（2022）の第 4 章「大相撲の三役行司再訪」
　　3.　『大相撲行司の格付けと役相撲の並び方』（2023）の第 1 章「大
　　　　相撲朱房行司の変遷」

　昭和以前の房色の使用許可で注意すべきことがある。それは許可年月が
不定期だったことである。場所中だったり、その前後だったりする。また、
番付発表の前後だったりもする。そのため、特定の行司がその房色をいつ
から使用したのか、厳密な年月を知ることは必ずしも容易でない。建前と
しては、免許が届いてから、房色を使用したらしいが、実際にそのとおり
だったかどうか、確かでない。本章で提示してある年月には、一、二場所

---

4)　　紅白房と草履を履かない朱房が幕内行司であることは、たとえば『時事』
　　（M44.6.10）の「相撲風俗（8）－行司」や『都』（M44.6.17）の 10 代目式守伊
　　之助談「行司になって四十四年」を参照。
5)　　この「朱・足袋」は他の章では「朱・幕内」のように別の表記をすることもある。
　　要は、朱房で草履を履かず、階級は「幕内」であることを示す。

の変動があることを指摘しておきたい。

　本章の分析と以前の拙著『伝統と変化』の分析が一致しないこともある。その場合は、本章が優先する。違いがあった場合、それを一つ一つ取り上げ、指摘していない。その意味では、『伝統と変化』にもぜひ目を通していただきたい。行司番付だけに集中し、階級や房色を詳細に分析した論考や著書は非常に少ない。以前公表した拙著の論考でも、すべて正しかったとは言えない。どの拙著でもミスがある。そういう不備は私自身がよく承知している。本章にもまた、不備があるかもしれない[6]。そういう不備があるにしても、本章がきっかけとなり、行司の番付や房色などがさらに深く追究されることを期待している。

　なお、本章では年月を表すのに英字の M とか T を使用しているが、それは明治時代や大正時代をそれぞれ表している。新聞でも『読売』とか『報知』と簡略化し、「新聞」や「新報」を省略している。場所名も「春場所」や「夏場所」の代わりに1月や5月と表すこともある。夏場所が例外的に「6月」となるのは、明治42年夏場所である。相撲の国技館が開館する前は、晴天興行のため開催期間が伸びることもあった。出典を表すとき、「〜を参照」と表してあるが、実際は他にも参考文献はある。他の参考資料を知りたければ、拙著『伝統と変化』でもいくらか見られる。本章の内容は基本的にその『伝統と変化』と同じだからである。

2. 明治30年以降の番付（資料）

　立行司は草履を履き、短刀を差し、熨斗目麻裃（または上下）を着用していた。番付表では立行司の場合、そのことを記していない。立行司の房

---

6) 本章では、当時の新聞や相撲関連の雑誌や書籍などに基づいて年月や房色を提示している。もちろん、番付表も大いに活用してある。しかし、番付と文献には年月に関し、一致しないこともある。その大きな要因の一つは、当時、房色使用は許可時期が一定していなかったからである。そういう場合、どれを採用するかに関し、一定の基準はなく、ときには新聞記事を、ときには番付表に基づいている。

色は必ずしも紫房ではなかったので、房色は記してある。たとえば、式守
与太夫が明治31年5月、式守伊之助（9代）を襲名してしばらくは朱房だっ
た。紫白房になったのは明治37年5月である。木村庄之助も総紫になっ
たのは明治43年5月であり、その前は准紫房だった。その准紫房の前は
紫白房だった。すなわち、最初から総紫ではなかったのである。

　朱房行司は草履を履く場合、〈朱・草履〉とし、草履を履かない場合は、
〈朱〉あるいは〈朱・足袋〉としてある。紅白房と青白房は足袋を履くが、
その房色だけを記してある。幕下以下は43年1月までは〈黒〉とし、そ
の後は〈黒・青〉としてある。青房が使われたのは、43年5月以降である。

(1)　　明治30年春場所
　〈准紫〉庄之助（15代）、〈紫白〉伊之助（8代）｜〈朱・草履〉誠道〈初代〉、
　瀬平〈6代〉｜〈朱・足袋〉与太夫（4代）｜〈紅白〉亘り、銀治郎、
　庄三郎、米蔵、小市｜〈青白〉一学、正吉、朝之助、藤治郎｜〈黒〉勇、
　…

・ 庄之助（15代）は明治25年、地方場所で准紫房を許されている。『読
　売』（M25.6.8）の「西の海の横綱と木村庄之助の紫紐」を参照。そ
　れまでは紫白房だった。その後、本場所でも黙許で准紫房を使用して
　いた。『萬』や『読売』（共にM25.7.15）の「寸ある力士は太刀冠に
　頭を打つ」を参照。しかし、これは協会だけの許しを受けたものらしい。
　『報知』（M32.5.18）の「行司紫房の古式」を参照。正式には明治31
　年に許されている。[7] 吉田長孝著『原点に還れ』（p.135）や荒木精之著
　『相撲道と吉田司家』（p.200）を参照。
・ 伊之助〈7代〉は紫白。『読売』（M30.2.19）の「式守伊之助初めて横
　綱を曳く」、『よろづ』（M30.2.18）の「式守伊之助の紫房」、『角力新報』

---

7)　庄之助（15代）は明治30年9月に亡くなっているので、明治31年は何かの
　　ミスに違いない。これに関しては、たとえば拙著『大相撲立行司の名跡と総紫房』
　　（2018）の第1章「紫白房と准紫房」（pp.1-34）でも言及している。

141

（M30.3、p.50）の「式守伊之助の紫房」、『読売』（M30.2.18）の「回向院大相撲」を参照。

・ 与太夫（4代）は 30 年 1 月場所から朱房を使用している。『読売』（M30.2.20）の「相撲だより」を参照。それまでは紅白房だった。

・ 藤治郎は番付二段目に記載されていることから、青白房である。しかし、字は薄く、細い。星取表では最後の左端に記載されており、青白房となっている。[8]

・ 番付三段目の勇、角太郎、源太郎、錦之助は字の薄さから幕下と捉えている。番付記載から判断した。

(2)　明治 30 年夏場所

行司名の前にある記号「○」は昇格したことを表す。

〈准紫〉庄之助（15 代）、〈紫白〉伊之助（8 代）｜〈朱・草履〉誠道、瀬平（6 代）｜〈朱・足袋〉与太夫（4 代）｜〈紅白〉亘り、銀治郎、庄三郎、小市、○一学｜〈青白〉正吉、朝之助、藤治郎、○勇、○源太郎｜〈黒〉錦之助、…

・ 庄之助（15 代）は 30 年 9 月に死去。『読売』（M30.9.24）の「相撲行司木村庄之助死す」を参照。

・ 伊之助（8 代）は 30 年 12 月に死去。『読売』（M30.12.19）の「式守伊之助の病死」を参照。

・ 勇と源太郎はこの場所で青白房に昇格している。しかし、番付では字のサイズは大きいが、薄い字になっている。星取表二段目の左端に二人とも記載されていることから、この場所で青白房に昇格したと捉えている。[9]

---

8)　明治 30 年春場所、夏場所、31 年春場所の星取表は、『角力新報』（M30.7 と M31.8）に掲載されている。ちなみに、酒井忠正著『日本相撲史（中）』にも星取表は掲載されているが、中央の欄に行司は掲載されていない。

9)　『相撲』（平成元年 10 月）の小池謙一筆「年寄名跡の代々（2）―春日野代々の巻」

明治 30 年 5 月の星取表　　　明治 31 年 1 月の星取表　　　明治 31 年 5 月の星取表

(3)　　明治 31 年春場所

〈紫白・草履〉伊之助（8 代）、〈紫白・草履〉○（誠道改め）庄之助（16 代）、〈朱・草履〉○瀬平〈6 代〉｜〈朱・草履〉○与太夫（4 代）｜〈紅白〉亘り、銀治郎、庄三郎、小市、一学｜〈青白〉正吉、朝之助、藤治郎、勇、（源太郎改め）宋四郎、○錦之助｜〈黒〉与之吉、…

（pp.142-5）や『相撲』（平成 5 年 10 月号）の小池謙一筆「年寄名跡の代々数字（49）—春日野代々の巻（下）」（pp.150-3）によると、宋四郎（すなわち源太郎）はこの場所（31 年 1 月）で幕内に昇格している。確かに、番付表では勇、宋四郎、錦之助の 3 名は太字になっている。しかし、源太郎（すなわち宋四郎）は勇と共に前場所（30 年 5 夏場所）、十両に昇格している。30 年 1 月場所は幕下だった。本章では、そのように捉えている。いずれが正しく事実を反映しているか、今後もさらに追究する必要がある。

- 庄之助（16 代）は 30 年 12 月に庄之助襲名が決まっていた。『読売』（M30.12.26）の「16 代木村庄之助の免許」を参照。
- 番付の伊之助（7 代）記載は史跡。
- 与太夫（9 代）は春場所から草履を許されているが、立行司の襲名は夏場所である。『中央』（M31.1.17）の「相撲だより」を参照。
- 朝之助が翌 5 月場所、紅白に昇格していることから、一枚上の一学は今場所、先に紅白房に昇格していると捉えている。しかし、文献では裏付けとなる証拠を見ていない。
- 錦之助は青白房に昇格した。番付で字が太くなっている。
- 源太郎が宋四郎に改名している。『相撲の史跡（3）』の「木村宋四郎」（p.46）では改名のとき、幕内（紅白房）へ昇格したとしているが、本章では兵役から復帰後、33 年 5 月場所に昇格したとしている。

(4)　明治 31 年夏場所

〈紫白〉庄之助（16 代）、〈朱・草履〉○瀬平〈6 代〉、〈朱・草履〉（与太夫改め）伊之助（9 代）｜〈紅白〉（亙り改め）庄太郎、銀治郎、庄三郎、小市、一学、○（正吉改め）庄九郎、○朝之助、○藤治郎｜〈青白〉勇、宋四郎、錦之助、○勘太夫｜〈黒〉大蔵、…

- 与太夫は 5 月から伊之助（9 代）を襲名した。しかし、房色は朱である。
- 庄九郎と朝之助は青白から紅白へ昇格した。『中央』（M31.2.1）の「相撲だより」や「読売」（M31.2.1）の「相撲彙聞」を参照。
- 藤治郎が復帰し、番付 2 段の左端に記載されている。紅白に昇格したと捉えている。しかし、それを裏付ける他の証拠はまだ見ていない。

(5)　明治 32 年春場所

〈准紫〉庄之助、〈朱・草履〉瀬平、〈朱・草履〉伊之助｜〈紅白〉庄太郎、銀治郎、庄三郎、進、小市、一学、庄九郎、朝之助、藤治郎｜〈青白〉宋四郎、錦之助、勘太夫｜〈黒〉大蔵、…

- 進はこの場所から番付に記載されている。幕内格である。
- 銀治郎は番付に記載されているが、初日の前日に行司を引退した。年寄峰崎となった。『都』（M32.1.10）の「名跡相続」や「時事」（M32.1.10）の「名跡相続」を参照。
- 番付表では大蔵、錦太夫、久蔵の 3 名は黒房だが、星取表では 3 名とも最後のほうに記載されている。すなわち青白房扱いである。番付発表後に青白房に昇格したに違いない。松翁木村庄之助著『国技勧進相撲』（p.1）ではこの場所で青白房へ昇格したことになっているが、本章では番付表記に従い、夏場所で昇格したとして扱うことにする。

（6）　明治 32 年夏場所

〈准紫〉庄之助、〈紫白〉瀬平、〈朱・草履〉伊之助｜〈紅白〉庄三郎、庄太郎、進、小市、一学、庄九郎、朝之助、藤治郎｜〈青白〉（錦之助改め）与太夫（5 代）、勘太夫、○大蔵、○錦太夫、○久蔵｜〈黒〉角治郎、…

- 瀬平は正式に 3 月に紫白房を許された。『読売』（M32.3.16）の「木村瀬平　紫総を免許せらる」を参照。正式に 5 月場所から紫白房を使用している。『報知』（M32.5.18）の「行司紫房の古式」を参照。この紫白房はいわゆる伊之助の「真紫白房」と同じである。庄之助の「准紫房」とは異なる。
- 宋四郎は兵役のため番付に記載されていない。
- 大蔵、錦太夫、久蔵の 3 名が青白房に昇格している。『国技』（T6.11、p.13）、『国技勧進相撲』（昭和 17 年、p.1）を参照。
- 錦之助が与太夫に改名。『時事』（M32.5.18）の「木村瀬平と式守伊之助」や『日日』（M32.5.18）の「相撲行司の軍配」を参照。

（7）　明治 33 年春場所

〈准紫〉庄之助、〈紫白〉瀬平、〈朱・草履〉伊之助｜〈紅白〉庄三郎、庄太郎、進、小市、一学、庄九郎、朝之助、藤治郎、○与太夫｜〈青

白〉勘太夫、大蔵、錦太夫、錦之助（3代）｜〈黒〉角治郎、…

- 与太夫（5代、のちの13代伊之助）は紅白房に昇格。22代木村庄之助著『行司と呼出し』（p.146）を参照。
- 庄三郎と庄太郎の順序入れ替えについては、『読売』（M33.1.2）の「行司の改良」を参照。同記事では「（木村）藤次郎を庄九郎の上に引上げ」とあるが、番付表を見る限り、前場所と同じ順序である。
- 久蔵が錦之助に改名した。相撲史跡研究会編『相撲の史跡（2）』（昭和53年」）の「式守錦之助」（p.82）を参照。

(8)　明治33年夏場所

〈准紫〉庄之助、〈紫白〉瀬平、〈朱・草履〉伊之助｜〈紅白〉庄三郎、庄太郎、進、小市、一学、庄九郎、朝之助、藤治郎、与太夫、○勘太夫、宋四郎、大蔵｜〈青白〉錦太夫、錦之助、○角治郎、○（金八改め）左門｜〈黒〉徳松、…

- 勘太夫は紅白房に昇格。『相撲人物事典』（p.694）を参照。
- 宋四郎は5月に兵役から復帰する。年寄春日野を襲名し、二枚鑑札となる。『報知』（M33.5.17）の「回向院の大相撲（4日目）」、『相撲』（平成元年10月）の小池謙一筆「年寄名跡の代々（2））―春日野代々の巻」（pp.142-5）、『相撲』（平成5年9月／10月）の小池謙一筆「年寄名跡の代々（48/49）―入間川代々の巻（上／下）」を参照。

明治33年5月の星取表

・ 左門（金八改め）は青白房に昇格している。星取表では二段目の左端
に表記されているし、番付表では三段目に角治郎と同じ字の大きさで
記載されている。

(9)　明治 34 年春場所

〈准紫〉庄之助、〈紫白〉瀬平、〈朱・草履〉伊之助｜〈紅白〉庄三郎、
庄太郎、進、小市、一学、朝之助、藤治郎、庄九郎、与太夫、勘太夫、
宋四郎、大蔵｜〈青白〉錦太夫、錦之助、角治郎、左門｜〈黒〉吉之
助、…

『大阪毎日』（M34.4.7）の「大砲の横綱（立行司木村瀬平通信）」には、
それぞれの行司へ授与された房色などが箇条書きでまとめられている。
・ 木村瀬平　　一代麻上下熨斗目紫房着用の事
・ 式守伊之助　麻上下熨斗目赤房着用の事
・ 木村庄三郎、木村庄太郎　　赤房着用の事
・ 式守与太夫、式守勘太夫、木村宋四郎、木村大蔵、式守錦太夫、式守
錦之助　　紅白房着用の事[10]
　免許状の授与は必ずしも房色を新しく許すことを意味しない。たとえば、
与太夫の紅白は 33 年 1 月、勘太夫や大蔵の紅白は 33 年 5 月には使用許
可が下りている。しかし、錦太夫や錦之助は新しい許可だったようだ。錦
太夫は自伝『国技勧進相撲』（p.1）で 35 年 1 月に紅白房に昇格したと述
べている。

---

10)　錦太夫と錦之助の紅白房免許は 35 年春場所に出されている。34 年春場所には
　　青白房の免許だったのかもしれない。そうでないと一貫性がないことになる。34
　　年春場所には錦太夫と錦之助は青白房である。「本足袋」（紅白房）と「格足袋」（青
　　白房）の区別が明確でないので、全員が紅白房のような扱いになっている。たと
　　えば『読売』（M34.4.8）の「木村瀬平以下行司名誉」）には「足袋並びに紅白房」
　　とあるが、「足袋」が「格足袋」を意味しているのか不明である。たとえ「格足袋」
　　だとしても、どの行司が格足袋で、どの行司が「本足袋」（紅白房）なのかは区
　　別できない。

明治 34 年 1 月の星取表　　　　明治 34 年 5 月の星取表

（10）　明治 34 年夏場所

〈准紫〉庄之助、〈総紫〉瀬平、〈朱・草履〉伊之助｜〈朱・足袋〉○
庄三郎、○庄太郎[11]｜〈紅白〉進、小市、一学、朝之助、藤治郎、庄九
郎、与太夫、勘太夫、宋郎、大蔵｜〈青白〉錦太夫、錦之助、角治郎、
左門｜〈黒〉○吉之助、…

---

11)　庄三郎と庄太郎は 34 年夏場所以前から朱房になっていたかもしれないが、そ
　　の確認が取れない。それで、この夏場所から朱房に昇格したものとする。進と小
　　市が庄三郎と庄太郎とほぼ同じ時期に同じ朱房を使用するとするのは不自然であ
　　る。同じなら、34 年 4 月に同じ免許が授与されたはずだからである。伊之助の赤
　　房や立行司の装束もずっと以前に決まっていた。

- 進と小市は朱房に昇格した。『読売』（M34.5.22）の「進、小市の緋房」を参照。二人は場所中か場所後に使用許可が下りたに違いない。
- 吉之助は青白房に昇格している。『読売』（M42.2.14）の「行司吉之助の死去」を参照。番付表では、三段目の左端に記載されているが、青白房なのかどうか、不明である。星取表によると、吉之助は 35 年春場所、青白房に昇格しているので、番付発表後に昇格したのかも知れない。
- 伊之助は立行司である。もちろん、草履を履き、熨斗目麻裃を着用している。庄三郎は同じ朱房だが、立行司でもないし草履も履いていない。

(11)　明治 35 年春場所

〈准紫〉庄之助、〈総紫〉瀬平、〈朱・草履〉伊之助｜〈朱・足袋〉庄三郎、庄太郎、○進、○小市｜〈紅白〉朝之助、藤治郎、庄九郎、与太夫、勘太夫、宋四郎、大蔵、○錦太夫、○錦之助｜〈青白〉角治郎、左門、角治郎、○吉之助｜〈黒〉豊吉、庄吾、…

- 一学は 1 月、行司を辞職し、年寄若松となる。『読売』（M35.1.8）の「相撲のいろいろ」を参照。
- 錦太夫と錦之助は 2 月、紅白房に昇進した。『読売』（M35.2.9）の「相撲のいろいろ」や 20 代木村庄之助（元・錦太夫）の自伝『国技勧進相撲』(p.1) を参照。[12]
- 吉之助は星取表に基づき、この場所で青白房は番付表にも反映されていると捉えている。

(12)　明治 35 年夏場所

〈准紫〉庄之助、〈総紫〉瀬平、〈朱・草履〉伊之助｜〈朱・足袋〉庄

---

12)　相撲史跡研究会編『相撲の史跡 (2)』（昭和 53 年」）の「式守錦之助」(p.82) には、明治 38 年 5 月に幕内（紅白房）へ昇格したとあるが、これは正しくないはずだ。

三郎、庄太郎、進、小市｜〈紅白〉朝之助、藤治郎、庄九郎、与太夫、勘太夫、宋四郎、大蔵、錦太夫、錦之助｜〈青白〉角治郎、左門、吉之助｜〈黒〉庄吾、豊吉、…

・庄九郎（前名・亘り）は7月に死去。
・勘太夫と宋四郎は三段目中央にこの順序で同等に記載されている。

明治 35 年 5 月の星取表

(13) 明治 36 年春場所 [13]

〈准紫〉庄之助、〈総紫〉瀬平、〈朱・草履〉伊之助｜〈朱・足袋〉庄三郎、庄太郎、進、小市｜〈紅白〉朝之助、与太夫、藤治郎 [14]、勘太夫、宋四郎、大蔵、錦太夫、錦之助｜〈青白〉左門、角治郎、吉之助｜〈黒〉庄吾、豊吉、…

・藤治郎は、本来なら左端に記載されるが、右端に記載されている。理

---

13) この春場所に関しては、『朝日』（M36.3.29）の番付リストも参照。

14) 番付表では与太夫、藤治郎の順になっているが、星取表では藤治郎、与太夫の順に入れ替わっている。星取表では、このような異なる順序付けがときおり見られる。何か理由があるはずだが、本章ではそれを調べていない。休場とか差し違えの数などがあるが、他にも理由があるかもしれない。

由は不明だが、藤治郎に健康上の問題があったかもしれない。

(14)　明治 36 年夏場所

〈准紫〉庄之助、〈総紫〉瀬平、〈朱・草履〉伊之助｜〈朱・足袋〉庄三郎、庄太郎、進、小市｜〈紅白〉朝之助、藤治郎、与太夫、勘太夫、宋四郎、大蔵、錦太夫、錦之助、左門、豊吉｜〈青白〉吉之助、角治郎、○庄吾｜〈黒〉豊吉、…

・藤治郎は元の位置に戻っている。

・『東京朝日新聞』（M36.5.29）の「大角觝見聞記」によると、「朱・足袋」格の庄三郎と庄太郎が二人とも「三役」として記載されている。庄三郎は 37 年 5 月に、また庄太郎は 38 年 5 月に、それぞれ草履を許されている。[15] 三役は普通「朱・草履」格の行司だが、両行司とも草履を履いていない。当時、「朱・足袋」格でも「三役」に昇格できたのかどうか、はっきりしない。番付表を見ても、両人とも最上段に記載されており、前場所とまったく同じ位置である。[16] もしかすると、以前から三役だったかもしれない。これに関しては、拙著『大相撲行司の格付けと役相撲の並び方』(2023) の第 1 章「草履を履かない三役格」でも扱っている。

・『毎日』（M36.11.5）の「常陸山・梅ケ谷横綱免許式」に「木村角治郎、式守錦之助、同錦太夫、木村左門 4 名に対する行司の免許を代理木村庄之助に渡し（後略）」とあるが、それぞれの階級や房色は示されて

---

15)　『時事』（M38.1.22）の「大相撲見聞録」では、庄三郎は昨年 5 月に草履を許されているが、どういうわけか庄太郎とともに「足袋朱房」とだけ記載されている。新聞の記事はときどき事実を正しく記載していない場合があるが、これもその一つである。庄太郎は当時草履をまだ許されていないので、これは事実に即している。

16)　朱房で草履を履いた行司が「三役」だというのは単に思い込みに過ぎないかもしれない。ある時期までは朱房であれば、三役の資格があったかもしれない。この件に関しては、今のところ、明確でないことを指摘しておきたい。

いない。[17]

・『角力雑誌』（T10.5）の江東門前子筆「勧進元評判記」（p.47）によると、庄吾は 36 年 5 月に青白房に昇格している。番付記載では四段目の左端になっていることから、番付発表後か場所中に昇格したかもしれない。翌 5 月場所番付では三段目の左端に記載されている。

(15) 明治 37 年春場所

〈准紫〉庄之助、〈総紫〉瀬平、〈朱・草履〉伊之助 | 〈朱・足袋〉庄三郎、庄太郎、進、小市 | 〈紅白〉朝之助、与太夫、藤治郎、勘太夫、宋四郎、大蔵、錦太夫、錦之助、○角治郎、○左門 | 〈青白〉吉之助、庄吾、○豊吉 | 〈黒〉八郎、…

・角治郎と左門は幕内格に昇格。『毎日』（M36.11.5）の「常陸山・梅ケ谷横綱免許式」を参照。
・豊吉は青白房に昇格した。番付で三段目に左端に記載されている。他の資料では確認していない。
・藤治郎は昨年 12 月に死去。中英夫著『武州の力士』（p.68）を参照。星取表でも青白房扱いとなっている。

(16) 明治 37 年夏場所

〈准紫〉庄之助、〈総紫〉瀬平、○〈紫白〉伊之助 | 〈朱・草履〉庄三郎 | 〈朱・足袋〉庄太郎、進、小市 | 〈紅白〉朝之助、与太夫、勘太夫、宋四郎、大蔵、錦太夫、錦之助、角治郎、左門 | 〈青白〉吉之助、庄吾、豊吉 | 〈黒〉八郎、…

・伊之助は夏場所から紫白房を許された。『時事』（M37.5.29）の「行

---

17) あえて推測すると、錦之助と錦太夫は 35 年 1 月に許された紅白房の免許であり、角治郎と左門は 37 年 1 月から紅白房を許されるという免許だったかもしれない。その真偽は、今のところ、不明である。

司の出世」や『都』（M37.5.29）の「紫白の房と上草履」や『日出国』
（M37.5.29）の「櫓太鼓」を参照。
・庄三郎は草履を許された。房の色は変わらず朱である。『時事』
（M37.5.29）の「行司の出世」。

(17)　明治 38 年春場所[18]

〈准紫〉庄之助、〈総紫〉瀬平、〈紫白〉伊之助｜〈朱・草履〉庄三郎｜〈朱・
足袋〉庄太郎、進、小市｜〈紅白〉朝之助、与太夫、勘太夫、宋四郎、
錦太夫、錦之助、角治郎、左門、〇吉之助｜〈青白〉庄吾、豊吉｜〈黒〉
清二郎、…

・吉之助は 1 月場所に本足袋（紅白房）に昇格した。『日日』（M44.2.14）
の「行司吉之助逝く」を参照。
・大蔵は番付日記載されていない。
・朝之助はこの場所まで紅白房だった。下位の与太夫や勘太夫が 40 年
春場所、朱房に昇格していることから、朝之助はそのあいだに朱房に
昇格していることになる。しかし、今のところ、その昇格年月は確認
していない。そのため、40 年春場所まで、紅白房として扱うことに
する。これはいずれ修正しなければならない。
・庄吾は依然として青白房である。紅白房に昇格したのは、39 年 5 月
である。

(18)　明治 38 年夏場所

〈准紫〉庄之助、〈紫白〉伊之助、〇〈紫白〉庄三郎[19]｜〈朱・草履〉〇
庄太郎｜〈朱・足袋〉進、小市｜〈紅白〉朝之助、与太夫、勘太夫、

---

18)　この春場所に関しては、『時事』（M38.1.22）の番付リストも参照。
19)　庄三郎の紫白房は伊之助の房色とまったく同じと捉えている。そのことについ
　　ては、たとえば拙著『大相撲行司の格付けと役相撲の並び方』（2023）の第 8 章「准
　　立行司と半々紫白房」でも詳しく扱っている。

宋四郎、錦太夫、錦之助、角治郎、左門、吉之助 | 〈青白〉庄吾、豊吉 | 〈黒〉清二郎、八郎、…

- 庄三郎は紫白房に昇格。『時事』（M38.5.15）の「新立行司木村庄三郎」を参照。
- 庄太郎は5月場所より朱房と草履を許された。『読売』（M38.10.11）の「行司木村庄太郎死す」や『電報』（M38.5.21）の「土俵の塵―行司木村宋四郎」を参照。
- 庄太郎は10月に死去。『中央』（M38.10.11）の「行司木村庄太郎」を参照。
- 宋四郎は兵役で負傷し、行司に復帰する。『時事』（M38.5.21）の「名誉ある行司」や『電報』（M38.5.21）の「土俵の塵―行司木村宋四郎～」を参照。
- 瀬平〈6代〉が2月に死去。『読売』（M38.2.6）の「行司木村瀬平死す」を参照。

(19)　明治39年春場所

〈准紫〉庄之助、〈紫白〉伊之助、〈紫白〉庄三郎 | 〈朱・草履〉○進、○小市 | 〈紅白〉朝之助、与太夫、勘太夫、宋四郎、錦太夫、錦之助、角治郎、左門、吉之助 | 〈青白〉大蔵、庄吾 | 〈黒〉清治郎、…

- 進と小市は場所7日目、草履を許された。房色は従来と変わらず朱。『中外』（M39.1.21）の「行司の昇格」、『やまと』（M39.18）の「行司の進級」、『時事』（M39.1.22）の「行司の出世」を参照。
- 宋四郎は1月、行司を引退し、年寄春日野となった。[20]『日日』（M39.1.17）の「木村宋四郎の退隠」や『時事』（M39.1.9）の「木村宋四郎退隠」を参照。

---

20)　年寄春日野は大正15年1月、年寄入間川になった。『相撲』（平成5年10月号）の小池謙一筆「年寄名跡の代々数字（49）―春日野代々の巻（下）」を参照。

- 清治郎は足袋を許された。『中外』（M39.1.21）の「行司の昇格」や『時事』（M39.1.22）の「行司の出世」を参照。星取表では、まだ黒房扱いである。つまり、記載されていない。番付表でも隣の庄吾より字が小さく、薄くなっている。翌場所に昇格は反映されている。
- 豊吉は番付表に記載されていない。

(20)　明治 39 年夏場所

〈准紫〉庄之助、〈紫白〉伊之助｜〈紫白〉庄三郎｜〈朱・草履〉進、小市｜〈紅白〉朝之助、与太夫、勘太夫、錦太夫、錦之助、大蔵、角治郎、左門、吉之助、○庄吾｜〈青白〉○清治郎｜〈黒〉八郎、…

- 錦之助は 9 月に死去。相撲史跡研究会編『相撲の史跡（2）』（昭和 53 年」）の「式守錦之助」（p.82）や『相撲』編集部編『大相撲人物大事典』（ベースボール・マガジン社、平成 13 年）の「行司の代々」（p.700）を参照。
- 庄吾は 5 月、本足袋に昇格した。『角力雑誌』（T10.5、p.47）の「木村瀬平」を参照。行司を続けながら、年寄木村瀬平を続けた。二枚鑑札。[21] 大蔵は復帰し、紅白房となる。『電報』（M39.5.11）の「番付に就いて」を参照。
- 清治郎は青白房に昇格している。青白房は清治郎のみである。

(21)　明治 40 年春場所

〈准紫〉庄之助、〈紫白〉伊之助、〈紫白〉庄三郎｜〈朱・草履〉進、小市｜〈朱・足袋〉○朝之助、[22] ○与太夫、○勘太夫｜〈紅白〉錦太夫、

---

21)　この行司・庄吾の行司歴については『相撲』（平成 9 年 1 月号）の小池謙一筆「年寄名跡の代々（88）―木村瀬平代々の巻（下）」も参照。
22)　朝之助は 39 年春場所から 40 年春場所のあいだに朱房に昇格しているはずだが、その年月を確認できない。そのため、40 年春場所に昇格したとしてある。もしかすると、39 年夏場所に昇格しているのかもしれない。

大蔵、角治郎、吉之助、庄吾｜〈青白〉清治郎｜〈黒〉八郎、…

- 小市は草履を許された。『日日』(M40.1.17)の「相撲雑俎」や『やまと』(M40.1.18 の「出世行司」を参照[23]。
- 与太夫と勘太夫は朱房に昇格した。『中外』(M40.1.8)の「大相撲だより」、『日日』(M40.1.17)の「相撲雑俎」、『やまと』(M40.1.18)の「出世行司」を参照。
- 左門は40年1月から43年まで相撲界を離れている。
- 八郎と善治郎は青白房に昇格した。『日日』(M40.1.17)の「相撲雑俎」や『やまと』(M40.1.18)の「出世行司」を参照。番付発表後かも知れない。

(22)　明治 40 年夏場所

〈准紫〉庄之助、〈紫白〉伊之助、〈紫白〉庄三郎｜〈朱・草履〉進、小市｜〈朱・足袋〉朝之助、与太夫、勘太夫｜〈紅白〉錦太夫、錦之助、角治郎｜〈青白〉吉之助、庄吾、清治郎、○八郎、○（善治郎改め）善明｜〈黒〉鹿之助、…

- 八郎は不祥事（窃盗）で、行司を辞める。『日日』(M40.5.21)の「相撲行司の賊」を参照。

(23)　明治 41 年春場所

〈准紫〉庄之助、〈紫白〉伊之助、〈紫白〉庄三郎｜〈朱房・草履〉進、誠道｜〈朱・足袋〉朝之助、与太夫、勘太夫｜〈紅白〉錦太夫、大蔵、角治郎、吉之助、庄吾｜〈青白〉清治郎、善明｜〈黒〉鹿之助、…

- 善明が元の善治郎に改名している。

---

23) 『春場所相撲号』(T12.1)の12代目式守伊之助談「四十六年間の土俵生活」(pp.108-11) にも行司歴が記されている。

(24)　明治 41 年夏場所

〈准紫〉庄之助、〈紫白〉伊之助、〈紫白〉庄三郎｜〈朱・草履〉進、（小
市改め）誠道｜〈朱・足袋〉朝之助、与太夫、勘太夫｜〈紅白〉錦太
夫、大蔵、角治郎、吉之助、庄吾｜〈青白〉清治郎、善明｜〈黒〉鹿
之助、…

・小市が誠道に改名している。

(25)　明治 42 年春場所

〈准紫〉庄之助、〈紫白〉伊之助、〈紫白〉庄三郎、｜〈朱・草履〉進、
誠道｜〈朱・足袋〉朝之助、与太夫、勘太夫｜〈紅白〉錦太夫、大蔵、
角治郎、吉之助、庄吾｜〈青白〉清治郎、善明、○鹿之助｜〈青白〉
留吉、…

・番付表では青白房と黒房のあいだに広い空白がある。星取表では鹿之
助が青白房の最下位となっている。

(26)　明治 42 年夏場所（6 月）

〈准紫〉庄之助、〈紫白〉伊之助、〈紫白〉庄三郎｜〈朱・草履〉進、
誠道｜〈朱足袋〉朝之助、与太夫、勘太夫、○錦太夫、○大蔵｜〈紅白〉
角治郎、吉之助、庄吾｜〈青白〉清治郎、善明、（鹿之助改め）留五郎、
○留吉｜〈青白・黒〉鶴之助、…

・錦太夫と大蔵は共に朱房に昇格。『朝日』（M42.2.10）の「行司の出世」
を参照。
・留吉、与之吉、啓二郎は格足袋に昇格した。『朝日』（M42.2.10）の「行
司の出世」を参照。

(27)　**明治 43 年春場所**

〈准紫〉庄之助、〈紫白〉伊之助、〈紫白〉庄三郎｜〈朱・草履〉進、
誠道｜〈朱・足袋〉朝之助、与太夫、勘太夫、錦太夫、大蔵｜〈紅白〉
角治郎、吉之助、庄吾｜〈青白〉清治郎、善明、留五郎、留吉、○鶴
之助｜〈黒〉（亀司改め）錦之助、…

- 庄之助は紫、伊之助は紫白、庄三郎は紫白と決まる。『都』（M43.4.29）
  の「庄之助の跡目」を参照。
- 清治郎は 3 月、紅白房に昇格。『武州の力士』（pp.66-7）の「木村清次郎」
  を参照。明治 43 年 3 月付の免許状では「上足袋」となっている。[24]
- 鶴之助は青白房に昇格している。番付では留吉と同じ大きさの字で記
  載されている。ところが、星取表では名前が記載されていない。つまり、
  黒房扱いである。番付表と星取表では扱いが異なる。それは翌年の 1
  月まで続いている。なぜ番付表記と星取表の扱いが異なるのか、今の
  ところ、不明である。本章では、番付表に基づき、鶴之助は青白房だっ
  たとする。実際、鶴之助と錦之助（黒房）とのあいだには大きな空白
  があり、字の大きさも明確に異なっている。

(28)　**明治 43 年夏場所**[25]

〈総紫〉庄之助、〈紫白〉伊之助、〈紫白〉庄三郎｜〈朱・草履〉進、
誠道｜〈朱・足袋〉朝之助、与太夫、勘太夫、錦太夫、大蔵、○角治
郎、○吉之助｜〈紅白〉庄吾、清治郎、左門、○善明｜〈青白〉留吉、
鶴之助｜〈黒・青〉錦之助、…

- 立行司の房色が決まった。木村庄之助は総紫、式守伊之助は（真）紫
  白房となった。

---

24)　大正 2 年 3 月付の免許状では「団扇紐紅色」（p.6）と記載されていることから、
　　「上足袋」は紅白房を意味しているに違いない。
25)　この夏場所に関しては、『毎日』（M43.5.31）の行司リストも参照。

- 伊之助（9 代）は昨年 6 月に死去。番付記載は死跡。
- 角治郎は朱房に昇進。『角力雑誌』（T10.5）の「勧進元評判記」（p.47）を参照。
- 吉之助は 5 月、朱房に昇進。『日日』（M44.2.14）の「行司吉之助逝く」を参照。
- 大蔵が朱房に昇格。『報知』（M43.5.31）の「行司の新服装」を参照。
- 左門は復帰。『相撲』（平成 4 年 12 月）の小池謙一筆『年寄名跡の代々（40）―立田川代々の巻』（pp.154-7）参照。
- 清治郎は青白房の免許状（M43.3 の日付）を受けた。その写しが中英夫著『武州の力士』（pp.66-7）に掲載されている。
- 善明は紅白房に昇格した。『報知』（M43.5.31）の「行司の新服装」や『毎日』（M43.5.31）の「相撲行司の服制」を参照。
- 鶴之助を青白房とする理由は、42 年春場所の項で述べている。

(29)　明治 44 年春場所

〈総紫〉庄之助（16 代）、〈紫白〉伊之助（9 代）、〈紫白〉庄三郎｜〈朱・草履〉進、誠道｜〈朱・足袋〉朝之助、与太夫、勘太夫、錦太夫、大蔵、角治郎、吉之助｜〈紅白〉庄吾、清治郎、左門、善明｜〈青白〉留吉、鶴之助｜〈黒・青〉錦之助、…

- 庄三郎は 2 月、伊之助襲名が決まった。『都』（M44.2.22）の「相撲だより」を参照。
- 進は 2 月、紫白を許された。『都』（M44.2.22）の「相撲だより」を参照。
- 吉之助は 2 月に死去。『読売』(M44.2.14)の「行司吉之助の死去」や『日日』（M44.2.14）の「行司吉之助逝く」を参照。
- 庄吾は 2 月に朱房昇格。『都』（M44.2.22）の「相撲だより」や『日日』（M44.2.22）の「力士の給金直し」を参照。
- 鶴之助を青白房とする理由は、42 年春場所の項で述べている。

(30)　明治 44 年夏場所 [26)]

〈総紫〉庄之助（16 代）、〈紫白〉（庄三郎改め）伊之助（10 代）、〈半々紫白〉進｜〈朱・草履〉誠道｜〈朱・足袋〉朝之助、与太夫、勘太夫、錦太夫、大蔵、角治郎、○庄吾｜〈紅白〉清治郎、左門、善明｜〈青白〉留吉、鶴之助、○錦之助｜〈黒・青〉竹二郎、…

- 進は紫白房を許されている。それは半々紫白である。第三席で准立行司。『日日』（M44.6.12）の「大相撲評判記」や『時事』（M44.6.10）の「相撲風俗（8）─行司」を参照。
- 格足袋以上の行司に関しては、『中央』（M44.6.13）の「天下の力士（二）─行司の養成」を参照。
- 朝之助は 6 月、草履を許された。房色は朱房のまま。『読売』（M44.6.25）の「行司の昇進と昇給」を参照。
- 錦之助は格足袋に昇格した。『読売』（M44.5.25）の「角界雑俎」を参照。
- 鶴之助は星取表でも青白房として扱われている。繰り返しになるが、番付表では 43 年 1 月以降、青白房として表記されている。

(31)　明治 45 年春場所

〈総紫〉庄之助（16 代）、〈紫白〉）伊之助（10 代）、〈半々紫白〉進｜〈朱・草履〉誠道、○朝之助｜〈朱・足袋〉与太夫、勘太夫、錦太夫、大蔵、角治郎、庄吾、○清治郎｜〈紅白〉左門、善明、留吉、鶴之助、○錦之助｜〈黒・青〉竹二郎、…

- 庄之助（16 代）は 1 月、死去。『読売』（M45.1.7）の「行司木村庄之助死す」や『日日』（M45.1.15）の「明治相撲史─井村庄之助の一代」を参照。
- 伊之助（10 代）は庄之助襲名。『やまと』（M45.1.12）の「行司の襲名」を参照。

---

26)　この場所に関しては、『中央』（M44.6.13）の番付リストも参照。

- 進が式守伊之助（11 代）を襲名。『やまと』（M45.1.12）の「行司の襲名」を参照。
- 誠道は 1 月場所、朱房のまま。『日日』（M45.1.12）の「行司誠道は懲戒か」を参照。『読売』（M45.1.12）の「相撲だより」に誠道が 5 日目に紫白房になると書いてあるが、実際には許されていないはずだ。『夕刊中央』（M45.1.18）の「誠道処分の内決」を参照。
- 与太夫が草履を許された。朱房のまま。『やまと』（M45.1.12）の「行司の襲名」や『読売』（M45.1.12）の「相撲だより」を参照。
- 留吉は 1 月場所中、紅白房を許された。『読売』（M45.1.19）の「相撲だより」や『やまと』（M45.1.19）の「行司の昇級」を参照。

（32）　明治 45 年夏場所

〈総紫〉（伊之助改め）庄之助（17 代）、〈紫白〉（進改め）伊之助（11代）｜〈朱・草履〉誠道、朝之助｜〈朱・足袋〉与太夫、勘太夫、錦太夫、大蔵、角治郎、庄吾、清治郎｜〈紅白〉左門、善明、○留吉｜〈青白〉鶴之助、錦之助、竹治郎、○啓治郎〈黒〉金吾、…

- 伊之助（10 代）は庄之助襲名。『読売』（M45.5.13）の「庄之助・伊之助の昇格式」を参照。
- 進が式守伊之助を襲名した。『国民』（M45.5.12）の「新番付節用」や『やまと』（M45.5.12）の「行司の襲名」を参照。
- 竹治郎と啓治郎は青白房に昇格した。『やまと』（M45.1.19）の「行司の昇級」や『時事』（M45.1.18）の「行司の出世」を参照。

3.　星取表の行司

　明治期の星取表にはときどき青白房以上が記載されている。その場合、二段目の左端の行司が青白房の最下位となる。黒房行司は記載されていな

いので、青白房と黒房の境を知るのに、貴重な資料となる[27]。しかし、番付表と星取表の階級はときどき異なることがある。それは、一つには番付表は場所前に作成されているのに対し、星取表は場所後に作成されているからである。もう一つは、房色の変更が不定期だったことによる。他にもいろいろな、たとえば休場などのような理由があったかもしれない。

　本章では青白房と黒房を必ずしも番付表に基づいて分析しているわけでないが、基本的にはそれに基づいている。したがって、場所中に房色が変更になった場合、それは翌場所に反映されることになる。本章の分析では青白房の最下位行司が星取表と一致しないものがいくつかあるので、それを示しておく。これ以外は星取表と一致する。

	星取表	本章
・ M36.5	吉之助	庄吾
・ M43.1	留吉	鶴之助
・ M43.6	留吉	鶴之助
・ M44.2	留吉	鶴之助
・ M44.6	鶴之助	錦之助

　いずれが事実に即しているかは、検討する必要がある。番付表と星取表には時間差あり、必ずしも番付表の階級に基づいているわけでもなさそうである。明治期には新聞記事にも房色の変更に関する記事が多いことから、その資料などとも照合する必要がある。

---

27)　明治30年から45年までの星取表の最後の行司に関しては、相撲博物館の中村史彦さんに大変お世話になった。行司一覧の最後の行司が知りたい旨のお手紙を送付したが、それに応えてその行司を丹念に調べ、郵送してくれた。ここに改めて、感謝の意を表しておきたい。

4.　今後の課題

　本章は主として房色の種類で行司の階級を表してきたが、房色は階級と
直結しているからである。行司の格付けは房色によって表すが、それだけ
で格付けがなされていたわけではない。以前は、装束や着用具にも違いが
あった。たとえば、立行司は短刀を携帯し、熨斗目麻裃を着用していたが、
下位の行司はそれを許されていなかった。昔も今も、行司の格付けで変わ
らないのは、房色である。

　本章では房色で階級を区分けしているが、その色分けは事実を正しく反
映しているだろうか。今後は、それを検討しなければならない。主として、
明治時代の資料を活用して房色で区分けしているが、資料の適用は正しい
だろうか。資料の年月と番付表の記載とどの程度一致し、どの程度一致し
ないのか、今後は検討を要する。実際、異なることが散見されるからである。

　資料に基づいて区分けしていても、すべての行司の房色がわかったわけ
ではない。中には前後の行司と比較したり、番付表を検討したりしている。
たとえば、木村朝之助は立行司にもなり、文献でもしばしば登場するが、
朱房がいつ許されたのか、本章の執筆段階ではわからなかった。前後の行
司を考慮し、明治 38 年 5 月から 40 年 1 月のあいだに違いないが、どの
場所なのかを確定する資料が見つからないのである。そういう行司の房色
がわからないと、房色による区分けは不完全なものになる。そういう意味
で、資料にない行司の区分けは、今後も注意する必要がある。本章で資料
が提示されていない行司の場合、今後はそういう資料を見つけることである。

第6章　大正期の行司番付再訪（資料編）

1.　本章の目的[1]

　大正期の行司番付は傘型で、行司の序列は明確だが、階級の見分けが容易でないことがある。階級がわからなければ、房色もわからない。階級と房色は一致するからである。本章では、傘型記載の番付を現在の横列記載にし、階級を表す房色を明記している。

　明治43年5月に房色は確立し、紫房は三種になった。それまであった准紫房が無くなり、総紫房、（真）紫白房、半々紫白房になった。半々紫白房は「紫白房」と見做され、実質的には総紫房と紫白房の二種しかないかのように扱われている。しかし、実際には規定上の「紫白房」には（真）紫白と半々紫白の二種があった。私は以前、紫房に二種しか認めていなかったので、紫白房の識別で混乱があった。本章では、紫房に三種あったことを認め、より正確な房色を提示してある。

　朱房にも草履を許された行司とそうでない行司がいた。本章では、その区別を明確にしてある。文献では、多くの場合、朱房行司を「三役」としているが、それは必ずしも正しくない。草履を履いた朱房行司は確かに三役だが、そうでない行司は「幕内」である。したがって、幕内には草履を履かない朱房行司と紅白房行司がいる。この区別を明確にしないと、朱房行司の扱いで混乱が生じる。本章では、草履を履いた三役行司を「朱・草履」とし、草履を履かない幕内行司を「朱・足袋」と表示してある。紅白房の行司は単に「紅白」としてある。

　大正期には、17代木村庄之助が差し違いの責任を取り、場所途中に辞

---

1)　本章を作成する段階では、特に星取表に関し、葛城市の相撲館（小池弘悌さんと松田司さん）と両国の相撲博物館（中村史彦さん）にお世話になった。ここに、改めて感謝の意を表する。

職している。准立行司だった木村誠道は 11 代式守伊之助の死亡後、すんなり 12 代式守伊之助を襲名していない。誠道の名で、第二席の立行司を務めている。一場所後に、12 代式守伊之助を襲名している。12 代式守伊之助は 17 代木村庄之助が辞職した後、本来なら 18 代木村庄之助を襲名するのに、高齢を理由にその襲名を固辞している。木村誠道は「誠道」の名で第二席を務めていたとき、房色は（真）紫白だっただろうか、それとも半々紫白だっただろうか。本章では、（真）紫白房だったとみなしている[2]。

17 代木村庄之助が場所中に、また 12 代式守伊之助が場所後にそれぞれ辞職したために、翌場所（つまり大正 11 年春場所）、第三席の木村朝之助が 18 代木村庄之助を、第四席の 5 代式守与太夫（前名・式守錦之助）が 13 代式守伊之助をそれぞれ襲名した。その襲名により、もちろん、房色も変わった。木村朝之助は半々紫白から総紫房になった。紫白房は使用していない。第四席の式守与太夫は、朝之助が失策のため、場所中に臨時の紫房を許されている。その紫房はどの変種だったのだろうか。紫白房には違いないが、どの変種だったのだろうか[3]。本章では、それは半々紫白房だったに違いないと推測している。第三席の朝之助が半々紫白房だったからである。上位の半々紫白房を飛び越えて、（真）紫白房を許されるのは不自然である。与太夫（5 代）は翌場所（つまり大正 11 年春場所）、伊之助（13 代）を襲名し、（真）紫白房を許されている。

大正 14 年春場所前に、14 代式守伊之助が病死している。14 代式守伊之助は 12 月に急死しているが、番付では式守伊之助として記載されている。いわゆる「死跡」である。「位牌行司」と呼ぶこともある。その代わ

---

2)　歴代の立行司の「紫房」の変種については、たとえば拙著『大相撲行司の格付けと役相撲の並び方』（2023）の第 8 章「准立行司と半々紫白房」でも詳しく扱っている。

3)　当時、紫白房に二種の区別があったことは公表されていない。二種とも同じ「紫白房」となっている。第三席の准立行司は半々紫白房、第二席の式守伊之助は（真）紫白房であることに、以前は気づいていなかった。そのために、以前の「紫房」を扱った論考では、ときどき間違った分析をしていることがある。

りをしたのが、6 代式守与太夫（のちの 20 代木村庄之助、松翁）である。
この与太夫は春場所直前までは朱房・草履行司だった。

　6 代式守与太夫は春場所、どの房色を使用したのだろうか。つまり、朱
房だっただろうか、それとも紫白房だっただろうか。番付上は、まだ 15
代式守伊之助になっていない。しかも、その春場所まで、准立行司でもな
かった。つまり、半々紫白房を使用していないのである。そういう状況で
あったが、本章では、6 代与太夫は（真）紫白房を許されていたと判断し
ている。事実上、第二席の立行司となっていたからである。6 代与太夫自
身も春場所、式守伊之助を襲名したと雑誌記事等で語っている。[4] 6 代与太
夫は、翌場所（5 月）番付で 15 代式守伊之助を襲名している。それは番
付上の記載であり、春場所からすでに 15 代式守伊之助としての地位は承
認されていたのである。

　草履を履いた「三役」はいつまで続いていたかという問題がある。昭和
2 年春には、三役行司は朱房だが、草履を履いていない。朱房行司はすべ
て三役となっている。そうなったのは大正末期だったのだろうか、それ
とも昭和 2 年春場所だったのだろうか。今のところ、明確な証拠がない。
しかし、本章では昭和 2 年春場所に始まったと推測している。第三席の 4
代式守錦太夫（のちの 7 代与太夫、16 代伊之助）が大正 15 年夏場所、番
付最上段に記載され、しかも草履を履いているからである。『春場所相撲号』
（昭和 2 年 1 月）の口絵に 4 代錦太夫が裁いている写真があり、草履を履
いているらしいのである。足元は不鮮明だが、草履のためにやや膨らんで
いるように見える。もし草履を履いていたならば、草履を履かない三役行
司は間違いなく昭和 2 年春場所から始まったことになる。

　なお、本章と内容がほとんど同じ論考は以前にも拙著で扱ったことがあ
る。

---

4)　『夏場所相撲号』（昭和 10 年 5 月号）の 20 代木村庄之助筆「行司生活五十一年」
　　（p.79）や『春場所相撲号』（昭和 11 年 1 月号）の永坂實筆「松翁土俵生活五十
　　有二年」（p.47）を参照。

・拙著『大相撲行司の軍配房と土俵』(2012) の第 8 章「大正時代の番
　付と房の色」(pp.231-66)

　そこでは、傘型記載の番付をそのままにし、房色を提示してある。扱う
内容が同じであることから、参照した文献もほとんど同じである。そのこ
とをお断りしておく。以前の論考には分析のミスが散見されるが、それを
一つ一つ本章では指摘していない。紫房や朱房の違いはその房色の細分化
によるものであるが、階級の見分けが間違っていることもある。本章は以
前の論考と照合しながら読むと、違いがおのずとわかる。
　房色の使用開始について一言触れておきたい。基本的には、地位が変わ
れば、房色も変わる。地位と房色は一致するからである。房色が場所中に
変わった場合、その免許が届いた日から使用する。が、番付では、それは
反映されない。房の変更は翌場所で反映されることになる。また、場所前
の変更であっても、番付に反映されないこともある。免許が届く日が明ら
かでないこともある。そのような意味で、房色の変更と番付の階級は必ず
しも一致しないことがある。昇格が不定期の場合、房色の使用が一場所か
二場所違うのはそのためである。
　新しい房色の使用については、新聞記事を参考にしているが、ときには
場所の何日目かを厳密に調べていない。漠然と「場所中」と捉えているこ
とがしばしばである。厳密な使用開始日に関心があれば、当時の新聞を丹
念に調べることをお勧めしたい。
　行司の中には新しい房色が許された明確な「日」が確定できず、「本場所」
だけが記されていることがある。そういう場合、本章では場所初日から使
用したと捉えている。もちろん、前後の行司の房色は常に考慮している。
　大正期の星取表は、明治期の星取表と違って、青白房と黒房の境を知る
手掛かりにはならない。大正末期に近づくにつれて、朱房・足袋行司の最
下位が記載される傾向があるが、中期までは紅白房の行司であったりする
こともある。たとえば、大正 2 年 1 月から大正 7 年 1 月までは、紅白房

の留吉や鶴之助が左端に記載されている。大正 7 年 5 月以降は、朱房の最下位行司が左端に記載されている。大正期の星取表と明治期の星取表の大きな違いは、最下段の左端に記載する行司の房色が異なることである⁶⁾。

　昭和 2 年から 34 年までの番付も傘型記載だが、それを横列記載にしたものが拙著『大相撲行司の格付けと役相撲の並び方』（2023）の第 6 章「傘型表記と横列表記（資料編）」でも扱っている。

2.　階級と房色

　本章は大正 2 年春場所から 15 年までの行司番付や房色について調べるが、参考までに明治 45 年夏場所の行司番付も提示しておく。時代は変わっても、行司の人事はいつもと変わりないからである。前場所の行司番付が人事の基本となる。

・明治 45 年夏場所

　〈総紫〉庄之助（17 代）、〈紫白〉（進改め）伊之助（11 代）｜〈朱・草履〉誠道、朝之助｜〈朱・足袋〉与太夫（5 代）、勘太夫（3 代）、錦太夫（3 代）、大蔵、角治郎、庄吾、清治郎｜〈紅白〉左門、善明、留吉｜〈青白〉鶴之助、錦之助、竹次郎、啓治郎｜〈黒〉金吾、…

---

5)　鶴之助は大正 11 年 1 月に朱房へ昇格しているが、星取表では大正 3 年 1 月から 7 年 1 月まで最下段の左端に記載されている。鶴之助は大正 5 年 1 月から 8 年 5 月まで正に改名し、その後、再び元の鶴之助となっている。番付表では、鶴之助（正）は二段目に記載されたり、字が太く大きかったり薄く小さかったりで、階級の見分けが必ずしも容易でない。しかし、大正 11 年 1 月に朱房へ昇格していることから、それまでは紅白房として扱っている。

6)　明治 30 年以降の行司番付を作成していた頃、明治期ではその星取表が青白房と黒房を区別するのに大いに参考になった。しかし、大正期の星取表では両隣の行司の房色の違いを見分けるのにあまり役立たない。星取表に記載されている行司は上位行司がほとんどであり、その房色の見分けは容易だからである。

- 伊之助（10代）は庄之助（17代）を襲名した。『読売』（M45.5.13）の「庄之助・伊之助の昇格式」を参照[7]。
- 進が式守伊之助（11代）を襲名した。『国民』（M45.5.12）の「新番付節用」や『やまと』（M45.5.12）の「行司の襲名」を参照。

　進の紫房昇進について、『日日』（T2.1.12）の「伊之助の昇進」に次のような記述がある。

　　「式守伊之助は初日まで紫房に白が交ざりおりしも二日目より真の紫房に昇進し、立派な立行司となれり。」

　この記述では、2日目から総紫房を使用したかのような印象を受ける。これは、実は、それまで半々紫白だったが、第二席の式守伊之助として「（真）紫白房」に変わったことを表現している。ということは、それまで進は第三席の准立行司として半々紫白房を使用していたことになる[8]。

(1)　大正2年1月場所

〈総紫〉庄之助（17代）、〈紫白〉伊之助（11代）｜〈朱・草履〉誠道、朝之助、○与太夫（5代）｜〈朱・足袋〉勘太夫、錦太夫、大蔵、角治郎、庄吾｜〈紅白〉清治郎、左門、善明、留吉｜〈青白〉鶴之助、錦之助、竹二郎、啓二郎｜〈黒〉金吾、…

---

7)　本章では「新聞」や「新報」を省略してある。英字のM、T、Sは明治、大正、昭和をそれぞれ表す。なお、朱房は緋房や赤房で表すこともある。また「房」の代わりに「総」を使用することもある。

8)　私は以前、「真の紫房」を総紫房と捉えていたために、式守伊之助でも木村庄之助と同じように「総紫房」を使用すると分析したことがある。明治43年5月以降、第二席の式守伊之助は「紫白房」に決まっていたのに、例外的に11代式守伊之助はその紫房を使用したと誤解していた。実際は、半々紫白房から（真）紫白房に変わったのである。

・庄之助は総紫房、伊之助は半々紫白房から（真）紫白房になった。[9]『日
　日』（T2.1.12）の「伊之助の昇進」を参照。

　以下の行司は場所中に房色が授与され、授与日以降その房色を使用して
いる。番付表に基づけば、夏場所（5月）となる。中には事前に使用許可
を受けていた行司もいたかもしれないが、それを確認する術がない。

・誠道は場所中（8日目）、紫白房を許された。誠道は准立行司（第三席）
　なので、半々紫白房を使用しているに違いない。[10]『日日』（T8.2.18）の「大
　相撲評判記―木村誠道」、『読売』（T2.1.18）の「相撲だより―行司の
　出世」、『読売』（T2.1.24）の「春場所成績評（終）―行司と幕下」を
　参照。[11]
・勘太夫はこの場所中（4日目）、草履を許され、三役となる。『やまと』
　（T2.1.15）の「行司の出世」、『毎夕』（T2.1.14）の「行司昇進」、『日
　日』（T2.1.14）の「大相撲評判記―名行司式守勘太夫」を参照。
・錦太夫（朱房）が常陸山土俵入り（6日目）を急きょ引くことになった。
　『読売』（T2.2.27）の「横綱土俵入りと緋総」を参照。
・清治郎と左門はこの場所中（7日目）、朱房に昇格。『読売』（T2.1.17）
　の「相撲だより―行司の出世」、『朝日』（T2.1.17）の「出世した行司」、『や
　まと』（T2.1.17）の「出世行司」を参照。清治郎の紅白房への昇格に
　ついては、中英夫著『武州の力士』（p.67）も参照。

---

9)　春場所2日目に免許を授けられているので、本来なら番付上は夏場所からとな
　　る。そうするのが一貫している。しかし、初日も真紫白房を使用していたと判断
　　した。建前通りなら、初日は半々紫白房で、2日目から真紫白房だったかもしれ
　　ない。いずれが真実を反映しているかは、今のところ、不明である。
10)　准立行司の半々紫白については、たとえば拙著『大相撲行司の格付けと役相撲
　　の並び方』（2023）の8章「准立行司と半々紫白房」でも詳しく扱っている。
11)　『春場所相撲号』（T12.1）の12代式守伊之助談「四十六年間の土俵生活」（p.111）
　　では、明治44年5月場所に紫白房の許可があったと語っている。この年月は勘
　　違いか地方巡業の使用許可かもしれない。当時、第四席だったからである。

- 鶴之助はこの場所（4日目）、紅白房（本足袋）に昇格している。『読売』（T2.1.14）の「行司の出世」、『日本』（T2.1.14）の「行司の出世」、『毎夕』（T2.1.4）の「行司昇進」を参照。
- 錦之助（4代）は中日より紅白房（本足袋）に昇格している。『やまと』（T2.1.15）の「行司の出世」を参照。しかし、兵役のため、行司を離脱し、4年5月に復帰している。
- 金吾は場所中（7日目）、青白房（格足袋）に出世した。『読売』（T2.1.17）の「相撲だより―行司の出世」や『朝日』（T2.1.17）の「出世した行司」を参照。19代式守伊之助著『軍配六十年』（昭和36年）の「年譜」（pp.156-9）も参照。
- 与之吉、喜太郎、藤太郎は場所中（8日目）、青白房に昇格した。『読売』（T2.1.18）の「相撲だより―行司の出世」、『日本』（T2.1.18）の「行司の出世」、21代木村庄之助（元・与之吉）著『ハッケヨイ人生』（p.76））を参照。

(2)　大正2年5月場所

〈総紫〉庄之助、〈紫白〉伊之助）、〈半々紫白〉○誠道｜〈朱・草履〉朝之助、与太夫、○勘太夫（3代）｜〈朱・足袋〉錦太夫、大蔵、（角治郎改め）庄三郎、（庄吾改め）庄五郎、○左門、○清治郎｜〈紅白〉善明、留吉、○鶴之助｜〈青白〉竹治郎、啓治郎、（金吾改め）○玉治郎、○与之吉、○喜太郎、○藤太郎｜〈黒〉兼二郎、…

- 伊之助が死去した。『報知』（T3.3.16）の「式守伊之助逝く」
- 清治郎はこの場所、紅白房に昇格した。中英夫著『武州の力士』（p.67）を参照。
- 角治郎は庄三郎に、庄吾は庄五郎に、金吾は玉治郎に改名している。[12]『朝

---

12) 19代式守伊之助（元・玉治郎、庄三郎）著『軍配六十年』（昭和36年、p.28）には、玉治郎に改名したのは春場所となっているが、番付上は夏場所である。「年譜」（p.157）では、春場所に十両格に昇進し、玉治郎を名乗ったと書いてある。

日』（T2.5.8）の「改名の力士」、『福岡日日』（T2.5.9）の「出世と改
名力士」、『軍配六十年』（昭和 36 年）の「年譜」（pp.155-9）を参照。
- 鶴之助は紅白房に昇格した。『読売』（T2.1.14）の「相撲だより―行
司の出世」や『毎夕』（T2.1.14）の「行司昇進」を参照。
- 啓治郎、与之吉、玉治郎が青白房（十両行司）である。『読売』（T2.2.30）
の「与太夫、勘太夫」を参照。

(3)　大正 3 年 1 月場所

〈総紫〉庄之助、〈紫白〉伊之助、〈半々紫白〉誠道｜〈朱・草履〉朝
之助、与太夫、勘太夫｜〈朱・足袋〉錦太夫、大蔵、庄三郎、庄五郎、
左門、○善明、清治郎｜〈紅白〉留吉、鶴之助｜〈青白〉竹治郎、与
之吉、啓治郎、玉治郎、喜太郎、藤太郎｜〈黒〉左右司、…

- 伊之助（11 代）は 3 月に死去。『報知』（T4.3.16）の「式守伊之助逝く」
を参照。伊之助が死去していることは、『都』（T3.5.21）の「新番付
の発表」や『毎夕』（T3.5.21）の「式守襲名問題」でも確認できる。
- 錦太夫（3 代）と大蔵は草履を許されている。『毎夕』（T3.1.18）の「行
司の昇進」や『日本』（T3.1.18）の「昇進した行司」を参照。
- 竹治郎は場所中（8 日目）、紅白房に昇格した。『日本』（T3.1.8）の「昇
進した行司」や『時事』（T3.1.18）の「行司の昇進」を参照。
- 左右司は青白房に昇格した。『毎夕』（T3.1.18）の「昇進行司」や『時
事』（T3.1.18）の「行司の昇進」を参照。

(4)　大正 3 年 5 月場所

〈総紫〉庄之助、〈（真）紫白〉○誠道、〈半々紫白〉○朝之助｜〈朱・

春場所中に十両に昇進したので、昇進したとき改名したようだ。番付表は少なく
とも一場所遅れて表記されるが、房色は免許が届いたその日から使用を許される。
それは建前であり、常にその建前通りだったかどうか、検討を要するかもしれな
い。

草履〉与太夫、勘太夫、○錦太夫、○大蔵｜〈朱・足袋〉庄三郎、庄五郎、左門、善明、清治郎｜〈紅白〉留吉、鶴之助、○竹治郎｜〈青白〉与之吉、啓治郎、玉治郎、喜太郎、藤太郎、○左右治｜〈黒〉光之助、…

・誠道は第二席に昇格したが、伊之助を襲名していない。悪霊の祟りを怖れたからである。しかし、房色は半々紫白から真紫白に変わっているはずだ。『毎夕』(T3.5.21) の「式守伊之助が今場所より廃絶」／「式守襲名問題」、『読売』(T3.5.22) の「鬼一郎か伊之助か―祟っている名前」、『読売』(T3.5.23) の「怨霊の追弔会」、『日日』(T3.5.21) の「改名と除名」を参照。

・朝之助は半々紫白房だった。夏場所の土俵祭を祭主として執り行っている。『やまと』(T3.5.31) の「夏場所相撲―吉例土俵祭」を参照。[13]

・与之吉は場所中（9日目）、紅白房に昇格した。小池謙一筆「年寄名跡―立田川代々の巻 (40)」(『相撲』、平成4年12月、p.157) を参照。[14] 21代木村庄之助(元・与之吉)著『ハッケヨイ人生』(昭和41年、p.72とp.76) では、大正5年5月に紅白に昇格したとあるが、それは勘違いかも知れない。玉治郎が4年5月中に紅白房に昇格しているのに、2枚ほど上の与之吉が5年5月に紅白に昇格するというのはあり得ないからである。

・留吉は場所中（6日目）、朱房に昇格した。『時事』(T3.6.5) の「朱総格の出世」を参照。

・清治郎は朱房・足袋の端っこに記載されている、離脱や復帰を繰り返していたらしい。

---

13) 紫白房の正式な免状授与式は大正4年11月だった。これは『角力世界』(T4.12)の「鳳横綱免許状授与式」(p.1) に記されている。すなわち、約1年半後である。

14) 与之吉への紅白房昇格の年月を裏付ける他の資料は、今のところ、見つかっていない。春場所9日目という具体的な年月が指摘されていることから、それを一つの証拠として採用する。出典がないのが、惜しい。

(5)　大正 4 年 1 月場所

〈総紫〉庄之助、〈(真) 紫白〉○ (誠道改め) 伊之助（12 代）、〈半々
紫白〉朝之助｜〈朱・草、履〉与太夫、勘太夫、錦太夫、大蔵｜〈朱・
足袋〉庄三郎、庄五郎、左門、善明、○ (留吉改め) 福松、清治郎｜
〈紅白〉鶴之助、竹治郎、○与之吉｜〈青白〉啓治郎、玉治郎、(喜太
郎改め) 喜多雄、藤太郎、左右治、○光之助[15]｜〈黒〉浅二郎、…

・誠道が伊之助を襲名した。『読売』（T3.5.24）の「愈々伊之助襲名」、
　『大阪朝日』（T3.5.30）の「東京角力」、『日日』（T4.1.6）の「友綱が
　再び表面」を参照。
・清治郎については、『国技』（T5.5）の狂角浪人筆「行司総まくり」
　（pp.23-5）を参照。
・番付表で留吉が福松に改名している。
・光之助は青白房に昇格している。小池謙一筆『年寄名跡代々（65）
　—宮城野代々の巻（下）』（『相撲』、平成 7 年 2 月、pp.104-5）を参照。

(6)　大正 4 年 5 月場所

〈総紫〉庄之助、〈(真) 紫白〉伊之助、〈半々紫白〉朝之助｜〈朱・草履〉
与太夫、勘太夫、錦太夫、大蔵｜〈朱・足袋〉庄三郎、庄五郎、左門、
善明、福松、清治郎｜〈紅白〉鶴之助、錦之助、竹治郎、与之吉、○
啓治郎｜〈青白〉玉治郎、藤太郎、喜三郎、喜太郎、左右司、光之助、
○浅治郎、○喜久司｜〈黒〉政二郎、…

・啓治郎はこの場所、紅白房である。19 代式守伊之助著（元・玉治郎）
　『軍配六十年』（昭和 36 年、p.28 と p.157）を参照。
・錦之助（のちの 7 代錦太夫、9 代与太夫）は兵役から復帰した。『大

---

15)　番付記載では光之助は左右治と共に同じグループになっている。同じ階級と捉
　　えることにした。

相撲春場所初号』（昭和 16 年 1 月、サンデー毎日編輯）の「行司紹介」
（p.65）で、錦之助は紅白房へ昇格している。しかし、2 年 1 月にす
でに紅白房に昇格していたので、この年月は正しくない。元の紅白房
として扱われたという意味かも知れない。

(7)　大正 5 年 1 月場所

〈総紫〉庄之助、〈（真）紫白〉伊之助、〈半々紫白〉朝之助｜〈朱・草履〉
与太夫、勘太夫、錦太夫、大蔵｜〈朱・足袋〉庄三郎、庄五郎、左門、
善明、福松、清治郎｜〈紅白〉（鶴之助改め）正、錦之助、竹治郎、
与之吉、啓治郎、○玉治郎｜〈青白〉藤太郎、[16]（喜太雄改め）喜太郎、
左右司、光之助、浅治郎、菊治｜〈黒〉政二郎、…

・ 鶴之助は正に改名した。二段目の左端に記載されているが、一人だけ
　紅白である。
・ 朝之助が紫房であることの確認。『日日』（T5.1.15）の「朝之助を斥
　けよ」、『国民』（T5.1.16）の「失策行司の処罰」、『中央』（T5.1.16）
　の「朝之助は黒星」を参照。
・ 玉治郎は先場所（7 日目）、紅白房（本足袋）に昇格した。『やまと』
　（T4.6.11）の「出世行司」を参照。玉治郎は願書を出していて、も
　う少し前に昇格すると思っていたらしい。これに関しては、『時事』
　（T4.6.12）の「玉治郎出世問題」を参照。なお、『角力世界』（T4.6）
　の「玉治郎の出世」（p.27）では千秋楽に昇格したとしている。5 月
　場所中には昇格している。[17]なお、『軍配六十年』の「伊之助思い出の
　アルバム」には免許状が掲載されているが、日付は 4 年 11 月となっ

---

16)　青白房と黒房の階級がびっしりと同じ三段目に記載されているが、字の大きさ
　　が異なっている。前場所と翌場所の記載を参照すれば、二つは異なる階級に違い
　　ない。
17)　19 代式守伊之助著『軍配六十年』（昭和 36 年）の「伊之助思い出のアルバム」
　　に掲載されている紅白房免許状は大正 4 年 11 月付になっている。紅白房の許可
　　はすでに出されており、正式な免許があとで授与されたに違いない。

ている。

(8)　大正 5 年 5 月場所

〈総紫〉庄之助、〈(真) 紫白〉伊之助、〈半々紫白〉朝之助｜〈朱・草履〉与太夫、勘太夫、錦太夫、大蔵｜〈朱・足袋〉庄三郎、庄五郎、左門、善明、福松、清治郎｜〈紅白〉正、錦之助、竹治郎、与之吉、啓治郎、玉治郎｜〈青白〉藤太郎、喜三郎、喜太郎、左右司、光之助、喜久治｜〈黒〉政二郎、…

・清治郎については、『国技』（T5.5）の狂角浪人筆「行司総まくり」（pp.23-5）を参照。「しばしば脱走した報いで、ヤッと幕内行司の尻ッポに付け出されている」（p.25）と書いてあるが、この「幕内行司」は、本章の「朱房・足袋」に相当するようだ。

(9)　大正 6 年 1 月場所

〈総紫〉庄之助、〈(真) 紫白〉伊之助、〈半々紫白〉朝之助｜〈朱・草履〉与太夫、勘太夫、錦太夫、大蔵｜〈朱・足袋〉庄三郎、庄五郎、左門、福松、清治郎｜〈紅白〉正、錦之助、竹治郎、与之吉、啓治郎、玉治郎｜〈青白〉藤太郎、喜三郎、喜太郎、兼治郎、左右司、光之助、喜久司、政治郎〈黒〉勝見、…

・左門は 1 月、行司でありながら、年寄立田川になった。二枚鑑札である。『相撲』（平成 7 年 10 月）の小池謙一筆『年寄名跡代々（68）―錦島代々の巻（下）』（pp.154-7）を参照。

(10)　大正 6 年 5 月場所

〈総紫〉庄之助、〈(真) 紫白〉伊之助、〈半々紫白〉朝之助｜〈朱・草履〉与太夫、勘太夫、錦太夫、大蔵｜〈朱・足袋〉庄三郎、庄五郎、左門、福松、清治郎｜〈紅白〉正、錦之助、竹治郎、与之吉、啓治郎、玉治郎｜〈青白〉藤太郎、喜三郎、喜太郎、善治郎、左右司、光之助、政

治郎、○勝己｜〈黒〉作太郎、…

・善明は番付に記載されていない。『ハッケヨイ人生』（p.41）には死去について書いてあるが、いつ亡くなったかはわからない。

(11)　大正7年1月場所

〈総紫〉庄之助、〈（真）紫白〉伊之助、〈半々紫白〉朝之助｜〈朱・草履〉与太夫、勘太夫、錦太夫、大蔵｜〈朱・足袋〉庄三郎、庄五郎、左門、福松、清治郎｜〈紅白〉正、錦之助、竹治郎、与之吉、啓治郎、玉治郎、○（藤太郎改め）誠道｜〈青白〉喜三郎、喜太郎、兼治郎、左右司、光之介、政治郎、勝己｜〈黒〉作太郎、…

・清治郎については、『春場所相撲号』（T7.1）の呼出奴談「今と昔相撲物語」（pp.61-3）を参照。

(12)　大正7年5月場所

〈総紫〉庄之助、〈紫白〉伊之助、〈半々紫白〉朝之助｜〈朱・草履〉与太夫、勘太夫、錦太夫、大蔵｜〈朱房・足袋〉庄三郎、庄五郎、左門、清治郎｜〈紅白〉正、錦之助、竹治郎、与之吉、啓治郎、玉治郎[18]、誠道、○喜三郎｜〈青白〉喜太郎、善治郎、左右司、光之介、政治郎、勝己、○作太郎｜〈黒〉延司、…

・正と錦之助はこの場所（2日目）、朱房に昇格した。鶴之助はこの場所、正に改名した。『報知』（T7.5.14）の「行司の昇格」と『中央』（T7.5.14）の「出世行司」を参照。しかし、『夏場所相撲号』（T10.5）の式守与

---

18)　『大相撲人物大事典』（平成13年）の「行司の代々」の項「19代式守伊之助」（p.695）で、幕内へ昇格したのは大正7年5月場所としているが、これは何かの間違い。大正4年5月場所中に幕内へ昇格していたし、幕内・朱房になったのは、大正14年1月場所だからである。

太夫・他筆「行司さん物語―紫総を許される迄」（p.105）によると、
大正 10 年 1 月には庄三郎、瀬平、左門の 3 名が朱房行司となってい
る。[19] 星取表でも、この場所から 9 年 1 月まで正（鶴之助）と錦之助
は三段目に記載されている。番付表でもそのあいだ、正（鶴之助）は
一枚上の清治郎と同じ段では記載されていない。このことから、本章
では正（鶴之助）と錦之助は 10 年 5 月まで紅白房だったと扱うこと
にする。[20]

・ 福松は大正 7 年 1 月に死去している。『角力世界』（T7.2、p.16）参照。
　5 月場所番付表では記載されていない。

・ 喜三郎はこの場所（2 日目）、紅白に昇格した。『報知』（T7.5.14）の「行
　司の昇格」と『中央』（T7.5.14）の「出世行司」を参照。[21]

・ 作太郎はこの場所（2 日目）、青白房に昇格した。『報知』（T7.5.14）の「行
　司の昇格」と『中央』（T7.5.14）の「出世行司」を参照。

（13）　大正 8 年 1 月場所

〈総紫〉庄之助、〈紫白〉伊之助）、〈半々紫白〉朝之助｜〈朱・草履〉
与太夫、勘太夫、錦太夫、大蔵｜〈朱・足袋〉庄三郎、庄五郎、左門、
清治郎｜〈紅白〉正、錦之助、竹治郎、与之吉、啓治郎、玉治郎、誠
道、（喜三郎改め）要人｜〈青白〉（喜太郎改め）善之輔、兼治郎、左
右司、光之助、政治郎、勝見、作太郎｜〈黒〉延司、…

19）『大相撲人物大事典』（平成 13 年）の「行司の代々―歴代行司名一覧」（p.695）
　　でも錦之助はこの場所で幕内（本章の朱房・足袋）に昇格している。

20）　鶴之助と錦之助の朱房昇格に関し、新聞記事と雑誌記事が異なっているが、そ
　　の理由は不明である。一旦昇進させたが、のちに降格させたなら、その原因を調
　　べる必要がある。いずれにしても、今後、新聞記事が正しく、逆に雑誌記事が間違っ
　　ていることが判明したら、鶴之助と錦之助の朱房昇格年月に関しては修正がある
　　かもしれない。

21）『大相撲春場所』（昭和 16 年 1 月、サンデー毎日編輯）の「行司紹介」（p.65）では、
　　喜三郎（のちの要人、8 代与太夫）は大正 4 年 5 月に紅白房へ昇格したとあるが、
　　これは正しくない。この「行司紹介（p.65）」ではまた、特に昭和 2 年春場所で降
　　格された行司の昇格年月が考慮されていない。

・庄之助は柳橋の芸妓家栄家の主人専門になるという記事がある。『報知』(T8.5.31)の「東関と庄之助」を参照。大正 10 年 5 月に行司職（立行司）を辞職しているが、経済的に困ることがなかったかもしれない。

(14)　大正 8 年 5 月場所

〈総紫〉庄之助、〈紫白〉伊之助、〈半々紫白〉朝之助｜〈朱・草履〉与太夫、勘太夫、錦太夫、大蔵｜〈朱・足袋〉庄三郎、庄五郎、左門、清治郎｜〈紅白〉正、錦之助、竹治郎、与之吉、啓治郎、玉治郎、誠道、要人｜〈青白〉善之輔、兼治郎、左右司、光之助、政治郎、勝己、作太郎｜〈黒〉延司、…

(15)　大正 9 年 1 月場所

〈総紫〉庄之助、〈紫白〉伊之助、〈半々紫白〉朝之助｜〈朱・草履〉与太夫、勘太夫、錦太夫、大蔵｜〈朱・足袋〉庄三郎、（庄五郎改め）瀬平、左門、清治郎｜〈紅白〉（正改め）鶴之助、錦之助、竹治郎、与之吉、啓治郎、玉治郎、誠道、要人、○善之輔｜〈青白〉左右司、光之助、政治郎、勝己、作太郎｜〈黒〉治郎、…

・庄五郎（4 代）は瀬平（7 代）に改名した。『角力雑誌』(T10.5) の「勧進元評判記」(p.47) や『相撲』（平成 9 年 1 月）の小池謙一筆『年寄名跡代々（88）―木村瀬平の巻（下）』(pp.102-5) を参照。
・善之輔は紅白房に昇格した。中村倭夫著『信濃力士伝』（甲揚書房、昭和 63 年、p.290）には昭和 5 年 5 月場所、紅白房へ昇格したとあるが、それは二度目の昇格である。また、『大相撲春場所』（昭和 16 年 1 月、サンデー毎日編輯）の「行司紹介」(p.65) では、この場所、青白房

---

22)　昭和 2 年春場所の合併相撲では、大正 15 年 5 月、紅白房だった行司が青白房へ降格したものが何人かいる。善之輔もその 1 人だった。中村倭夫著『信濃力士伝』では大正時代の紅白房昇格が考慮されていない。

に昇格したとあるが、この年月は何かのミス。
・清治郎は 2 月に亡くなった、中英夫著『武州の力士』(p.68) を参照。

(16)　大正 9 年 5 月場所

〈総紫〉庄之助、〈紫白〉伊之助、〈半々紫白〉朝之助｜〈朱・草履〉与太夫、勘太夫、錦太夫、大蔵｜〈朱・足袋〉庄三郎、瀬平、左門｜〈紅白〉鶴之助、錦之助、竹治郎、与之吉、啓治郎、玉治郎、誠道、要人、善之輔｜〈青白〉左右司、光之助、政治郎、勝己、作太郎｜〈黒〉治郎、…

(17)　大正 10 年 1 月場所

〈総紫〉庄之助、〈紫白〉伊之助｜〈朱・草履〉与太夫、勘太夫、錦太夫、大蔵｜〈朱・足袋〉庄三郎、瀬平、左門｜〈紅白〉鶴之助、錦之助、竹治郎、与之吉、啓治郎、玉治郎、誠道、要人、善之輔｜〈青白〉左右司、光之助、政治郎、勝己、作太郎｜〈黒〉治郎、…

・与太夫、勘太夫、錦太夫、大蔵の 4 名は朱房・草履行司であり、また庄三郎、瀬平、左門の 3 名は朱房・無草履（足袋）行司である。『春場所相撲号』(T10.5) の「行司さん物語―紫房を許される迄」(p.105) を参照。[23]
・玉堂と治郎は春場所、青白房（格足袋）に昇格している。『角力雑誌』(T10.2) の「1 月出世行司」(p.26) を参照。

(18)　大正 10 年 5 月場所

〈総紫〉庄之助、〈紫白〉伊之助、〈半々紫白〉朝之助｜〈朱・草履〉与太夫、勘太夫、錦太夫、大蔵｜〈朱・足袋〉庄三郎、瀬平、左門｜〈紅

---

23)　この雑誌『春場所相撲号』は大正 10 年 5 月に発行されているが、内容はおそらく春場所（1 月）に基づいているはずだ。大正 10 年春場所の上位行司を知るのに大いに参考になる。

白〉鶴之助、錦之助[24]、竹治郎、与之吉、啓治郎、玉治郎、誠道、要人、善之輔、○左右司、○光之助｜〈青白〉政治郎、勝己、作太郎、○治郎、○玉堂｜〈黒〉今朝造、…

- 庄之助（17代）は夏場所5日目、駒ケ岳と大錦の勝負判定で差し違えし、その責任を取り、その日に辞職した[25]。『読売』（T10.5.19）の「行司界革新の記を示す」、『大阪朝日』（T10.5.18）の「庄之助の引退」、『日日』（T10.5.19）の「庄之助引責が描く波紋」、『国民』（T10.5.19）の「軍配の差し違いから庄之助が罷（やめ）る」、『報知』（T10.5.9）の「引退の庄之助に同情集まる」を参照。
- 伊之助（12代）は庄之助襲名固辞の意向を示す。『大阪毎日』（T10.5.19）の「行司伊之助も引退しよう」や『報知』（T10.5.20）の「伊之助の固辞―伊之助は空位か」を参照。
- 与太夫は7日目、紫白房を臨時に許された。『二六』（T10.5.21）の「木村大蔵引退」や『読売』（T10.5.21）の「三杉休場―朝之助は謹慎」を参照。第四席なので、本来は朱房である。臨時の紫白房は、厳密には半々紫白房だったに違いない。『読売』（T10.5.21）によれば、残りの場所もその紫白房を許されている。
- 大蔵は病気のため、夏場所で行司を辞めている。『やまと』（T10.5.24）の「木村大蔵引退」や『報知』（T11.1.6）の「新番付総評」を参照。

24）鶴之助と錦之助が番付表の二段目に初めて記載されたのは大正10年5月だが、星取表では最下段の左端に記載されている行司は鶴之助より一枚上の左門である。番付表の二段目に鶴之助と錦之助も記載されていることから、左門と同じ朱房かもしれないと思った。しかし、傘型表記では異なる房色の行司でも記載されることがあるし、式守与太夫・他筆「行司さん物語―紫総になる迄」（『相撲』、T10.5、p.105）にも左門までが朱房であることから、鶴之助と錦之助はやはり紅白房に違いないと判断した。

25）庄之助（17代）が差し違いの責任を取り、その日に辞職したことは、『角力雑誌』（T10.6）の小島小洲生筆「潔く辞職した立行司庄之助―わが身よりも行司名が大切」（pp.9-11）に書いてある。

(19)　大正 11 年 1 月場所[26]

〈総紫〉○（朝之助改め）庄之助（18 代）、〈紫白〉○（与太夫改め）伊之助（13 代）、〈半々紫白〉○勘太夫｜（朱・草履）錦太夫｜〈朱・足袋〉庄三郎、瀬平、左門、○鶴之助、○錦之助（4 代）、○竹治郎、○与之吉｜〈紅白〉啓治郎、玉治郎、誠道、要人、善之輔、光之助｜〈青白〉政治郎、勝己、作太郎、治郎、玉堂｜〈黒〉袈裟三、…

大正 11 年 1 月の番付表

---

26)　番付表を見る限り、二段目の庄三郎と瀬平は同じ字の太さで記載されている。地位が同じということを意味している。そういう理解で順序付けをしてある。これが正しくなければ、二段目の順序付けにも問題がある。このことを指摘しておきたい。

- 朝之助は伊之助を経験することなく、木村庄之助（18代）を襲名した。『やまと』（T11.1.6）の「行司決まる―朝之助が庄之助、与太夫が伊之助」、『国民』（T11.1.6）の「行司の襲名」、『日日』（T11.1.6）の「春場所の番付〈その他〉を参照。朝之助はそれまでの半々紫白房だったが、木村庄之助襲名をし、総紫房になった。

- 与太夫（5代）は伊之助（13代）を襲名した。『国民』（T11.1.6）の「行司の襲名」、『読売』（T11.1.6）の「朝之助が18代庄之助を襲名」、『萬』（T11.1.4）の「新立行司―朝之助と与太夫」を参照。すなわち、与太夫は臨時の半々紫白房から真紫白房になった。

- 勘太夫（3代、のちの14代伊之助）はこの場所（4日目）、朱房から紫白房（厳密には半々紫白房）に昇格した。『報知』（T11.1.16）の「新番付総評」や『中央』（T11.1.18）の「勘太夫の出進」を参照。この半々紫白房は内々の区別であって、伊之助と同様に「紫白房」と呼んでいた。[27]

- 錦之助（4代、のちの16代式守伊之助）は11年春場所（1月）に幕内格（おそらく朱房・足袋格）に昇格している。『大相撲』（昭和54年3月）の泉林八談「22代庄之助一代記（9）」（pp.146-8）を参照。『大相撲人物大事典』（平成13年）の「行司の代々―歴代行司名一覧」（p.695）でも錦之助はこの場所で幕内（朱房）に昇格している。

- 鶴之助と錦之助は大正10年5月発行の雑誌記事で共に紅白だと記されており、しかも錦之助が11年1月に朱房へ昇格していることから、一枚上の鶴之助もきっと同時に朱房へ昇格したに違いない。鶴之助と錦之助が紅白房へ昇格したのは、同じ大正2年1月だった。

- 瀬平は今場所限りで行司を辞職し、年寄専務となった。『相撲』（平成

---

27) 昭和2年以降、准立行司の半々紫白と式守伊之助の（真）紫白房は、規定上、「紫白房」と呼ばれていた。実際の運営では両者の房色には違いがあったのである。大正期にも規定上、「紫白房」と呼ぶことに決まっていたのかは不明である。半々紫白房も常に「紫白房」と呼んでいることから、房色の違いを指摘するのはなかったようだ。実際、昭和になるまで、准立行司と式守伊之助の房色の違いを記述した文献を見たことがない。

9 年 1 月）の小池謙一筆『年寄名跡代々（88）―木村瀬平の巻（下）』
（pp.102-5）を参照。

・ 与之吉は朱房の幕内へ昇格している。星取表で二段目に記載されてい
る。二段目までは朱房以上を記載する。『大相撲』（昭和 54 年 3 月）
の泉林八談「22 代庄之助一代記（9）」（pp.146-8）や『大相撲春場所』（昭
和 16 年 1 月、サンデー毎日編輯）の「行司紹介」（p.65）では、大正
11 年 5 月（夏場所）に幕内格へ昇進している[28]。これは朱房の幕内格
である。本章では、星取表に基づき、春場所で昇格したと捉えている。
星取表は場所後に発行されるので、昇進は場所中だったかもしれない。

（20）　大正 11 年 5 月場所

〈総紫〉庄之助（18 代）、〈紫白〉伊之助、〈半々紫白〉勘太夫｜〈朱・
草履〉（錦太夫改め）与太夫｜〈朱・足袋〉庄三郎、左門、鶴之助、（錦
之助改め）錦太夫（4 代）、竹治郎、与之吉、○啓治郎｜〈紅白〉玉
治郎[29]、誠道、要人、善之輔｜〈青白〉光之助、政治郎、勝己、作太郎、
治郎｜〈黒〉袈裟三、…

・ 啓治郎は朱房に昇格している。『相撲の史跡（3）』（p.20）を参照。「幕
内格に昇進したばかりの大正 11 年 5 月限りの現役死亡」（p.20）とあ
るので、5 月場所で昇格したと判断した。この「幕内格」は「朱・足

---

28)　拙著『大相撲の行司と階級色』の第 4 章「課題の探求再訪」では、与之吉の朱
房昇格を大正 11 年 1 月場所としている（pp.173-9）。番付表は傘型表記なので、
朱房行司と紅白房行司の区別がはっきりしない。見方によっては必ずしも 11 年
1 月ではなく、5 月場所とすることもできる。大正 11 年 1 月の星取表では二段目
に記載されている。この場所で朱房に昇進したものと捉えることにした。

29)　『大相撲春場所号』（昭和 16 年 1 月、サンデー毎日編輯）の「行司紹介」（p.65）
で、玉治郎はこの場所、紅白房に昇格している。この年月は正しくない。この年
月のミスは、もしかすると、朱房に草履を履いた行司とそうでない行司がいたこ
とを認識していなかったことで、生じたのかもしれない。他の行司でも、朱房と
紅白房による混乱があるからである。

袋格」である。すでに、紅白房」（幕内格）だったからである。しかし、啓治郎は 11 年 1 月番付表によると、二段目の左端に記載されている。もしかすると、先場所（つまり 1 月場所）にはすでに昇格していたかもしれない。[30] 5 月場所と 1 月場所のうち、いずれが正しいかは必ずしもはっきりしない。

・錦太夫（4 代）は与太夫（7 代）に改名した。『やまと』(T11.5.6)の「錦太夫が与太夫を襲名」や『大相撲』（昭和 54 年 3 月）の泉林八談「22 代庄之助一代記（9）」(pp.146-8)を参照。

・左門は 5 月、行司を辞め、年寄専務・立田川になった。『やまと』(T12.1.6)の「春場所番付発表」や『相撲』（平成 4 年 12 月）の小池謙一筆「年寄名跡代々（40）―立田川代々の巻」(pp.156-7)を参照。[31]

(21)　大正 12 年 1 月場所

〈総紫〉庄之助、〈紫白〉伊之助、〈半々紫白〉勘太夫｜〈朱・草履〉与太夫｜〈朱・足袋〉庄三郎、鶴之助、錦太夫、竹治郎、与之吉｜〈紅白〉玉治郎、誠道、要人、善之輔、○光之助、○政治郎、○勝己｜〈青白〉作太郎、治郎、○裟裟三｜〈黒〉真之介、…

・光之助は春場所、紅白房に昇格した。『相撲』（平成 7 年 10 月）小池謙一筆「年寄名跡代々（68）―錦島代々の巻（下）」(pp.154-7)を参照。「春場所」ではなく、「1 月頃」とあり、具体的な「月」は必ずしも明確でない。番付記載から「春場所」と判断した。

---

30)　『相撲の史跡（3）』(p.20)でどの資料に基づいて記してあるかがわかれば、朱房への昇格が 1 月場所なのか、5 月場所なのかは容易に判明する。当時の新聞記事を調べてみたが、啓治郎の房色変更に関する記事を見つけられなかった。見落としているかもしれない。

31)　『大相撲』（昭和 53 年 8 月）の泉林八談「22 代庄之助一代記（6）」(p.138)によると、左門は「大正 13 年春場所には、行司を辞めて立田川を襲名している」とあるが、その年月は記憶違いによるミスである。

- ・番付によると、春場所に政治郎と勝己は昇格したようだ。番付以外には裏付けとなる資料を見ていない。
- ・今朝三は青白房に昇格し、年寄錦島を襲名した。二枚鑑札。『相撲』(昭和 44 年 10 月号) の小池謙一筆「年寄名跡の代々（73）―錦島代々の巻（下）(154-7)」や『相撲』(昭和 31 年 8 月) の「行司木村今朝三―8 代目錦島三太夫を襲名」(p.186) を参照。[32]
- ・啓治郎は 5 月に亡くなっている。番付表に記載されていない。

(22)　大正 12 年 5 月場所

〈総紫〉庄之助)、〈紫白〉伊之助、〈半々紫白〉勘太夫｜〈朱・草履〉与太夫｜〈朱・足袋〉庄三郎、鶴之助、錦太夫、竹治郎、与之吉[33]｜〈紅白〉玉治郎、誠道、要人、善之輔、光之助、政治郎、勝己｜〈青白〉作太郎、次郎、袈裟三｜〈黒〉真之介、…

(23)　大正 13 年 1 月場所

〈総紫〉庄之助、〈紫白〉伊之助、〈半々紫白〉勘太夫｜〈朱・草履〉与太夫｜〈朱・足袋〉庄三郎、鶴之助、錦太夫、竹治郎、与之吉｜〈紅白〉玉治郎、誠道、要人、善之輔、光之助、政次郎、勝己、○作太郎｜〈青白〉治郎、袈裟三｜〈黒〉真之介、…

- ・真之介と栄治郎は青白房に昇格した。『大相撲』(昭和 36 年 7 月) の「行司の昇進と改名」(p.106) を参照。
- ・作太郎は紅白房に昇格している。先場所の番付表では一枚上の勝己とのあいだに大きな空間があり、字の大きさや太さにも差があったが、

---

32)　『大相撲春場所号』(昭和 16 年 1 月、サンデー毎日編輯) の「行司紹介」(p.65) では、今朝三は先場所（11 年 5 月）、青白房に昇格している。これは一場所の違いで、青白房をいつ許されたかによるものとみなしてよい。場所の前後か場所中かによって、使用開始日が異なるからである。

33)　与之吉が本来なら左端に記載されるのに、右端に記載されている。その理由はわからない。

この1月場所では勝己とのあいだに隙間がなく、字の大きさや太さも同じである。番付表以外に、作太郎の紅白房昇格を裏付ける資料はまだ見ていない。

・瀬平は3月、亡くなった。『相撲』（平成9年1月）の小池謙一筆「年寄名跡代々（88）―木村瀬平の巻（下）」（pp.102-5）を参照。[34]

(24) 大正13年5月場所

〈総紫〉庄之助、〈紫白〉伊之助、〈半々紫白〉勘太夫｜〈朱・草履〉与太夫｜〈朱・足袋〉庄三郎、鶴之助、錦太夫、竹治郎、与之吉｜〈紅白〉玉治郎、誠道、要人、善之輔、光之助、政治郎、勝己、作太郎、○（治郎改め）銀治郎、○今朝三｜〈青白〉○（芳松改め）義、○眞之助、○栄治郎｜〈黒〉善太郎、…

・林之助（大阪相撲出身、のちの22代木村庄之助）は幕内格としてつけ出すことについて行司間に異論があり、しばらく延期している。『朝日』（T13.5.18）の「行司に椅子やれ」を参照。

・治郎は銀治郎に改名した。番付では「治郎」になっている。先場所は「次郎」だった。

・義はこの場所（千秋楽）、青白房に昇格した。『大相撲』（昭和47年5月号）の「その後の四庄之助」（p.59）や『大相撲』（昭和39年7月）の24代木村庄之助談「行司生活五十五年」（pp.44-50）を参照。

・瀬平は7月、亡くなった。相撲史跡研究会編・発行『相撲の史跡（3）』（昭和55年、p.72）や『大相撲人物大事典』の「行司の代々」（p.703）を参照。

(25) 大正14年1月場所

〈総紫〉庄之助、〈紫白〉伊之助、〈半々紫白〉勘太夫｜〈朱・草履〉

---

34) 相撲史跡研究会編・発行『相撲の史跡（3）』（昭和55年、p.72）によると、瀬平は3月に亡くなっている。いずれが正しいかは、まだ確認していない。

与太夫｜〈朱・足袋〉庄三郎、鶴之助、錦太夫、竹治郎、与之吉、○
林之助｜〈紅白〉玉治郎、誠道、要人、善之輔、光之助、政治郎、勝
己、作太郎、銀治郎、今朝三、｜〈青白〉義、真之介、栄治郎｜〈黒〉
善太郎、…

・林之助（のちの22代庄之助）は朱房幕内につけ出された。『都』
　（T14.1.6）の「大男出羽嶽が入幕す―新番付の発表」、『大相撲』（昭
　和54年3月）の「22代庄之助一代（9）」（p.146）、22代木村庄之助
　著『行司と呼出し』（p.49）などを参照。
・玉治郎(のちの19代伊之助)は春場所、朱房に昇格している[35]。『相撲』(昭
　和33年2月)の「伊之助回顧録（3）」(p.205)や『近世日本相撲史（3）』
　（p.19）を参照。『軍配六十年』（昭和36年、p.28とp.158）には三役
　に昇格したと書いてあるが、朱房行司を意味しているに違いない[36]。
・誠道（3代）はこの場所、朱房になった。朱房の免許状（大正14年
　2月付）が相撲博物館にある。
・庄三郎（前名：角治郎）は14年4月に死去した。『相撲』（平成10
　年8月）の小池謙一筆『年寄名跡代々（108）―常盤山代々の巻（下）』
　（pp.118-21）や『大相撲』（昭和54年3月）の泉林八談「22代庄之
　助一代記（9）」（pp.146-8）を参照。

---

35)　玉治郎と誠道が春場所初日から朱房を許されていたとしても、その許可は番付
　　には反映されていない。林之助が朱房のドン尻につけ出され、玉治郎は紅白・幕
　　内の筆頭だったからである。これは22代木村庄之助著『行司と呼出し』（p.49）
　　でも確認できる。玉治郎と誠道が春場所初日から、林之助と同じ朱房だったとす
　　ると、玉治郎を紅白・幕内の筆頭だったと語るのは不自然である。実際、『大相撲』
　　（昭和54年3月）の泉林八談「22代庄之助一代記（9）」（p.148）では玉治郎を
　　一階級低い「十両の筆頭」だったと語っている。
36)　大正末期、朱房行司を「三役」と呼んでいたかどうかははっきりしない。『大
　　相撲』（昭和54年3月）の泉林八談「22代庄之助一代記（9）」（p.148）では「幕
　　内」と呼んでいる。

(26)　大正14年5月場所

〈総紫〉庄之助、〈紫白〉伊之助、〈半々紫白〉勘太夫｜〈朱・草履〉
与太夫｜〈朱・足袋〉鶴之助、錦太夫、竹治郎、与之吉、林之助、○
玉治郎、○誠道｜〈紅白〉要人、善之輔、光之助、政治郎、勝己、作
太郎、銀治郎、今朝三｜〈青白〉義、真之助、栄次郎｜〈黒〉善太郎、
…

・ 亡くなった庄之助は伊之助を襲名することが決まっていた。『中央』
　（T14.6.16）の「木村庄之助は伊之助が継ぐ」を参照。
・ 真之介は足袋行司であることの確認。『やまと』（T14.5.22）の「大相
　撲春場所（8日目）」を参照。新聞記事では「春之助」とあるが、誤
　植に違いない。

(27)　大正15年1月場所

〈総紫〉○（伊之助改め）庄之助（19代）、〈紫白〉○（勘太夫改め）
伊之助（14代）｜〈朱・草履〉与太夫｜〈朱・足袋〉鶴之助、錦太夫、
竹治郎、（与之吉改め）勘太夫、林之助、（玉治郎改め）庄三郎、誠道
｜〈紅白〉要人、善之輔、光之助、政治郎[37]、勝己、作太郎、銀治郎、
今朝三｜〈青白〉義、真之介、栄次郎、善太郎、○喜市｜慶太郎、…

・ 18代木村庄之助（もと朝之助）が急に亡くなった。『時事』（T15.1.6）
　の「10日前に死んで居る行司伊之助―きのうの新番付面で昇進した
　前の勘太夫」を参照。
・ 伊之助（13代）が庄之助（19代）を、与太夫（6代）が伊之助（15
　代）を、勘太夫（3代）が伊之助（14代）をそれぞれ襲名した。与
　太夫の伊之助襲名は番付上、5月場所である。『時事』（T15.1.6）の「今
　朝発表された大相撲新番付」、『都』（T15.1.6）の「春場所の新番付」

---

37)　政治郎は春場所後に辞職した。『大相撲』（昭和54年3月）の泉林八談「22代
　　庄之助一代記（9）」（pp.146-8）を参照。

を参照。

- 新・伊之助（14 代、もと勘太夫 6）は場所前の 12 月に亡くなった。『大阪毎日』（T15.1.6）の「東西大相撲の新番付―番付面から消えた栃木山の名」や『大阪時事』（T15.11.7）の死亡記事「式守伊之助―生え抜の行司」を参照。伊之助は番付に記載されており、結局、位牌行司となった。

- 与太夫（6 代）はこの場所、伊之助（15 代）になったと語っている。『夏場所相撲号』（S10.5）の「行司生活五十一年」（p.79）を参照。番付に伊之助（15 代）として記載知れたのは、翌 5 月場所である。与太夫（6 代）はこの 1 月場所から伊之助の「紫白房」を使用したに違いない。[38]

- 与之吉は勘太夫（4 代、のちの 21 代庄之助）に改名している。『時事』（T15.1.6）の「大相撲新番付」、『名古屋』（T15.1.6）の「春場所番付―行司」、『大相撲』（昭和 54 年 3 月）の泉林八談「22 代庄之助一代記（9）」（pp.146-8）を参照。21 代木村庄之助著『ハッケヨイ人生』では房色も朱になり、「三役」になったと書いている。[39]

- 玉治郎は庄三郎（8 代）に改名した。『時事』（T15.1.6）の「大相撲新番付―改名」、『都』（T15.1.6）の「春場所の新番付」、『大阪時事』（T15.1.6）の「東西相撲新番付」を参照。『軍配六十年』の「年譜」（p.158）には 14 年春に三役格に昇進しているが、これは正しくないようだ。林之助が朱房・足袋のドン尻に付け出され、玉治郎は紅白筆頭になっているからである。

- 竹治郎は春場所後、行司を辞めている。『大相撲』（昭和 54 年 3 月）の泉林八談「22 代庄之助一代記（9）」（p.147）を参照。

---

38)　これに関しては、たとえば拙著『大相撲行司の格付けと役相撲の並び方』（2023）の第 8 章「准立行司と半々紫白房」にも詳しく扱っている。

39)　朱房になると、当時、「三役」とも呼ばれていたのかはっきりしない。階級としては「幕内」だったからである。『相撲の史跡（3）』（昭和 55 年、p.151）でも、「三役」に昇格したとしている。少なくとも草履を履いた朱房行司ではなかった。大正末期の「三役」に関しては、たとえば拙著『大相撲行司の格付けと役相撲の並び方』（2023）の第 8 章「准立行司と半々紫白房」にも詳しく扱っている。

・年寄春日野は入間川に改名した。[40] 『名古屋』（T15.1.6）の「春場所新
　番付―改名」を参照。

(28)　大正 15 年 5 月場所

〈総紫〉庄之助（19 代）、〈紫白〉○（与太夫改め）伊之助（15 代）｜〈朱・
草履〉○錦太夫（4 代）｜〈朱・足袋〉勘太夫、鶴之助[41]、林之助、庄三郎、
誠道｜〈紅白〉要人、善之輔、光之助、政治郎、勝己、作太郎、銀治郎、
今朝三｜〈青白〉義、真之介、（栄治郎改め）庄吾、善太郎、喜市｜〈黒〉
慶太郎、…

大正 15 年 1 月の番付表

大正 15 年 5 月の番付表

---

40)　この入間川（元・源太郎、宋四郎、年寄春日野）については、『夏場所相撲号』（昭
　　和 6 年 1 月）の三木愛花筆「古今近代の立行司」（pp.101-3）に短評がある。

41)　鶴之助は東西合併前に辞職した。『大相撲』（昭和 54 年 3 月）の泉林八談「22
　　代庄之助一代記（9）」（pp.146-8）を参照。

- 与太夫（6 代）が伊之助（15 代）を襲名した。『日日』（T15.5.6）の「夏場所新番付発表」、『都』（T15.5.13）の「初日は民衆デー」、『大阪毎日』（T15.5.6）の「東京大相撲夏場所新番付」を参照。
- 錦太夫が番付表で最上段に記載されている。草履を履く三役になった。草履を裏付ける証拠は『春場所大相撲』（昭和 2 年 1 月）の取組写真「若葉山と玉錦の取組」だが、裁いている錦太夫の足元はぼやけて不鮮明である。
- 義から喜市まで 5 名は青白房である。『都』（昭和 2 年 1 月 18 日）の「新番付発表」を参照。

3.　今後の課題

　本章では多くの資料を駆使して、大正期の行司番付を階級分けし、それを房色で表示した。傘型記載を現在の横型記載に並べ替えてある。どちらの記載であっても、行司の序列は簡単に見分けがつく。傘型は中心の行司を頂点とし、右左交互に順序を決めていく。端数の場合は、原則として左端に記載する。非常にまれなことだが、右端に記載されていることもある。そうする理由には何かあるはずだが、今のところ、その理由がはっきりしない。この解明は今後の課題の一つとしておく。

　本章の課題としては、もちろん、提示された階級分けが正しいかどうかを検討することである。階級と房色は一致するので、階級分けがわかれば、房色もおのずから判明する。朱房・草履以上の行司は地位が高いので、階級の見分けではまったく問題ない。それらの行司で問題があるとすれば、提示した房色が実際にあったかどうかである。本章では紫房に三種を認め、それを個々の行司に提示してある。その提示が事実に合致していたかどうかである。その真偽は今後、検討しなければならない。朱房・草履は三役行司なので、その見分けに誤りがないかどうかを検討することになる。

　朱房・無草履（足袋）の行司と紅白の行司の区分け、幕内行司と十両行司の区分け、それから十両行司と幕下行司の区分けはすべて、正しく提示されているかどうか、今後も検討する必要がある。実際、番付表はもちろ

ん、多くの資料を活用して区分けしたが、必ずしも容易でないこともあった。異なる階級の前後の行司に関して、具体的な階級や房色の資料がない場合、前場所や翌場所の階級や房色を参考にしなければならない。しかし、その判断が必ずしも正しいとは限らない。

第7章　未解決の昇格年月

1.　本章の目的[1]

　これまでにも行司の昇格年月を明治、大正、昭和に区分けして幾度か特定してきた。しかし、行司の中にはある特定の軍配房をいつ許されたかを特定できない者も何人かいた。本章の目的は、その行司に焦点を絞り、その特定の房色がいつ頃許されたかを調べることである。特定の行司は昇格年月を特定できたものもあるし、やはり依然として不明な者もある。不明であっても、それがいつ頃許されたか、前後の行司の昇格年月から推測している。

　本章で取り上げる行司を次に示しておく。一人の行司の時もあれば、同時に数人の行司を取り上げることもある。

A.　　明治時代
(1)　明治34年4月に房色使用の本免許を受けた行司が何人かいるが、その前にその房色を許されていたのではないか。
(2)　木村朝之助はいつ朱房をいつ許されたか。

B.　　大正時代
(1)　木村鶴之助はいつ紅白房を許されたか。
(2)　木村作太郎はいつ紅白房を許されたか。
(3)　式守錦太夫（4代）は草履を許されたか。

---

1)　昭和4年と5年の星取表に関しては、両国の相撲博物館（中村史彦さん）と葛城市当麻に相撲館「けはや座」（小池弘悌さんと松田司さん）にお世話になった。また、明治の錦絵に関しては、相撲に精通している杉浦弘さんにお世話になった。ここに、改めて感謝の意を表しておきたい。

C.　昭和時代
（1）　昭和2年春場所、どの行司が降格されたか。
（2）　式守喜三郎と木村善之輔はいつ紅白房を許されたか。

　なお、行司の番付や房色を扱っている拙著も示しておく。本章で扱っていない房色を知るのに便利である。その房色を特定するための出典や資料もその中では示してある。

A.　明治時代
（1）　『大相撲行司の伝統と変化』（2010）の第9章「明治30年以降の番付と房の色」。本章では『伝統と変化』と略して表す。
（2）　「明治時代の行司番付再訪（資料編）」『専修人文論集（第114号)』（2023）。

B.　大正時代
（1）　『大相撲行司の伝軍配房と土俵』（2012）の第8章「大正時代の番付と行司」。
（2）　「大正期の行司番付再訪（資料編）」『専修人文論集（第115号)』（2024）。

C.　昭和時代
（1）　『大相撲行司の伝統と変化』（2010）の第8章「昭和初期の番付と行司」。
（2）　『大相撲行司の格付けと役相撲の並び方』（2023）の第6章「傘型表記と横列表記（資料編）」。本章では『行司の格付け』と略して表す。

　軍配の房色は行司の地位を表すシンボルなので、実際は、他の拙著でも直接・間接に扱っている。特に紫房や朱房に関しては、その種類と行司の地位を巡って幾度も扱っている。

2.　房色が未解決の行司

A.　明治時代

(1)　木村瀬平と他の行司

　　○ 『読売新聞』（明治 34 年 4 月 8 日）の「木村瀬平以下行司の名誉[2]」

「大相撲組熊本興行中、吉田追風は木村瀬平に対し一代限り麻上下熨斗目並びに紫房の免許を与え、式守伊之助には麻上下熨斗目赤房免許を、木村庄三郎、同庄太郎には赤房を、式守与太夫、同勘太夫、木村宋四郎、同大蔵、式守錦太夫、同錦之助には足袋並びに紅白の房をいずれも免許したり」

　司家から房の免許を受けた後にその房を使用するのが普通である。それに従えば、記事に書かれている行司は 4 月以降、新しい房色を使用するはずである。しかし、実際はそうでもないようである。実は、4 月以前からその房色を使用していた節がある。協会が暗黙に認めていたか、司家が仮免許を出していたか、必ずしもはっきりしないが、本免許以前にその房色を使っていたはずだ。それを検討してみよう。

(2)　青白房行司と紅白房行司

----

2)　これと類似のケースは『毎日新聞』（明治 36 年 11 月 5 日）の「常陸山・梅ケ谷横綱免許式」の記事がある。木村角治郎、式守錦之助、同錦太夫、木村左門への免許を木村庄之助が代理で受けている。錦之助と錦太夫はそれまでに紅白房を使用していたが、その本免許だった可能性が高い。角治郎と左門は 37 年 1 月から紅白房を許可する免許だったかもしれない。これは推測であり、今後検討を要する。

式守与太夫以下錦之助は「足袋並びに紅白の房」を免許されたと書いてあるが、この「足袋」は青白房を意味するのか、必ずしもはっきりしない。しかし、34年1月場所までの行司番付を見る限り、青白房（十両格）を意味しているらしい。そうなると、青白房を許された行司もいるし、紅白房（幕内格）を許された行司もいることになる。

　それでは、どの行司が青白房で、どの行司が紅白房なのだろうか。この区別は記事ではわからない。34年1月当時の行司番付から判断せざるを得ない。その区別を示す。

(a) 青白房行司：錦太夫、錦之助、（角治郎）、（左門）
(b) 紅白房行司：与太夫、勘太夫、宋四郎、大蔵

　少なくとも錦太夫と錦之助は紅白房行司ではない。与太夫、勘太夫、宋四郎、大蔵は紅白房である。それぞれが青白房や紅白房に昇格した年月を見てみよう。

(a)（錦之助改め）与太夫は33年春場所、紅白房へ昇格している。
(b) 勘太夫、宋四郎、大蔵の3名は35年初場所、紅白房へ昇格している。
(c) 錦太夫と（久蔵改め）錦之助は33年夏、青白房へ昇格している。
(d) 記事にないが、角治郎と左門は33年夏場所、青白房へ昇格している。

　これらの行司の昇格年月を見れば、33年5月以前に青白房や紅白房に昇格している。34年春場所までにはすでに房色は決まっていた。つまり、34年4月の房色は4月以降（本場所では5月以降）から使用することを許可したのではない。ということは、4月の免許はすでに使用していた房色にお墨付きを与える本免許だったと言ってもよい。実際、5月場所から青白房や紅白房を使用しだした行司は誰一人としていない。

　ところが、明治35年春場所では、錦太夫と錦之助は紅白房へ昇格している。

　　○　『読売新聞』(明治 35 年 2 月 9 日)の「相撲のいろいろ」によれば、
「式守錦太夫、同錦之助の両名は本足袋免許を得たり」

　もし錦太夫と錦之助に新しい紅白房が許されていたなら、少なくとも
翌 5 月場所からそれを使用しているはずである。ところが、35 年春場所、
つまり 2 場所後に、二人とも紅白房へ昇格しているのである。これは明ら
かに、34 年 4 月の免許は新しい紅白房でなかったことを示している。

(3)　木村庄三郎と木村庄太郎

　この二人には朱房の免許が授けられているが、他の行司と同じように、
それ以前に朱房が協会や司家から仮に許されていたかどうか不明である。
　庄太郎は少なくとも 32 年 2 月には紅白房だった。

　　○　『読売新聞』(明治 32 年 2 月 8 日)の「相撲雑話」
　　「(前略) 序の口行司は二十五銭ずつ増加したるが、庄太郎以下足袋以
　　　上は目下協議中なりと。」

　庄太郎は 32 年 1 月場所当時、庄三郎より一枚上だったので、庄三郎も
紅白房だったことになる。その順位が 33 年 1 月場所では入れ替わってい
る。つまり、庄三郎が庄太郎の一枚上になっている。その理由は不明だが、
庄太郎に体の不調があったのかもしれない[3]。
　もし庄三郎と庄太郎が 34 年 4 月以前に朱房を使用していたなら、それ
は 32 年 5 月から 34 年 1 月のあいだということになる。文書でその年月
を確認できないか、当時の文献を調べたが、見つけることができなかった。
そのあいだに描かれた錦絵があれば、房色を容易に判別できるはずだが、
それも見つけることができなかった。そのあいだ、庄三郎の房色に関する
動向がわかるような資料がまったく見当たらない。

_____
　3)　　庄太郎は 38 年 10 月に亡くなっている。

大胆な予測になるが、庄三郎と庄太郎が入れ替わった 32 年 5 月か、その翌場所の 33 年 1 月場所あたりで、庄三郎が朱房になっているかもしれない。将来、文書であれ錦絵であれ、それを裏付ける資料が見つかるかもしれない。そのような資料が見つかるまでは、34 年 4 月に朱房を許されたとしなければならない。本免許以降に、新しい房色を使用するからである。

(4)　式守伊之助

　9 代式守伊之助は立行司になる前、30 年 2 月頃から朱房を使っていた。先代の式守伊之助（8 代）が紫房（厳密には紫白房）を許されたので、協会や司家の許可なく、朱房を使いだしたのである。それが立行司になってからもしばらく続いていた。34 年 1 月の朱房免許はそれを正式に認めた格好だ。すなわち、それまで非公式に朱房を使用していたものを司家が公式に認めたことになる。
　朱房を使いだしたいきさつを書いてある新聞記事がある。

　　○　『読売新聞』（明治 30 年 2 月 20 日）の「相撲だより」
　　「行司式守伊之助が今回勤効により紫紐使用の許可を受けて、去る大場所 8 日目より土俵上軍扇に紫の紐房を用いることになりたるについては次席式守与太夫もこれに準じ、一格上りて緋房（従来は紅白交じり）を用いるのが当然なりとて独断を以て緋房を使用したるため、遂に協会より譴責されたりしが、他に不都合の廉もなかりし故、そのまま事済みたるをもって（後略）」

　与太夫は独断で朱房を使用したが、結局、協会は黙許している。立行司になっても朱房を使っていた。

　　○　『中央新聞』（明治 31 年 1 月 17 日）の「相撲だより」
　　「先に不幸にも病死した式守伊之助の襲名者はこの程に至り式守与太

　　夫と確定せしも目下伊之助の位牌勧進中なれば、しばらく遠慮して襲
　　名の披露は来る 5 月大場所まで延期することとなりたり。勿論、その
　　代わり同人は当場所より土俵上上草履を許さる」

　31 年 1 月場所は先代の伊之助（8 代）が位牌勧進元だったので、与太
夫が立行司を正式に襲名したのは 5 月場所である。立行司になれば、草履
を履き、木刀を携帯し、熨斗目麻上下の装束を着用する。立行司の房色は
当時、必ずしも紫とは限らなかった。
　新しく式守伊之助（9 代）になったことから、朱房ではなく紫白房を使
用したい旨の請願書を出している。

　○　『読売新聞』（明治 31 年 6 月 1 日）
　　「大場所中木村庄之助は軍扇に紫房、瀬平・伊之助両人は紫白内交ぜ
　　房免許（中略）を協会へ請願したる」

　この記事によれば、庄之助が「准紫房」[4]、瀬平と伊之助が紫白房を請願
している。つまり、当時、庄之助と瀬平の紫房には違いがあった。おそら
く、庄之助は紫白房、瀬平は朱房だったに違いない。伊之助も紫白房を願
い出ているが、結果的にそれは許されなかった。依然として、朱房を使用
せざるを得なかった。瀬平は願いのとおり、紫白房を許されている。
　しかし、伊之助は 32 年 5 月当時、紫白房にこだわっていた節がある。
名古屋を巡業していたとき、吉田司家とその房の許可を話し合い、内諾を
受けているからである。[5]

---

　4)　　准紫房とは紫糸の中に白糸が 1、2 本混じっている房である。これに関しては、
　　　たとえば『相撲大観』（明治 35 年、p.300）や『読売新聞』（明治 30 年 2 月 10 日）
　　　の「式守伊之助と紫紐の帯用」などを参照。総紫が准紫房にとって代わったのは
　　　明治 43 年 5 月である。
　5)　　当時は、行司本人が司家と房色の使用を掛け合い、あとで協会の許可を受ける
　　　こともあったらしい。司家が承諾しても、協会が許可しなければ、請願した房色
　　　は使用できない。房色の使用に関しては、司家の許可がなくても協会が暗黙に許

○ 『日日新聞』（明治32年5月15日）の「相撲だより」⁶⁾

「相撲行司の軍配は元来赤総が例なりしが、13代木村庄之助の時、初めて肥後の司家吉田追風より紫白の免許を請け、熨斗目麻上下は8代目式守伊之助の時、初めて同家よりの許しを受けし次第にて、一昨年死亡せし15代木村庄之助は同家より紫房の許しを受け、梅ケ谷、西の海、小錦の3横綱を右の軍配にてひきし事あり。当時の（現在の：本章注）式守伊之助は当名古屋興行の折り、同家より同じく紫総の栄誉を得て本場所には今度初めてこれを用いるにつき、本日自宅にて祝宴を催す由にて（後略）」

　巡業の折り、司家から紫房（厳密には紫白房）の許しを得て、本場所で使用たり、自宅で祝宴を開くとあることなどから、紫房の許可はかなり確実のような印象を受ける。しかし、この紫白房の許可は実現しなかった。おそらく、協会がその房色の使用を許可しなかったに違いない。

　いずれにしても、式守伊之助は34年4月に朱房の免許を受けているが、明治31年春場所から朱房はもちろん、草履を履き、木刀を帯し、熨斗目麻裃を着用していた。立行司だからである。伊之助に関する限り、それまで非公式だったものを公式に認めただけである。しかも、それは約3年後である。

(5) 木村瀬平

可することもあったようだ。大正時代でも同じことがあったらしく、たとえば木村玉治郎はその請願の様子を雑誌記事などで語っている。

6)　『報知新聞』（明治32年5月18日）の「行事紫房の古式」^{ママ}にも紫房授与のいきさつについて同じ内容のことが述べられている。そこでは、庄之助と瀬平に紫房は許可されているが、伊之助の房色については何も述べられていない。つまり、伊之助は従来通り、朱房を使用することに決まっていたに違いない。「紫房」の違いについても何も述べられていないが、庄之助は准紫房、瀬平は紫白房だったに違いない。

　木村瀬平も「紫房」を除けば、特に目新しいことはない。立行司として式守伊之助と同じだった。すなわち、草履を履き、木刀を帯し、熨斗目麻上下装束を着用していた。瀬平は先に見たように、31 年 6 月 1 日に、紫白房を請願し、32 年 3 月に紫白房を許されている。

　○ 『読売新聞』（明治 32 年 3 月 16 日）の「木村瀬平　紫総を免許せらる」
　「東京相撲立行司木村瀬平がかねて志望なる軍扇の紫総はいよいよ一昨 14 日免許を得て、小錦の方屋入りを曳きたるが、（後略）」

　これは紫白房である。一回目の「紫房」である[7]。当時、白糸が交じった紫房はすべて、紫総と呼ぶ習わしだった。それでは、瀬平が、木村庄之助と同じ「准紫房」を許されたのはいつだろうか[8]。これを二回目の「紫房」と呼ぶことにしよう。これは、もちろん、一回目の紫白房の後である。ところが、その二回目の准紫房がいつ許されたのか、必ずしもはっきりしない。32 年 3 月（本場所は 5 月）から 34 年 1 月までのあいだで、准紫房は許されているはずだが、それを確認できる資料がまったく見つからないのである[9]。

---

7)　上司子介編『相撲新書』（明治 32 年 1 月、博文館）によれば、木村庄之助は 31 年 3 月、熊本の吉田司家を訪ね、熨斗目麻上下、木剣などを許されている。二回目の「准紫房」でも吉田司家を尋ねたのかどうかはっきりしない。さらに、その免許を受けたのかもはっきりしない。協会と司家との話し合いで准紫房の使用を決めたのかもしれない。

8)　庄之助が瀬平より上位の房色、つまり准紫房を使用していたことは大橋新太郎編『相撲と芝居』（p.45）でも確認できる。本章では、庄之助の准紫房は瀬平の紫白房と同じ 32 年 5 月だと捉えている。

9)　鎗田徳之助著『日本相撲伝』（明治 35 年、p.46）には明治 34 年に「紫紐を許されたり」とあるが、その紫は文脈から「准紫房」を指している。それ以前は、その房と異なる「紫白房」だったことも示唆している。これはおそらく、34 年当時の新聞記事に従って書いたものに違いない。瀬平がそれ以前に准紫房を使用し

木村瀬平の一回目の紫白房は３月に許可されていたが、本場所は５月
となる。

　　○　『報知新聞』（明治 32 年５月 18 日）の「行事（ママ）紫房の古式」
　　「（前略）今回大場所に勤むる木村庄之助及び木村瀬兵衛（ママ）の二
　　人は吉田家及び相撲協会より古式の紫房を許可せられ、今回の大場所
　　に勤めるにつき、（後略）」

　これには、木村庄之助と木村瀬平に「紫房」が許可されたとあり、白糸
の混ざり具合に「差」があったかどうかはわからない。しかし、本章では「差」
があったと解釈している。木村瀬平は「紫白房」だったが、村庄之助は「准
紫房」だったに違いない。これは、たとえば、他の資料でも裏付けられる。
　33 年当時、庄之助が准紫房であるのに対し、瀬平は紫白房だった。庄
之助が瀬平よる上位の「紫房」を使用していたことは、大橋新太郎編『相
撲と芝居』で確認できる。32 年５月当時、庄之助は准紫房、瀬平は紫白
房だったと判断してよい。しかし、庄之助が准紫房だったことは確認でき
ても、それを許された正確な年月は明白ではない。状況証拠だけである。
その大きな理由は、当時、紫白房と准紫房を区別することがほとんどなく、
一括して「紫房」と呼ぶことが一般的だったからである。

　　○　大橋新太郎編『相撲と芝居』（博文館、明治 33 年５月）
　　「（前略）これからもう一つ進むと、土俵の上で草履を用いることを許
　　される。これは力士の大関と同格で、熨斗目麻上下に緋房の軍扇ある
　　いはもう一つ上の緋と紫の染め分けの房のついた軍扇を用いるが、こ
　　の中で一人木村庄之助だけは、特別に紫房の軍扇を許される。紫房は
　　行司の最高級で、ほとんど力士の横綱ごときものである。土俵の上で
　　草履を用いる行司は、前にも言った通り、力士の大関と同格だから、
　　大関の相撲でなければ出ない。これは昔から木村庄之助、式守伊之助

　　ていたかどうかは、やはり調べる必要がある。

の両人に決まっていたが、近年この高級行司が三人もあることがあって、現に今でも庄之助、伊之助の他に木村瀬平を合わせて三人である。」
（p.45）

　この本は力士の番付提示から 33 年 1 月時点の行司番付に基づいて書いていると判断してよい。これを考慮すれば、瀬平は 33 年 5 月から 34 年 1 月のあいだで准紫房になったかもしれない[10]。そうだとしても、それは非公式である。正式には 34 年 4 月である。

　33 年 5 月から 34 年 4 月のあいだでは瀬平の准紫房使用を確認できないので、瀬平の准紫房は 34 年 4 月に免許されたものと判断することにする。もし 34 年 1 月場所までに瀬平が紫房を使用していたことを確認できる資料が見つからなければ、34 年 4 月（本場所では 5 月）以後に准紫房を許されたとするしかない[11]。しかし、瀬平は自己主張の強い行司だったので、32 年 3 月以降、約 2 年間も庄之助より劣る紫白房で満足していたはずがない。そういう印象を抱きたくなるが、それは間違っているかもしれない。

　立行司の熨斗目麻上下装束に関しては、瀬平は 29 年ないし 30 年頃より着用していた。瀬平は当時、朱房で、草履を履いていた。

　○　『読売新聞』（明治 30.2.15）の「木村瀬平の土俵上上下及び木刀帯用の事」
「行司木村瀬平は今春大場所より突然土俵上木刀を帯用し始めたるを

---

10)　この考えには、准紫房の前には必ず紫白房を使用していたという前提がある。これに関しては、たとえば拙著『大相撲行司の格付けと役相撲の並び方』（2023）の第 1 章「大相撲朱房行司の変遷」を参照。

11)　明治 32 年 2 月付の錦絵「大相撲取組之図」（玉波画、版元・松木平吉）がある。国見山と荒岩が取り組み、木村庄三郎が裁いている。不思議なことに、庄三郎は草履を履き、房色は紫である。庄三郎は当時、草履を履いていないし、房色は紅白か朱である。したがって、この錦絵は房色に関する限り、問題がある。少なくとも本場所の取組ではない。地方巡業なら、庄三郎が紫房で、草履の可能性は大いにあり得る。

以て取締雷権太夫初め検査役大いにこれを怪しみ、古来木刀を帯用することは庄之助・伊之助といえども、肥後の司家吉田追風の允許を経るにあらざれば、みだりに帯用すること能わざる例規なるに、瀬平の振る舞いは理解を超えるとて、協議の上、彼にその故を詰問したりしに、さらに怖れる気色もなく、拙者儀は昨 29 年の夏場所土俵上副草履を用いることをすでに協会より許されたれば[12]、これに伴って麻上下縮め熨斗目着用、木刀帯用するは当然のことにして旧来のしきたりなり[13]。もっとも木村誠道が麻上下木刀等を帯用せざるは本人の都合なるべし。もし拙者が木刀帯用の一事について司家より故障あるときは瀬平一身に引き受けて如何ようにも申し開き致すべければ心配ご用たるべしとの答えに、協会においても瀬平の言をもっともなりと思い、そのまま黙許することになりしという。」

　瀬平は草履を許されてから、立行司の装束を着用している。協会はそれに懐疑心を抱き、瀬平に尋ねたが、瀬平の主張を聞き、結果的にそれを黙認している。瀬平は間もなく立行司になったが、それ以前から非公式に認められていたようだ。34 年 4 月の免許は、それを正式に認めただけに過ぎない。

　本章では、瀬平は 32 年 5 月、紫白房を許され、34 年 4 月に「准紫房」

---

12)　木村瀬平の草履許可に関しては、『読売新聞』（明治 29 年 5 月 24 日）の「行司木村瀬平大いに苦情を鳴らす」にその一端が記されている。誠道に草履が許されたのだから、経験豊かな自分も草履を許されるのが当然だと協会に苦情を申し立てている。それが功を奏したかどうかは知らないが、瀬平は草履を許されている。

13)　立行司・伊之助が木村庄之助同様に、紫紐、縮め熨斗目麻上下装束を着用することは、『読売新聞』（明治 30 年 2 月 10 日）の「式守伊之助と紫紐の帯用」でも記されている。これは 8 代式守伊之助が自分も紫紐を使用したいと協会に願い出たときの協会と行司界の立場を述べたものである。この伊之助は 2 月に紫紐（厳密には紫白房）を許されている。それに準じて、9 代式守伊之助も一時「紫白房」を願い出たが、その願いは受け入れられなかった。結果的に、「赤房」が許可されている。若かったし、上位に経験豊かな瀬平や誠道がいたし、結果的に立行司が 3 名もいたからであろう。

を許されたとしているが、実は、次のような見方もある。

　　○　二つの見方
　(a) 32 年 3 月から 34 年 4 月までに准紫房に変わった。
　(b) 34 年 4 月になって准紫房になった。

　瀬平が 34 年 4 月以前、「准紫房」をいつ許されたかはまだ確認できないが、もしかすると、それは見つかるかもしれない。しかし、それが見つかるまでは、34 年 4 月をその確定年月とせざるを得ない。もし瀬平の准紫房がこの年月であれば、瀬平は 32 年 3 月以降、34 年 4 月までずっと紫白房を使用していたことになる。そして 34 年 4 月に紫白房の免許が授けられたことになる。

　瀬平は当時の行司界で最も経験豊富で一番年上でもあり、自分の意見を強く主張するタイプだったし、庄之助より優れた行司だと思っていたふしがある。庄之助が准紫房を許されたとき、自分にもそれと同じ房を許すよう申し出ていたかもしれない。[14] 32 年 3 月に紫白房を許され、その後 34 年 4 月までじっと我慢していたとは思えないのである。34 年 4 月にやっと時機到来と思ったかも知れないが、それ以前にすでに准紫房を使っていたとしても不思議ではない。実際はどうだろうか。これは、今後も追究してほしい課題の一つである。

　新聞記事の中に「一代限り」という表現がある。最初、これには特別の意味があるかもしれないと思った。顕著な業績のある引退力士に許される「一代年寄」と同じ響きがするからである。立行司は普通なら庄之助と伊之助の二人だが、瀬平の行司歴、年齢、家柄等を考慮し、特別に立行司という名誉を与え、「一代限り」という表現をしたのかもしれない。[15] 要するに、

---

14)　瀬平が協会に強く主張した新聞記事には、たとえば『読売新聞』（明治 30 年 2 月 15 日）の「木村瀬平の土俵上の上下及び木刀帯用」や『中央新聞』（明治 31 年 1 月 29 日）の「相撲だより」などの他にもいくつかある。

15)　山田伊之助編『相撲大全』（明治 34 年 1 月、服部書店、p.130）によると、「16

瀬平を立行司として特別扱いしていると理解していた。木瀬家は木村家や式守家と家柄が異なるという意味で、「一代限り」を使用したのかも知れないと思っていた。しかし、この「一代限り」というのは、特別の意味はなさそうである。たとえば、8代木村庄之助にも「一代限り」という表現が使われている。

　　○　三木貞一・山田伊之助編述『相撲大観』（博文館、明治35年12月）「（前略）紫房は先代木村庄之助（15代：本章注）が一代限り行司宗家、肥後熊本なる吉田氏よりして特免されたるものにて、現今の庄之助及び瀬平もまたこれを用いるといえども、その内に1，2本の白糸を交えおれり。」(p.300)

　行司の場合、誰であれ紫房の授与は、「一代限り」である。瀬平だから特別の意味があって、「一代限り」を使用しているのではないようだ。

(6)　木村朝之助の朱房

　木村朝之助はのちの18代木村庄之助だが、朝之助の時代、いつ朱房になったのか、今のところ、不明である。一枚上の行司や一枚下の行司の昇格年月から大体の年月は予測できるが、正確な年月がわからないのである。
　朝之助より上位の小市と進は明治34年5月に朱房に昇格している。また、『朝日新聞』（明治36年5月29日）の「大角觝見聞記」によると、当時、朝之助は紅白房行司である。ところが、この記事では上位の進と小市も紅白房行司となっている。このことは、その新聞記事は36年5月当時の行

　代木村庄之助は嘉永2年（1849）11月生まれ、6代木村瀬平は天保8年（1837）生月不詳、9代式守伊之助は安政元年（1864）6月生まれである。当時、最長老として見做されていたに違いない。
16)　15代木村庄之助は准紫房を明治23年の九州巡業から使用している。その後も本場所で使用していたが、黙許だった。明治30年に公式に認めたということかもしれない。

司の房色を正しく反映していないことになる。つまり、朝之助の房色は少なくともその当時、朱房ではなかった。

『時事新報』(明治 38 年 1 月 22 日)の「行司の番付」によると、朝之助は「本足袋、朱白房」となっている。「本足袋」は「幕内格」であり、「朱白房」は「紅白房」と同じである。つまり、朝之助は 38 年 1 月当時、まだ紅白房である。他の行司の房色や履物も記されているが、当時を間違いなく反映している。ということは、朝之助は 38 年 1 月以降に朱房へ昇格したことになる。

38 年 1 月以降、朝之助の朱房昇格を記した資料がないかを調べたが、今のところ、見つかっていない。それで、朝之助より下位の行司が朱房に昇格した年月を調べてみると、与太夫と勘太夫が 40 年 1 月に昇格していることが分かった。これを考慮すれば、朝之助は 38 年 1 月以降、40 年 1 月以前に朱房になっている。本場所だけを考慮すれば、38 年 5 月から 39 年 5 月のあいだである。では、その 3 場所のうち、いずれの場所で朱房になっただろうか。これはまったくわからない。それを確認できる資料が見当たらないのである。

立行司・木村庄之助 (18 代) にもなった行司なので、どこかにその資料が埋もれていそうだが、不思議なことにそれが見つからない。石川県金沢市出身なので、地元の偉人などを扱っている書籍があるかもしれないと思い、地元の図書館にも問い合わせたが朱房に触れたものは見当たらないということだった。朝之助について書いてあっても朝之助本人に尋ねたわけでなく、それまでの資料を参考にして書いたのかもしれない。朝之助に関する文字資料はたくさんあるが、朱房昇格の年月はまったく触れていないのである。これは非常に不思議でならない。今後、誰かが資料を見つけ、[17]

---

17)　たとえば、『夕刊やまと新聞』(大正 11 年 1 月 6 日) の「行司決る〈朝之助が庄之助・与太夫が伊之助〉」もその一つだが、朝之助の簡単な行司歴を紹介し、「(前略) 26 年格足袋より本足袋となり、大正 7 年三大行司の列に加わりて、今回庄之助を襲名す」とあり、やはり朱房行司へ昇格した年月は記されていない。当時、その昇格年月を本人にでも確認すれば、貴重な資料になったに違いない。

公表してくれることを願っている。

B.　大正時代

（1）　木村鶴之助はいつ紅白房を許されたか

　鶴之助がいつ朱房へ昇格したかを裏付ける確かな証拠は見当たらないが、おそらく大正11年1月頃だと推測している。一枚下の錦之助が大正11年1月に昇格しているし、大正10年5月には紅白房だからである。この紅白房は、『春場所大相撲号』（大正10年5月）の式守与太夫・他筆「行司さん物語—紫房を許される迄」で確認できる。この雑誌記事は大正10年1月時点の状況を書いている。鶴之助と錦之助は大正2年1月、同時に紅白房へ昇格している。

　鶴之助は錦之助より一枚上なので、もしかすると、一足先に大正10年5月、朱房へ昇格しているかもしれない。それを確認するため、当時の新聞をいくつか丹念に調べたが、その痕跡はまったく見当たらなかった。やはり大正11年1月に昇格したとするのが妥当であろう。

　興味深いことに、『報知新聞』と『中央新聞』（ともに大正7年5月14日）では、鶴之助（前名：正）と錦之助が5月場所2日目に朱房へ昇格したという記事がある。これが事実を正しく記しているかどうかはっきりしない。両行司は大正10年5月以降に朱房へ昇格していることから、新聞記事は事実を正しく反映していないはずだ。では、二人がなぜ朱房へ昇格したと記されているのだろうか。協会が朱房昇格を認めたが、吉田司家がそれに同意しなかったのだろうか。それとも他に理由があったのだろうか。真相は不明である。

（2）　木村作太郎はいつ紅白房を許されたか

　木村作太郎が紅白房へ昇格した年月を裏付ける資料は番付以外にはない。一枚上の式守勝己を参考にしながら、その年月は大正13年1月とし

ている。勝己は大正 6 年 5 月、青白房へ昇格し、作太郎は大正 7 年 5 月、同じ青白房へ昇格している。勝己は 12 年 1 月に紅白房へ昇格している。12 年 5 月番付では、勝己と作太郎のあいだには広い空間があり、階級の差が認められる。しかし、13 年 1 月番付では、作太郎と勝己は隣り合わせで、字の太さや大きさも同じである。両行司は同じ階級だと判断できる。このことから、作太郎は 13 年 1 月に紅白房へ昇格したに違いない。

　作太郎は昭和 2 年 5 月の番付にも記載されているし、行司歴も長いので、行司歴がわかる資料がどこかに埋もれているかもしれない。それが見つかれば、紅白房への昇格年月が明確になるはずだ。大正 13 年 1 月に昇格しているかどうかの是非も判明できる。

(3)　式守錦太夫は草履を許されたか

　式守錦太夫（4 代）は大正 15 年 5 月、番付最上段に記載されている。もともと朱房だったが、位が一段上がり、三役格である。それまでの慣例に従えば、草履も許されているはずである。三役行司であれば、草履も許されていたに違いない。しかし、草履を確認できる確実な証拠が見つかっていないのである。

　『春場所大相撲』（昭和 2 年 1 月号）に大正 15 年 5 月場所 5 日目、若葉山と玉錦の取組写真があるが、錦太夫がそれを裁いている。足元が鮮明に映っていれば、草履を履いているかどうかを容易に判別できるのだが、その部分がぼやけて映っている。かかとのぼやけ方が何か厚いものを履いているような格好なので、私はそれを「草履」と判断している。足袋だけだったら、ぼやけ方がもう少し薄かったはずだ。この判断の是非を確認するために、取組写真以外の資料を探したが、そのような資料をまだ見つけていない。

式守錦太夫の裁いている足元（『春場所大相撲』昭和2年1月号から）

　なぜ草履の有無が重要なのかと言えば、三役行司がいつから草履を履かなくなったかがわかるからである。もし錦太夫が草履を履いていたなら、昭和2年以降に草履を履かなくなったことになる。逆に、草履を履いていなかったなら、大正末期には三役行司はもう草履を履かなくなっていたことになる。昭和2年春に東京相撲と大阪相撲が合併していることから、それを契機に三役行司も草履を履かなくなったと考えているが、合併とは関係なく、大正末期には三役行司は草履を履かなくなったのかもしれない。その判断材料になるのが、錦太夫の草履なのである。

C.　昭和時代

（1）　昭和2年春に降格した行司

　昭和2年春場所には格下げされた行司が何人かいる。誰が格下げされたかを知るには、大正15年5月番付と昭和2年春場所を比較すればよい。大正15年5月の場合は、東京相撲の番付を見てみよう。

○　大正 15 年夏場所（5 月）
庄之助（総紫）、（与太夫改め）伊之助（紫白）｜　錦太夫（朱）｜
勘太夫（朱）、鶴之助、林之助、庄三郎、誠道｜　要人（紅白）、善之
輔、光之助、政治郎、勝己、作太郎、銀治郎、今朝三｜　義（青白）、
真之助、（栄二郎改め）庄吾、善太郎、喜市｜　慶太郎（青・黒）、豊
之助、栄吉、与之吉、武男｜　（三段）善吉

○　昭和 2 年春場所（1 月）
庄之助（総紫）、伊之助（紫白）、玉之助（半々紫白）｜　清之助（朱）、
（錦太夫改め）与太夫｜　勘太夫（紅白）、林之助、玉光、庄三郎、誠道、
正直｜　要人（青白）、善之輔、光之助、政治郎、勝己、作太郎、銀次郎、
今朝三、友次郎｜　義（青・黒）、真之助、庄吾、善太郎、喜市、小太郎、
勝次、啓太郎、金太郎、豊之助、栄吉、与之吉、武夫、金吾｜　（三段）
善吉

　大正 15 年 5 月と昭和 2 年 1 月を比べると、いくつか違いがある。

a. （錦太夫改め）与太夫（7 代）は同じ三役だが、草履をはく奪されている。
　つまり、大正 15 年 5 月、三役に昇格し、草履を履いていた。清之助
　は大阪相撲出身で、大阪では立行司だったが、三役に格下げされてい
　る。草履もはく奪され、足袋だけになった。房色も紫白だったが、朱
　になっている。
b. 勘太夫から庄三郎までは朱房・草履格だったが、朱房から紅白房に降
　格されている。大正 15 年 5 月は朱房だったが、草履を履いていなかっ
　た。したがって、履物は以前と同じ足袋である。玉光と正直は大阪相
　撲出身で、紅白房となっている。
c. 式守要人（のちの式守喜三郎）から木村今朝三までは紅白房だったが、
　一段下の青白房に降格されている。大阪相撲出身の友次郎は、青白房
　となっている。

d. 式守義から木村喜一までは青白房から幕下（青房か黒房）に格下げされている。さらに、他にも幕下行司がいたようである。実際のところ、幕下行司が何人いたかは明白でない。

　行司番付を扱った文献では、清之助は別として、錦太夫から正直までどの行司が降格されたかをあまり詳しく述べていない。ましてや幕下以下の行司となると、どの行司が幕下で、どの行司が序二段なのかさえ、はっきりしない。番付には、もちろん、名前も記載されているが、地位の区別がはっきりしないのである。それぞれの行司がどの地位にいたかは、今後、詳しく検討する必要がある。

(2)　式守喜三郎と木村善之輔はいつ紅白房を許されたか

　ここでは、式守要人（のちの喜三郎）と木村善之輔の二人に焦点を当てて調べる。両行司とも大正15年5月は紅白房だったが、昭和2年春場所には青白房に降格されている。いつ、両行司は再び紅白房になったのだろうか。
　『大相撲春場所』（昭和16年1月、サンデー毎日編輯）の「行司紹介」(p.65)によると、式守喜三郎（前名：要人、後の8代式守与太夫）と木村善之輔（のちの13代木村庄太郎）の昇格年月は、次のようになっている。[18]

・式守与太夫（前名：要人、喜三郎）
大正3年1月　　　　　　青白十枚目
大正4年5月　　　　　　紅白幕内に昇進

---

18)　中村倭夫著『信濃力士伝－昭和篇』（甲陽書房、昭和63年、pp.283-91）にも木村善之輔（のちの13代木村庄太郎）については、「昭和5年5月場所、幕内格に昇り、（後略）」(p.290)とある。これはおそらく、『大相撲春場所』（昭和16年1月、サンデー毎日編輯）の「行司紹介」(p.65)を参照したかもしれない。結果的に、善之輔は昭和5年5月に紅白房へ昇格している。

昭和 14 年 1 月　　　　　緋房三役に出世し今日に至る。

・木村善之輔（のちの庄太郎）

大正 9 年 1 月　　　　　青白十両

昭和 5 年 5 月　　　　　紅白幕内と出世

昭和 15 年 1 月　　　　　三役行司に昇進緋房を許さる

この行司歴にはいくつか疑問がある。

(a) 与太夫の紅白房昇格を大正 4 年 5 月とし、善之輔は昭和 5 年 5 月と
　　している。大正か昭和のいずれかに統一しないと、一貫性がない。両
　　行司とも大正期にいったん幕内に昇格している。

(b) 両行司とも昭和 2 年春場所では、幕内から十両に格上げされている。
　　それが考慮されていない。両行司とも大正末期には幕内だった。

(c) 喜三郎は大正 4 年 5 月に昇格し、善之輔は大正 9 年 1 月に昇格して
　　いる。昭和 2 年春には二人とも青白房に降格された。昭和 5 年月に
　　同時に幕内へ昇格するのは不自然である。

(d) 与太夫が「大正 4 年 5 月」に幕内に昇格したとあるのは、「昭和 4 年 5 月」
　　の誤植ではないだろうか。与太夫が善之輔より一足先に昇格していた
　　はずだという疑問はいくらか解消する。

　本章では、昭和 2 年春場所で十両（青白房）に格下げされたが、いつ幕
内（紅白房）に昇格したかということに焦点を当てている。

　この行司歴では、善之輔は昭和 5 年 5 月となっているが、与太夫はい
つだろうか。これに関し、拙著『大相撲行司の格付けと役相撲の並び方』
(2023) の第 5 章「傘型表記と横列表記」では、次のように記述している。

　(a)　　喜三郎は、『大相撲画報―大相撲春場所』（昭和 16 年 1 月）の「行
司紹介」によると、大正 4 年 5 月に紅白房へ昇格しているが、これは昭
和 4 年 5 月の誤植かも知れない。その可能性も否定できないが、昭和 4

年 1 月、同年 5 月、5 年 1 月のうち、昭和 4 年 1 月もあり得ると指摘している。その場所、要人から喜三郎に改名しているからである。

(b)　善之輔は『大相撲画報―大相撲春場所』(昭和 16 年 1 月)の「行司紹介」によると、昭和 5 年 5 月に紅白房に昇格している。しかし、それを裏付ける証拠がない。

喜三郎は与太夫(8 代)と改名し、善之輔は庄太郎(13 代)に改名している。二人とも昭和 34 年 11 月、定年退職している。昭和の前半、つまり約 34 年までも行司を勤めていたので、紅白房に昇格した年月を記した文献がどこかにあるはずだと思い、それを探したが、拙著『大相撲行司の格付けと役相撲の並び方』を出版するときには見つからなかった。

明治時代の十両と幕内の境目を星取表で調べている頃、昭和初期の星取表が参考になるかもしれないと思い、それを調べる機会に恵まれた。星取表には、紅白房以上の行司が記載されていることがわかり、喜三郎と善之輔がいつ星取表に初めて記載されているかを調べた。その結果、喜三郎は昭和 4 年 5 月、善之輔は 5 年 5 月に、それぞれ記載されていることが確認できた。星取表が紅白以上を記載していることが確実であれば、次のことは間違いないことになる。

(a)式守喜三郎は昭和 4 年 5 月に紅白房へ昇格した。
(b)木村善之輔は昭和 5 年 5 月に紅白房へ昇格した。

行司部屋の『行司連名帖』だけを見ると、善之輔の昭和 5 年 5 月は合致している。それは星取表でも裏付けることができたことになる。しかし、喜三郎が善之輔と同じ年月に昇格したのか、それとも異なる年月に昇格したのかは、『行司連名帖』ではわからない。星取表で、喜三郎は善之輔よ[19]

---

19)　この『行司連名帖』は行司控室にあり、いわば門外不出の貴重な記録帳である。私はそれをたまたま閲覧する機会に恵まれた。29 代木村庄之助から現在(令和 6 年)まで何人かの行司たちにはご迷惑をおかけしてきた。改めて感謝の意を表し

星取表

| 昭和 4 年 1 月 | 昭和 4 年 5 月 | 昭和 5 年 1 月 | 昭和 5 年 5 月 |

り 1 年前に昇格していたことが裏付けられたのである。

3.　今後の課題

　行司によっては特定の房色の昇格年月が不明である。それに焦点を当て
て調べてきた。それでも、やはり資料不足で未解決の年月がある。今後は、
未解決の年月を確定するための資料を探すことである。
　本章では、資料が見当たらないという表現を幾度か繰り返したが、それ
はそういう資料をまだ見ていないという意味である。一人で資料を探して
も、限界があるし、見落としているかもしれない。また、相撲や行司のこ
となどを述べてある文章の中で房色が書いてあるかもしれない。どのよう
な資料であれ、房色が書かれていれば、それは貴重な資料となり得る。そ

ておきたい。

ういう資料がないかも注意して調べる必要がある。

　たとえば、木村庄太郎の紅白房は行司の房色に特定した新聞記事ではな
く、給料（お金）について述べてある普通の記事の中で見つけたものであ
る。少なくともその記事が書かれた当時、庄太郎は紅白房であったことが
わかる。それを起点にして、いつ朱房へ昇格したかを調べればよいのであ
る。他の行司の房色がわかれば、その文献が書かれた当時、行司はその房
色を使用していたことが判明する。そういう積み重ねで未解決としてきた
房色が特定できるかもしれない。どんな文献でも貴重な資料になり得るの
である。

　本章では、特定の行司の特定の房色を許された年月を調べてきたが、結
果的に未だに解決できないものがいくつかあった。しかし、今後資料が見
つかれば、それは容易に解決できるに違いない。

第8章　行司と研究

　現在の行司に関する相撲規則、行司の動き、土俵上の役割、裁くときの規式や所作などを注意して見ると、それぞれ現在までにさまざまな変遷を経ていることがわかる。ここに箇条書き的に記してあるのを読めば、行司の魅力がさらに増すかもしれない。いろいろな視点が提示されているからである。

A.　帯刀

1.　行司の帯刀にはどんな変遷があったのだろうか。帯刀は許されることもあれば、そうでないこともあっただろうか。

2.　江戸時代にはどの階級の行司に帯刀が許されていたのだろうか。帯刀が許される階級があったのだろうか。

3.　立行司は昔からずっと帯刀を許されていたのだろうか。どういう理由で帯刀を許されただろうか。

4.　行司の帯刀は以前から誤審したとき切腹の覚悟を示すシンボルだったのだろうか。もしそうでなければ、いつ頃からそういうシンボルに変貌したのだろうか。

5.　立行司は帯刀を差さなかったこともあるか。差さなかったことがあるとすれば、どういう理由からだろうか。それはいつ頃のことだろうか。

6.　立行司は明治時代の廃刀令後、特例としてそれを免れていただろう
　　か。それとも例外なく廃刀令に従ったが、帯刀が特例として復活した
　　のだろうか。それはいつ頃のことだろうか。

7.　立行司の帯刀は何のために差すのだろうか。最初から誤審と結びつ
　　いたのだろうか。それとも「ある時点」から誤審と結びついたのだろ
　　うか。それはいつ頃のことだろうか。

8.　以前は十両以上の行司も帯刀していた。いつ頃帯刀するようになっ
　　ただろうか。また、いつ頃から帯刀しないようになったのだろうか。

9.　吉田長孝著『原点に還れ』（熊本出版文化会館、2010）には、立行
　　司帯刀について次のように書いている。

　　「特に立行司としての帯刀は吉田追風の直門人としての威厳を保つた
　　めのもので、相撲での差し違えで切腹する意味ではない。」(p.143)

　この記述は正しいのだろうか。それとも正しくないのだろうか。また、
文政10年11月付で9代木村庄之助が幕府に差し出した「先祖書」には、
次のような趣旨の記載がある。この引用文は、古河三樹著『江戸時代の大
相撲』（国民体力協会、昭和17年）を参照した。

　　「庄之助職業については、吉田家より差配を請い、古来より帯刀致来
　　候得共、身分の儀は（後略)」(p.325)

　これら二つの文献にある帯刀の記述は、事実に合致するのだろうか、そ
れとも異なるのだろうか。江戸時代は立行司に加えて、他の上位の行司も
帯刀することがあったからである。

B.　装束

1.　　装束は有資格者と行司養成員（つまり幕下以下の行司のこと）では違っている。何がどのように違っているのだろうか。

2.　　装束にはどんな変遷があるか。明治 43 年 5 月以前、行司はどんな装束を着用していたのだろうか。

3.　　明治 43 年 5 月以降、行司の装束は現在のようになっている。改定後、現在まで何も変わっていないのだろうか。

4.　　現在、装束は夏用と冬用の生地でどのような違いがあるのだろうか。

5.　　装束はすべて、自分で拵えるのだろうか、それとも誰かが寄付してくれるのだろうか。協会は何らかの援助をしているのだろうか。

6.　　装束は基本的に自分の所有物である。自己の所有物であるため、行司によって装束の数は一定していない。立行司や三役行司は普通、何着くらい持っているのだろうか。

C.　履物

1.　　現在、履物は草履と足袋を許されている。どの階級がその履物を許されているのだろうか。

2.　　現在、履物を履かない素足の行司もいる。どの階級が素足だろうか。

3.　　草履や足袋の変遷はどうなっているのか。それを裏付ける証拠にはどんなものがあるのだろうか。

4. 安永の頃に出された行司免許状があり、その中に「草履」が記されている。当時、行司は草履を履いていたのだろうか。

5. 足袋や草履が地位を表す履物になったのは、いつ頃からだろうか。同じ時期に現れたのだろうか、それとも異なる時期に現れたのだろうか。

6. 朱房は常に三役格だったのだろうか。それともそうでなかったのだろうか。

7. 現在、三役格は草履を履いているが、三役格は常に草履を履いていたのだろうか。

8. 朱房で草履を履かない三役格もいた。それはいつ頃のことだろうか。

9. 以前は、朱房で草履を履いていた立行司もいた。明治時代や江戸時代はどうだっただろうか。大正時代にもいただろうか。昭和時代にもそういう立行司がいただろうか。

10. 足袋行司はいつ頃現れただろうか。草履と同時だろうか。それとも別々だろうか。

11. 現在のように、房色と階級が合致するようになったのはいつからだろうか。

12. 装束や履物以外に、印籠という小道具がある。何のために印籠を持つのだろうか。どの階級からこの印籠を持つことができるのだろうか。その階級は以前も今も同じだろうか。

13.　4 代式守錦太夫（のちの 7 代式守与太夫、16 代式守伊之助）は大正 15 年 5 月、番付表の最上段に記載されている。三役になったはずだが、草履を履いていただろうか、それとも履いていなかっただろうか。

14.　昭和 2 年春場所、三役格は朱房だが、草履を履いていない。朱房で草履を履かない三役は大正末期に始まったのだろうか。それとも昭和 2 年春場所に始まったのだろうか。

15.　式守勘太夫（前名は与之吉、のちの 21 代木村庄之助）は自伝『ハッケヨイ人生』（昭和 41 年）で、また木村庄三郎（前名は玉治郎、のちの 19 代式守庄之助）は自伝『軍配六十年』（昭和 36 年）で、大正末期に、それぞれ「三役格」に昇進したと語っている。当時、本当に「三役行司」になっていただろうか。当時、足袋を履かない朱房行司も「三役行司」と呼んでいたのだろうか。

D.　軍配

1.　相撲を裁く軍配はいつ頃現れたのだろうか。

2.　軍配にはどんな文字や絵図が使われているのだろうか。その文字や絵図に関して、何らかの制限があるのだろうか。

3.　木村家の軍配形状は瓢箪型、式守家の軍配形状は卵型だったと言われることがある。それは事実に合致するのだろうか。

4.　軍配の握り方に木村流と式守流がある。そのような握り方はいつ頃からあったのだろうか。

5.　握り方の木村流と式守流は同時に決まったのだろうか、それとも

別々に決まったのだろうか。

6.　過去にも木村流と式守流の握り方に異議を唱える行司はいた。たとえば、22 代木村庄之助や愛弟子の 30 代木村庄之助は自分の握りやすいように握ればよいという考えであった。その賛否は別として、握り方に対する考え方は現在、どうなっているだろうか。木村流と式守流を認める伝統とそうでない反対派ではどちらが優勢だろうか。

7.　現在、行司は全員、木村流と式守流の握り方を守っているのだろうか。そうでないとすれば、現在、どの行司が別の流派の握り方をしているのだろうか。

8.　異なる流派の握り方をしている行司はどの流派に多いだろうか。木村姓を名乗る木村流だろうか、式守姓を名乗る式守流に多いだろうか。

9.　現在、軍配は全部と言っていいほど、卵型である。昔からそれが普通だったのだろうか。

10.　軍配房は長さが 12 尺、数が 365 本と言われることがある。そのように言われたのは、いつ頃からだろうか。なぜ 12 尺で、365 本なのだろうか。現在の軍配はそれを正確に反映しているのだろうか。

11.　木村家と式守家には代々受け継がれてきた由緒ある譲り団扇がある。木村家と式守家にはそれぞれどのような譲り団扇があるのだろうか。その譲り団扇はそれぞれいつ頃から伝わっているのだろうか。由緒ある譲り団扇以外に、同じ一門や同じ部屋で何代も受け継がれている団扇はないだろうか。

E.　行司の所作

1.　行司の作法には、大体、五つある。交代の型、名乗りの型、塵払いの型、立会いの型、勝ち名乗りの型である。それぞれ、行司はどのような所作をしているのだろうか。

2.　行司の五つの作法は現在に至るまでどのような変遷をたどっているのだろうか。

3.　立会いで行司は軍配を返したり引いたりするが、その所作はいつ頃から始まったのだろうか。以前は仕切り線や制限時間もなかった。

4.　立行司は力士を呼び上げるとき、軍配房を垂らす。その所作はいつ頃から始まったのだろうか。

5.　現在、行司は土俵入りを先導する。それはいつから始まっただろうか。以前も現在と同じように、先導したのだろうか。

6.　横綱・幕内・十両土俵入りでは、行司は土俵に蹲踞し、房振りをする。その所作はいつ頃から始まったのだろうか。

7.　現在、三役以上の行司は立ち合いの前、軍配左端支えをする。なぜ三役以上だけがそれをするのだろうか。また、それはいつから始まったのだろうか。

8.　行司は立ち合いのとき、時間前と後では体の構える姿勢が異なる。その構えは以前と同じだろうか、それとも異なるのだろうか。

10.　行司は勝ち名乗りのとき、東西いずれかの方向に軍配を差し出す。その所作は昔から同じだろうか、それとも異なるのだろうか。

11.　力士が取り組んでいるあいだ、行司はできるだけ正面に背を向けないようにしている。それはなぜだろうか。

F.　房の色

1.　現在の房色は紫、紫白、朱、紅白、青白、青、黒の7色だが、それぞれの色はどのような変遷を経ているのだろうか。それぞれの色は同時に現れたのだろうか、それとも別々に現れのただろうか。

2.　紫房を細分すると、総紫、准紫、（真）紫白房、半々紫白房の四種がある。それぞれの房はいつ現れ、どの行司に許されたのだろうか。

3.　現在、総紫は木村庄之助に、（真）紫白房は式守伊之助に、それぞれ許されている。以前あった准紫と半々紫白はそれぞれ、いつ頃から使用されなくなったのだろうか。

4.　昭和以前、朱房でも草履を許されている行司とそれを許されていない行司がいた。この二つのタイプの行司は同じ階級だったのだろうか、それとも異なる階級だったのだろうか。それぞれの行司を何と呼んでいたのだろうか。

5.　現在、青白房は十両行司に許されている。その青白房はいつ現れたのだろうか。

6.　現在、幕下以下行司は青房か黒房である。以前は、階級によって青と黒が決まっていたということがしばしば指摘されている。そういう区別が本当にあったのだろうか。

7.　現在、黒房はほとんど使用されていない。いつ頃から青房が多く使

用されるようになったのだろうか。

8.　　現在、幕下以下はほとんど青房だが、ときどき黒房を使用する行司
　　もいる。どの行司が黒房を使用しているのだろうか。

9.　　黒房は青房よりも先に現れていた。その黒房はいつ頃から使われだ
　　したのだろうか。また、青房はいつ頃から使われだしたのだろうか。

G.　行司の口上や掛け声

　ここでは、口上と掛け声を厳密に区別していない。行司が一人で唱えて
いるのが口上、力士に向かって呼び掛けているのが掛け声というくらいの
あいまいな判断である。

1.　　行司の口上や掛け声では現在、いろいろな言葉が発せられている。
　　どのような口上や掛け声が発せられているのだろうか。それぞれをリ
　　ストアップしてみたら、どうだろうか。地方巡業などでは、本場所で
　　見られないものもある。それもリストアップすると面白いかもしれな
　　い。口上や掛け声などはリストアップするだけでなく、それぞれどの
　　ような変遷を経ているかも調べると、奥が深いことに驚くに違いない。

2.　　現在の口上はそれぞれ、どういう変遷をたどっているのだろうか。
　　たとえば、役相撲で、行司は勝者に「役相撲に叶う」と唱えるが、以
　　前も同じ口上を唱えていたのだろうか。

3.　　相撲を開始する当日、最初の取組で行司は「東西」という口上を唱
　　える。あまりにも短いので、聞き逃すこともある。それはどういう意
　　味だろうか。

4.　　力士の呼び上げで、一声と二声がある。それにはどういう区別があ

るのだろうか。何かそうすべき理由があるのだろうか。いつ頃からそれは現れたのだろうか。

5.　時間制限前は普通「構えて、手を突いて、見合わせて」、制限時間が来ると「時間です」というような掛け声を上げる。また、時間制限後は普通「待ったなし、手を突いて、腰を下ろして」というような立ち合いの掛け声を上げる。行司によっては、これ以外の掛け声を上げることもある。相撲規則では、取組の場面ではどのような掛け声を発するか、定めているのだろうか。行司の判断で、自由な表現で声掛けしてよいのだろうか。

6.　現在の取組では時間制限があり、仕切り線もあるが、以前はそういう制限がなかった。そういう時代は、どのような掛け声をしていたのだろうか。また、現在のような掛け声になったのは、いつからだろうか。

7.　現在、十両最後の取組では力士を呼び上げるとき、「二声」で行っている。なぜ「二声」で呼び上げるだろうか。何か理由があるのだろうか。

8.　結びの取組前には「結びの触れ」がある。その口上は千秋楽とそれまでの通常の日々と少し異なる。どのような違いがあるのだろうか。なぜ違うのだろうか。また、天皇がご覧になる天覧相撲にも、この「結びの触れ」は少し表現が異なる。どのような違いがあるだろうか。江戸時代の上覧相撲では、どんな「結びの触れ」だったのだろうか。明治17年3月の天覧相撲ではどうだったのだろうか。皇太子がご覧になる台覧相撲の場合はどうだろうか。

9.　取組の最中、行司はどんな掛け声をしているのだろうか。やむを得ない理由で、取組を中断することもある。どういう理由があるだろうか。また、それに応じた行司の掛け声にはどんなものがあるだろうか。

その掛け声は昔から変わっていないのだろうか。

10.　取組で勝負が決まると、行司はそれをどのような掛け声で知らせるのだろうか。

11.　行司が勝負の判断をしても、審判委員や控え力士から、異議申し立てがあることもある。協議の結果によっては、どんな口上が唱えられるだろうか。

12.　過去には現在、唱えられていない口上もある。それは具体的には、どんな口上だったのだろうか。

13.　行司は口上を唱えるとき、軍配を持っていることもあれば、そうでないこともある。それには、理由があるのだろうか。たとえば、顔ぶれ言上や新序出世披露では、行司は軍配を持っていない。

H.　制度

1.　相撲規則では、行司についてどんなことが明記されているだろうか。相撲規則は過去に何回か改定されている。行司についてはどのように改定されているだろうか。そもそも行司について明確な規則らしいものができたのはいつごろだろうか。

2.　行司に関しては、相撲規則に明記されていないものがたくさんある。それは「しきたり」として受け継がれている。どういうものが「しきたり」として受け継がれているのだろうか。

3.　「しきたり」として受け継がれているものは、以前と変わっていないだろうか、それとも変わっているだろうか。それぞれの「しきたり」はどのような変遷をたどっているのだろうか。

4.　現在、有資格者の人数は 22 名以内と定められている。しかし、その中で、たとえば、三役、幕内、十両が何名ずつかは定められていない。有資格者が 22 名以内という人数は以前と同じだろうか、それとも変わっているだろうか。どのような変遷を経て、現在の人数になっているのだろうか。

5.　有資格者は 22 名以内、行司全体は 45 名と決まっているが、幕下以下の行司は階級に応じて人数は決まっているだろうか。たとえば、幕下、三段目、序二段、序ノ口の人数はどうなっているだろうか。

6.　現在、行司の人数は明治以降、同じだろうか、それとも変わっているだろうか。以前は、番付に記載されない行司もいたことがある。なぜ記載されていなかったのだろうか。また、そのような行司はどのくらいいて、どのような役割を果たしていたのだろうか。

7.　木村庄之助は行司の最高位だが、ときどき空位のときがある。以前は、空位をあまりおかず、できるだけ速やか次の襲名者を決めていた。木村庄之助は空位のまま、長い間続いてもよいものだろうか。相撲規則ではどのようになっているだろうか。

8.　現在、立行司は木村庄之助と式守伊之助の二人である。立行司は昔から二人と決まっていただろうか。そうでなければ、どのような変遷を経て、現在に至っているのだろうか。

9.　そもそも「立行司」という言葉はいつ頃から使われだしただろうか。木村庄之助と式守伊之助は江戸時代から代々続いている名称だが、その二人を当時から「立行司」と呼称していたのだろうか。

10.　現在、朱房の三役格は 4 名である。三役格は 4 名と規則では明記

されているのだろうか。以前から、三役格の人数は 4 名と決まってい
ただろうか。現在までにどのような変遷を経て、4 名になっているの
だろうか。

11.　現在、三役格は朱房で、草履を履いている。この三役格という階級
　　は明治以降、変わっていないだろうか。それとも変わっているだろう
　　か。変わっているとすれば、どのような変遷を経て、現在のように草
　　履格となっているのだろうか。

12.　現在、行司入門者は木村姓か式守姓を名乗る。それは木村家と式守
　　家の名残である。以前は、木村家と式守家以外に、数多くの行司家が
　　あった。どのような行司家があったのだろうか。江戸の木村家と式守
　　家はいつごろ、吉田司家の傘下に入ったのだろうか。

13.　木村庄之助が行司の最高位、その次席が式守庄之助となっている。
　　なぜそのような順序付けになっているのだろうか。

14.　木村家と式守家は以前、独立した行司家であった。いつ頃、両家は
　　交流するようになったのだろうか。つまり、木村家が式守姓を名乗り、
　　式守家が式守姓を名乗ることにしたのは、いつ頃だろうか。

15.　木村家と式守家にはそれぞれ、どんな由緒ある行司名があるだろう
　　か。その行司名はどのように受け継がれているのだろうか。その行司
　　名を継ぐことに、何かメリットがあるのだろうか。

16.　以前、何代も続いた由緒ある行司名が、現在、使用されていないも
　　のがいくつかある。そのような行司名にはどんなものがあるのだろう
　　か。中にはときどき復活して使用されることもある。復活するメリッ
　　トは何だろうか。

17. 江戸時代や大正時代には、行司の昇格は場所中でも行われていた。行司の昇格は番付表以外には、どのような文献で知ることができるだろうか。

18. 番付表の番付と星取表の番付とは一致するだろうか、それとも異なるだろうか。何がどのように異なるだろうか。星取表のまん中の行司欄に記載される行司の階級は変わりないだろうか。

19. 17代木村庄之助と25代木村庄之助は途中で立行司を辞職している。なぜ辞職したのだろうか。

20. 12代式守伊之助と16代式守伊之助は木村庄之助に昇格するのを辞退している。なぜ昇格を辞退したのだろうか。

21. 三役の木村信孝は式守伊之助襲名を辞退している。なぜ辞退しただろうか。

22. 昭和49年11月、三役の木村玉治郎が二階級特進し、23代式守伊之助を襲名した。他にも行司の抜てき人事が行われているだろうか。それはいつ頃だろうか。

23. 行司の査定はどういう基準で行われているだろうか。それは相撲規則の何条に明記されているだろうか。昭和以降、その査定により降下したり昇進したりした行司はどのくらいいただろうか。また、査定基準はどのような変遷を経ているのだろうか。

24. 行司は昭和時代、「ストライキ」（いわゆる行司スト）を実行したことがある。それが行なわれたのは、いつだろうか。何が原因で行われたのだろうか。

I.　土俵祭

1.　土俵祭は何のために行なわれるのだろうか。いつ頃から行われているのだろうか。

2.　土俵祭では相撲の神々を招くが、その神々は常に一定しているのだろうか。それともときには異なるのだろうか。神々は都合により変わってもよいのだろうか。

3.　土俵祭ではいろいろな口上が祝詞として奏上されている。どのような祝詞があるのだろうか。祝詞は以前と同じだろうか、それとも異なるのだろうか。以前の土俵祭はどのような手順で行われたのだろうか。

4.　土俵祭は神道に基づいているとよく言われているが、神道以外の神々は関係ないだろうか。仏教や易の影響はないだろうか。たとえば、四神獣や四天王は相撲とどういう関係にあるのだろうか。

5.　現在、土俵祭では七幣が立てられている。以前も同じ七幣だったのだろうか。その数には違いがあったのだろうか。土俵祭が終了すると、その七幣はどうするのだろうか。

6.　現在、土俵祭では相撲の三神を招いている。それは具体的にはどのような神々だろうか。いつからこの三神になったのだろうか。土俵祭の三神と吉田司家の三神は同じだろうか。それとも異なるだろうか。相撲の三神は祈願する場所によって異なってもよいのだろうか。

7.　土俵では、土俵祭で唱えられない神々がときどき出てくる。たとえば、賞金を受け取るとき、手刀を左、右、中央の順で切るが、その際、それぞれの神に感謝の意を表すという。土俵祭の三神と手刀を切るときの三神とはどういう関係にあるのだろうか。

233

8. 土俵には土俵祭で具体的に唱えられない神々が登場する。方位の神々や八幡幣の神など、房の形や御幣の形で表している。以前は「天神七代、地神五代」に祈願していたので、その名残なのだろうか。土俵祭に相撲の三神や四季の神々を招くことによって、以前の神々は整理すべきだったのだろうか、それともそのまま維持しても何の矛盾もなかったのだろうか。

9. 現在、土俵祭の「方屋開口」の口上は寛政3年6月、吉田追風が唱えたものにその原形を見ることができる。成文化されたものは確かに、たとえば成島峰雄著『すまいご覧の記』で見ることができるが、土俵祭そのものは土俵を構築すればその都度行われていたはずである。すなわち、土俵祭は寛政3年6月以前から行われている。それはどのような文献で確認できるだろうか。

10. 現在、土俵祭は本場所初日の前日（つまり土曜日）、午前10時から行われる。約30分で終了する。土俵祭は以前から初日の前日と決まっていたのだろうか、それとも決まっていなかったのだろうか。決まっていなかったとすれば、いつ、行われたのだろうか。

11. 土俵祭の祭主が着用する装束は普段の直垂装束とは異なる。どんな装束をしているだろうか。なぜそのような装束になっているのだろうか。土俵祭では、祭主の他に、脇行司2名が手助けする。脇行司の装束はどうなっているだろうか。現在、脇行司の階級はどうなっているだろうか。脇行司は以前と比べ、人数や階級が異なるだろうか、それとも同じだろうか。

12. 現在の土俵祭で行われる作法は整然とした型にはまっている。現在の作法はいつ頃定まったのだろうか。この作法は以前の作法とどのように異なるのだろうか。

13.　土俵祭が終了すると、呼出しが太鼓を叩きながら、土俵を三周する。太鼓を叩くのは呼出しである。その太鼓はなぜ左回りで、三周するのだろうか。三周は以前から、決まっていたのだろうか。決まっていなかったなら、以前は何周したのだろうか。土俵を左回りするようになったのはいつ頃だろうか。

14.　上覧相撲や天覧相撲でも土俵祭は行われていたが、太鼓を叩きながら土俵を三周したのだろうか。していなければ、なぜなのだろうか。

15.　千秋楽にすべての行事が済むと、「神送りの儀式」が執り行われる。土俵祭で神をお迎えし、相撲をお守りいただいた神に感謝して、お見送りする儀式である。そのような儀式は、どのような手順で行われるのだろうか。

16.　神送りの儀式では、現在、十両行司を一人胴上げする。以前は審判員の一人を胴上げすることもあった。いつ、審判委員から行司に変わっただろうか。なぜ変わったのだろうか。

17.　神送りの儀式はいつ頃から行われるようになっただろうか。現在まで中断することなく続いているのだろうか。中断があったなら、いつ頃中断し、いつ頃復活したのだろうか。

18.　現在、胴上げされる行司は御幣を胸に抱いている。その御幣は土俵祭のどこに立ててあったものだろうか。土俵祭では前方に 3 本、左右に 4 本立てている。それぞれのご幣は土俵ではどこに置くのだろうか。

　これは私が頭に浮かんだことを箇条書き的に示したものだが、同じものでも、もちろん、見方は人それぞれである。行司に関心のある方なら、別の見方を提示したくなるはずだ。それでよいと思う。ここに提示したのは、

テーマで悩んだとき、参考にしてほしかったからである。何らかのヒントが得られたら、嬉しいかぎりだ。

　現在の行司に関する相撲規則、行司のさまざまな仕事、行司の土俵上の役割、裁くときの規式や所作などを見れば、それには現在に至るまでにさまざまな変化を受けている。その歴史に思いをはせ、それを研究すれば、最初に思い描いていたより深みのある研究になるはずである。

　さらに、他の領域にも関心を向ければ、おのずから調べてみたいテーマが浮かんでくるに違いない。その例をいくつか示しておく。

1.　　南部相撲の行司は江戸相撲の行司と同じだっただろうか。異なっていただろうか。

2.　　江戸相撲の行司と地方相撲の行司はどういう関係にあったのだろうか。

3.　　吉田司家とはどんな行司家か。どのようにして行司の司家として認められるようになったのか。それはいつ頃のことか。

4.　　江戸相撲の行司家はそれぞれ別々の故実を有していたのだろうか、それとも共通の故実を有していたのだろうか。行司家同士のつながりはどんなものだったのだろうか。

5.　　江戸相撲はなぜ吉田司家の門下に入ったのだろうか。入ることによってどんなメリットがあったのだろうか。

6.　　江戸相撲の木村庄之助や式守五太夫が吉田司家の傘下に入った時、あるいはその以前、江戸相撲には他にどんな行司家があり、どんな故実を有していたのだろうか。

7.　　木村庄之助や式守五太夫が吉田司家の門人になった時、誰が先に門

236

人になったのだろうか。同時に門人になったのだろうか。

8.　関西相撲（大坂相撲や京都相撲など）が吉田司家の傘下に入ったのは、いつ頃だろうか。どんなつながりだったのだろうか。

9.　以前は、多くの相撲行司家が存在していたという。どのように木村家と式守家の二家に統一されたのだろうか。つまり、他の行司家はどのように淘汰され、二家だけになったのだろうか。

10.　多くの行司家があった頃、各行司家はそれぞれどんな故実を有していたのだろうか。それを示す文献はあるのだろうか。

11.　現在、木村家と式守家の二家が残っているが、それぞれにはどんな歴史があるのだろうか。なぜ木村家が式守家より上位なのだろうか。そうする理由があったのだろうか。

12.　明治期には式守家が木村家より上位になることもあった。なぜ式守家が上位になることが許されたのだろうか。

13.　全国に存在した行司家はどのように家職としての行司家になったのだろうか。家職であるには、どんなことが必要だっただろうか。行司家はどのように故実を備えるようになったのだろうか。

14.　吉田司家は故実を文書化し、それを江戸相撲に示していたのだろうか。それともそれを問われたとき、その都度口頭で答えていたのだろうか。

15.　上覧相撲や天覧相撲では吉田司家が前面に出て土俵や相撲の規式を披露しているが、勧進相撲ではそれが明確に示されていない。勧進相撲では江戸相撲が吉田司家の傘下に入った後でも、江戸相撲の「しき

たり」がそのまま受け継がれたのだろうか。

　ここに箇条書きに記してある事項は、たまたま思いついたものである。もちろん、もっと追加することもできる。視点を少し違えるだけで、問いかけもおのずから異なる。頭に浮かんだ一つの事項を深く掘り下げていけば、また別の事項が浮かぶに違いない。連鎖的に浮かぶ事項の中から何かを定め、それを掘り下げて追及すればよいのである。そうすれば、必ず道が開ける。

第 9 章　明治 30 年までの行司番付と房色 （資料編）

1.　本章の目的[1]

　明治 30 年以降の行司番付と各行司の房色は拙著でも幾度か提示してきたが、明治前半の行司番付と各行司の房色については、木村庄之助と式守伊之助を除いて、下位の他の行司についてはほとんど触れることがなかった。その主な理由は、資料が乏しかったからである。本章では、あえてそれに挑戦している。すなわち、明治元年から 30 年までの行司の房色や履物（草履や足袋）を調べ、それを提示している。それに合わせて、傘型に記載してある番付表を一見してわかるように、現在の横列記載に提示してある。

　これまで、明治前半の行司を房色の観点から集中的に研究してある論考はまだ公表されていない。本章は最初の試みだと言ってもよい。資料の乏しい中でまとめてあるので、本章に完璧な房色や履物を求めると、失望するに違いない。明治 10 年頃までは文字資料が極端に少ない。錦絵はいくらかあるが、それに描かれているのは庄之助や伊之助がほとんどである。両人以外の行司の房色となると、錦絵はほとんど頼りにならない。天覧相

1)　本章の作成する際には、星取表で両国の相撲博物館（土屋喜敬さんと中村史彦さん）と相撲趣味の会の野中孝一さんに大変お世話になった。相撲博物館には文久 2 年冬場所から明治 30 年 5 月までの星取表 2 段目左端の行司名を記載した封書を郵送してもらった。博物館にはこれまでも錦絵や番付表などの閲覧でお世話になっている。野中さんには明治 5 年 4 月場所から明治 17 年 5 月場所までの星取表 2 段目左端の行司名を添付ファイルで送信してもらった。念のため、いずれの場合も、星取表では欠損場所がいくつかあった。相撲研究家の杉浦弘さんとは明治期の資料や錦絵について語り合った。お世話になった方々に、改めて感謝の意を表する。

撲に関しては、錦絵はもちろん、文字資料もいくらかある。明治20年代後半になると、相撲に関する書物が出版されているが、行司の房色に関する限り、ほとんど役に立たない。

　もちろん、各行司の房色の研究をするのに、資料がまったくないわけではない。たとえば、番付表がある。これは場所ごとに発表されている。番付表では、行司間の序列がわかる。ところが、序列だけでは、各行司の房色はわからない。行司間の階級の見分けが重要である。階級がわかれば、房色に関する知識を生かし、行司の房色や草履と足袋がわかる。番付表では、特に階級の境目に記載されている行司が、どの階級なのかを見分けるのが難しいことである。その階級さえわかれば、房色は容易に推測できる。

　本章では、番付表に加え、星取表[2]、錦絵などを基礎資料としている。行司の代数に関しては、特に『相撲』編集部編『大相撲人物大事典』（2001年）の「行司の代々―歴代行司名一覧」（pp.685-706）を参考にしている。相撲を取組む力士の確認に関しては、特に酒井忠正著『日本相撲史（中）』（1964）を参考にした。

　なお、立行司の房色（特に紫房や朱房）に関しては、30年以前であっても、拙著などで頻繁に扱ってきた。本章と直接関係しているものを次に掲げておく。いずれか一つを読むと、本章の内容を知るのに役立つはずである。

(1)『大相撲行司の伝統と変化』（2010）の第4章「明治43年以前の紫房は紫白だった」
(2)『大相撲行司の房色と賞罰』（2016）の第3章「明治の立行司の紫房」
(3)『大相撲立行司の軍配と空位』（2017）の第1章「紫房の異種」と第3章「文字資料と錦絵」

---

2)　星取表の2段目左端が幕内（紅白房）なのか十枚目（青白房）なのか、その見きわめは必ずしも容易ではない。ほとんどの場合、十枚目だが、もしかすると、幕内の場合も少しはあるかもしれない。番付表は場所前、星取表は場所後にそれぞれ発表されるが、両方はほとんど一致する。しかし、一致しないこともほんの少しある。両方を照合すれば、その違いがはっきりする。

(4)『大相撲立行司の名跡と総紫房』(2018) の第 1 章「紫白房と准紫房」、
　　第 2 章「錦絵と紫房」、第 3 章「総紫房の出現」、第 6 章「16 代木村
　　庄之助と木村松翁」
(5)『大相撲の行司と階級色』(2022) の第 1 章「大相撲立行司の紫房再訪」
(6)『大相撲行司の格付けと役相撲の並び方』(2023)）の第 1 章「大相撲
　　朱房行司の変遷」、第 5 章「紫房行司一覧」、第 8 章「准立行司と半々
　　紫白房」

　本章では、庄之助や伊之助の房色や履物も提示している。30 年以前は
庄之助であれ伊之助であれ、房色や履物は一定していなかったからである。
実際、二人を明治 20 年代以前、「立行司」として一括りにしていたかど
うかもわからない。第三席以下の行司に関しては、朱房の場合、草履か足
袋を提示してある。紅白房と青白房の場合、履物は提示していない。足袋
と決まっていたからである。
　番付表の 3 段目の右方には大きめの薄い字で書かれた行司がいること
がある。本章ではその行司にときどき下線を引いてある。それについては、
二つことが考えられる。一つは、青白以上の房を許されていたが、何らか
の事情で格下げされている場合である。つまり、何らかの理由で保留になっ
ている。[3] もう一つは、2 段目に記載されず、3 段目に記載されている場合
である。多くの場合、翌場所か 2，3 場所後には大体昇進している。
　階級間の境目にいる行司の房色は、判断が難しいことがある。たとえば、
青白房なのか、黒房なのかがわからない。朱房と紅白房の境目も必ずしも
明白でない。番付表なので、記載の仕方に関し明確な判断基準がありそう
だが、それがはっきりしない。そういう場合、前後の行司の昇進を考慮し
て判断している。しかし、それが正しいのかどうか、はっきりしない。階
級の境目にいる行司の房色は、今後、変わる可能性があることを記してお

---

3)　このような行司は「青白」としてあるが、実際に出場したとき、どの房色だっ
　　たかは不明である。出場しないことが前もってわかっていたのかもしれない。こ
　　れに関しては、もう少し吟味する必要がある。

く。

2.　明治前半の行司と房色（資料編）

　場所の年月に関しては、番付表の発行日に基づいている。発行日と興行日は異なる。当時は露天興行なので、実際の相撲開始日は延期されることもあった。相撲が始まっても途中で中止になり、晴天を待って再開されたりしている。

　明治以降の庄之助と伊之助は草履を履いているので、それは記載していない。房色は紫や朱のこともあり、それは記載してある。紫白房と准紫房を区別しないときは、一括りに「紫房」としてある。准紫房は 23 年 3 月以降に現れている。朱房で草履を履く行司は「朱・草履」、足袋だけの行司は「朱・足袋」としてある。紅白房と青白房の行司は足袋を履くが、最初の行司の前に「紅白」や「青白」として、それぞれ記載してある。

　庄之助や伊之助は熨斗目麻上下装束を着用していたが、それが二人に限られていたのか、他に上位行司（たとえば三役）にも許されていたのか、必ずしもはっきりしない。本章では、装束については特に触れていない。立行司と三役をいつから明確に区分けしたのかさえはっきりしない。それで、本章では上位行司の場合、各行司の房色や履物に限定し、それを詳しく提示するように心掛けてある。

(1)　明治元年 11 月
　庄之助（13 代、紫白）、伊之助（6 代、朱）[4] ｜鬼一郎（3 代、朱・足袋）、庄太郎（10 代、朱・足袋）｜（紅白）庄九郎（7 代）、庄三郎（4 代）、市

---

4)　明治以降の庄之助と伊之助は草履を履くので、二人の履物（つまり草履）は提示していない。房色は朱の場合もあるので、それは提示してある。23 年には准紫房も現れていることから、紫白房と区別しないときは、一括りに紫房と表すこともある。43 年 5 月までは行司の房色は地位によって必ずしも決まっていない。現在（令和 6 年）の行司の階級や房色を明治 30 年までの行司に適用することはできない。

之助｜（青白）錦太夫（初代）：（3 段、青白）<u>庄五郎（3 代）、由三郎、正治郎</u>｜（黒）見蔵、…

　明治元年は本章の出発点なので、主な行司の房色を提示しておく。江戸末期までには錦絵がいくらかあり、庄之助や伊之助の房色は判明している。それ以外の行司でも、何人かはその房色を提示してある。

(a) 庄之助（13 代、9 年 4 月まで）は紫・草履。
・「独り立ちの姿」、国貞画、「東西幕内力士と行司」、慶応 2 年 3 月、『大相撲』（p.127）。
・「鬼面山横綱土俵入之図」、国輝画、明治 2 ～ 3 年、『大相撲』（pp.116-7）。

(b) 伊之助（6 代、13 年 5 月まで）は朱房・草履。
・「鬼面山大相撲弓取之図」、国貞画、元治元年 4 月、『大相撲』（p.252）。
・「不知火と鬼面山の取組」、国輝画、幕末から明治初期、『大相撲』（p.115）。
・「独り立ちの姿」、国貞画、「東西幕内力士と行司」、慶応 2 年 3 月、『大相撲』（p.127）。
・「陣幕久五郎横綱土俵入之図」、国輝画、慶応 3 年頃、『大相撲』（pp.116-7）。

(c) 鬼一郎（3 代、15 年 5 月まで）は朱・足袋。

---

5)　下線部は 3 段目右方で大きめの薄い字で書いてある行司である。これらの行司は青白房の可能性がある。その可能性がない行司には下線を引いてない。大きめの薄い字とそうでない字の見きわめが正確でないかもしれない。
6)　出発点の房色が間違って提示されていたら、その後の房色の提示も間違っている可能性がある。確たる裏付けがない場合、問題がないとは言い切れない。
7)　錦絵などの資料が提示されているが、それはその場所、その房色が確認できることを示す。決して、房色の変更を示すためではない。房色の変更は番付や星取表などを参考にし、判断している。

・「独り立ちの姿」、国貞画、「東西幕内力士と行司」、慶応2年3月、『大相撲』（p.127）。化粧まわしが飾ってあるので、その寄贈者を紹介しているようだ。房色は不明だが、第三席であることから朱である。そこに描かれている行司は朱房以上の4名だと推定する。

・「大相撲引分之図」、国明画、9年、『大相撲』（p.142）も参照。梅ケ谷と境川の取組。この錦絵でも鬼一郎は紅白で描かれている[8]。本来は朱房である。

(d) 庄太郎（10代、9年4月まで）は朱・足袋。

・「陣幕と鷲ケ濱」、国貞画、慶応2年3月、『大相撲』（p.127）。梶ケ濱と小野川の顔触れ情景。房色は不明だが、朱とする（推定）。顔触れをする地位であれば、朱とするのが妥当である。

(e) 庄九郎（7代、8年4月まで）は紅白・足袋。

・「出釈迦山と逆鉾改め千年川の取組」、国貞画、文久元年10月。

・「勧進大相撲千秋楽弓渡之図」、国輝画、慶応2年、『大相撲』（p.75）。庄九郎が弓を横に両手で抱えている。軍配房は錦絵にしては珍しく、鮮明に紅白で描かれている[9]。

(f) 庄三郎（4代、18年1月まで）は紅白（推定）。のちの15代庄之助。

・ 番付2段目で伊之助の左側に記載されている。

---

8)　鬼一郎は紅白房で描かれているが、朱房をそのように描いてあるようだ。錦絵では朱房と紅白房の区別はかなり難しい。紅白房は普通、朱房で描かれている。房色の区別には、番付の地位も考慮しなければならにことがある。

9)　紅白で鮮明に描かれている錦絵は非常に珍しく、鬼一郎も紅白房で描かれているものがある（明治9年4月の項（16）も参照）。朱房を紅白で描いている可能性もあるが、庄九郎は5番手なのでそのまま紅白と判断した。5番手でも千秋楽に弓を渡していたのか、それは気になる。もしかすると、朱房・足袋かもしれないという迷いがある。そのことも記しておきたい。

(g) 市之助（3 年 11 月まで）は紅白（推定）。

・市之助の房色を判断する資料が番付表以外にない。番付表では 2 段目
左端に錦太夫が、右端に市之助がそれぞれ記載されている。星取表の
2 段目左端は錦太夫である。番付表の 3 段目右方には大きめの字で 3
名（庄五郎、由三郎、正治郎）がそれぞれ記されている。このような
記載の仕方から、市之助は紅白房だと判断する。この判断の是非は、
今後の研究を俟つことにする。

・市之助は多司馬より一枚上だが、その多司馬は慶応 2 年 11 月、慶応
3 年 3 月、慶応 3 年 11 月の星取表では、2 段目左端に記載されている。
すなわち、青白房である。市之助が今場所(元年 11 月)紅白だとすれば、
慶応 4 年 6 月か今場所に昇進したのではないだろうか。どの場所で
昇進したかは、番付以外の資料などで検討しなければならない。

(h) 錦太夫（初代、3 年 11 月まで）は青白。

・錦太夫はこの場所から 3 年 4 月場所まで、星取表の 2 段目左端に記
載されている。それが最後の青白房行司だとすれば、錦太夫は少なく
ともそのあいだ青白房だったことになる。

(i) 正五郎（3 代、7 年 2 月まで）は青白。庄五郎と同じ人物。

・正五郎（庄五郎）は、のちの 6 代瀬平である。明治 2，3 年の番付を
見ると、青白房である。慶応元年 11 月に幕内格へ、15 年 7 月に朱房へ、
18 年 7 月に草履へ、それぞれ昇進している。本章ではこの昇進年月
に従っている。『時事新報』（38 年 2 月 6 日）の「故木村瀬平の経歴」

---

10)　本章では番付表を番付を区別せず、同じように扱っている。ときには番付、と
きには番付表として表している。

11)　慶応元年 11 月（と慶応 3 年 11 月）番付表の 2 段目と 3 段目には、庄五郎の名
前は記載されていない。紅白房に昇進したかもしれないが、本当に昇進したかど
うかも含めて調べる必要がある。何らかの事情があって、番付表に記載されてい
ないのかもしれない。念のために記しておくと、慶応年間の番付表をすべて調べ
てあるわけではない。

を参照。他に異なる昇進年月もあり、いずれが正しいのか、吟味する
必要がある。
・庄五郎は番付の３段目に大きめの字で記載されている[12]。休場などのマ
　イナス要因があり、まともな幕内格として扱いにくいため、３段目に
　記載したかもしれない。格下の青白房だが、何らかの留保を意味して
　いるのかもしれない[13]。

(2)　明治２年３月

庄之助（13代、紫白）、伊之助（8代、朱）｜鬼一郎（3代、朱・足袋）、
庄太郎（10代、朱・足袋）｜（紅白）庄九郎（7代）、庄三郎（4代）、市
之助｜（青白）錦太夫（初代）：（3段、青白）<u>由三郎、正五郎（3代）、
正治郎</u>[14]｜（黒）見蔵、…

・３段目の由三郎、庄五郎、正治郎は大きめの字で記載されている。青
　白房である。
・由三郎と正五郎が入れ替わっている。
・正治郎は右隣の由三郎より小さい字で記載されているように見える。
　それが正しい見方なら、正治郎は黒房（幕下）となる[15]。

---

12)　番付３段目に大きめの字で記載されている行司がすべて青白房とは限らない。
　　前後の行司を考慮して判断してある。その基準が常に一定なのか、はっきりしな
　　い。幕下十枚目筆頭の行司は大きめな字で書くことはなかっただろうか。大きめ
　　の字で書いてある場合とそうでない場合を区別する基準があったのだろうか。そ
　　れがわからない。
13)　正五郎は慶応４年５月の番付表では３段目で右から３番目に記載されているの
　　で、やはり幕下十枚目（青白房）である。この番付表については、相撲研究家の
　　杉浦弘さんに教えてもらった。
14)　正治郎は、正次郎や正二郎と記載されることもある。崩し字は判別しにくいた
　　め、間違った表記になっているかもしれない。他の行司でも、たとえば治郎が次
　　郎や二郎、吾郎が語郎、護郎となったりしている。呼び方は同じで、表記だけが違っ
　　ている。本章では、記憶違いで表記を間違えることがあるかもしれないが、これ
　　は番付と照合すれば、すぐ解決するものである。
15)　正治郎は翌場所（３年２月）では明確に黒房（幕下）に降格されている。

(3)　明治 2 年 11 月

庄之助（13 代、紫白）、伊之助（6 代、朱）｜鬼一郎（3 代、朱・足袋）、
庄太郎（10 代、朱・足袋）｜（紅白）庄九郎（7 代）、庄三郎（4 代）、
<u>市之助</u>｜（青白）錦太夫（初代）：（3 段、青白）<u>庄五郎（3 代）、由三郎</u>
｜正次郎、…

- 庄五郎と由三郎が入れ替わっている。¹⁶⁾
- 正次郎が右隣の由三郎や庄五郎と異なり、字が小さくなっている。
- 錦太夫は星取表の 2 段目左端に記載されている。翌年の春場所番付表
  でも同じ 3 段目になっている。

(4)　明治 3 年 2 月

庄之助（13 代、紫白）、伊之助（6 代、朱）｜鬼一郎（3 代、朱・足袋）、
庄太郎（10 代、朱・足袋）｜（紅白）庄九郎（7 代）、庄三郎（4 代）、
市之助｜（青白）錦太夫（初代）：（3 段、青白）<u>庄五郎（3 代）、多司馬（6</u>
<u>代）</u>｜（黒）正治郎、…

- 由三郎は多司馬(6 代、20 年 1 月まで)に改名した。のちの庄太郎(10 代、
  20 年 5 月まで)、14 代庄之助（10 年 1 月から 18 年 1 月まで）である。

(5)　明治 3 年 11 月

庄之助（13 代、紫白）、伊之助（6 代、朱）｜鬼一郎（3 代、朱・足袋）、
庄太郎（10 代、朱・足袋）｜（紅白）庄九郎（7 代）、庄三郎（4 代）、
市之助｜（青白）錦太夫（初代）：（3 段、青白）<u>庄五郎（3 代）、多司馬（6</u>
<u>代）</u>｜（黒）正治郎、…

- 多司馬と庄五郎は 3 段目中央に並列記載されている。星取表では多司
  馬が 2 段目に記載されている。

---

16)　庄五郎は今後、出場しても青白房から出発している。慶応元年 11 月に紅白房
　　になったとしても、明治以降その地位（幕内）に復帰していない。このことから
　　も庄五郎が以前紅白房に昇進したというのは本当でないかもしれない。明治以降
　　は青白房で始まり、他の行司と同様に、紅白房や朱房へと順次進んでいる。

・庄五郎と多司馬が本来の地位（青白房）に復帰している。

(6)　明治 4 年 3 月

庄之助（13代、紫白）、伊之助（6代、朱）｜鬼一郎（3代、朱・足袋）、庄太郎（10代、朱・足袋）｜（紅白）庄九郎（7代）、庄三郎（4代）、与太夫（3代）｜（青白）庄五郎（3代）：(3段、青白) <u>多司馬（6代）</u>｜（黒）正治郎、…

・市之助が番付表に記載されていない。

・多司馬は番付の 3 段目右端に記載されている。庄五郎は星取表の 2 段目左端に記載されている。ともに青白房である。

・錦太夫（初代）が与太夫（3代、17年1月まで）に改名した。のちの 8 代伊之助（17 年 5 月から 31 年 1 月まで）である。

(7)　明治 4 年 11 月

庄之助（13代、紫白）、伊之助（6代、朱）｜鬼一郎（3代、朱・足袋）、庄太郎（10代、朱・足袋）｜（紅白）庄九郎（7代）、与太夫（3代）、庄三郎（4代）｜（青白）庄五郎（3代）、多司馬（6代）｜（黒）見蔵、…

・多司馬は復帰し、この場所から 6 年 11 月まで星取表の 2 段目左端に記載されている。

・庄五郎は紅白房になっているかもしれない。しかし、依然として青白房として扱うことにした。のちの番付表を見ると、庄三郎と字の大きさが違うからである。左隣の多司馬と同じ青白房としている。[17]

・竜五郎（のちの誠道、6 年 11 月まで）は幕下（黒）である。この場所、竜五郎は青白房（幕下十枚目）ではない。竜五郎は東京相撲を脱退し、

---

17)　この判断が事実に即しているかどうかは、検討する必要がある。階級間の境界にいる行司の房色は、番付表だけでは見分けられない。他の資料で裏付ける必要があるが、その資料が見つからないのである。庄五郎だけでなく多司馬も房色は推測するしかなかった。

高砂改正組に同行する。竜五郎は幕下十枚目すなわち足袋格（青白房）
だったとする新聞記事があるが、番付表では 3 段目の 7 番目に記載さ
れている。『東京日日新聞』（45 年 1 月 7 日）の「木村庄之助逝く」、
同新聞の（45 年 1 月 15 日）の「明治相撲史」、『二六夕刊』（45 年 1
月 7 日）の「十六代目木村庄之助」などを参照。上司延貴著『相撲新書』
（32 年）に明治三年幕下に進みて」（p.88）とあるが、それは十枚目
より一段下の地位である。その地位で東京相撲を脱退したのであれば、
やはり黒房である。[18)]

(8)　明治 5 年 3 月

庄之助（13 代、紫白）、伊之助（6 代、朱）｜鬼一郎（3 代、朱・足袋）、
庄太郎（10 代、朱・足袋）｜（紅白）庄九郎（7 代）、庄三郎（4 代）、
与太夫（3 代）｜（青白）庄五郎、多司馬（6 代）、見蔵｜（黒）荒次郎、
…

・見蔵は青白へ昇格している。星取表では 2 段目左端で記載されている。

(9)　明治 5 年 11 月

庄之助（13 代、紫白）、伊之助（6 代、朱）｜鬼一郎（3 代、朱・足袋）、
庄太郎（10 代、朱・足袋）｜（紅白）庄九郎（7 代）、与太夫（3 代）、
庄三郎（4 代）｜（青白）庄五郎（3 代）、多司馬（6 代）｜（黒）荒次郎、
…

・見蔵は番付表に記載されていない。

(10)　明治 6 年 4 月

庄之助（13 代、紫白）、伊之助（6 代、朱）｜鬼一郎（3 代、朱・足袋）、
庄太郎（10 代、朱・足袋）｜（紅白）庄九郎（7 代）、与太夫（3 代）、

---

18)　拙著で誠道は東京相撲を脱退したとき、新聞記事に基づき幕下十枚目の青白房
　　だったとしてきたが、それは誤りであったことになる。たとえば、拙著『名跡と
　　総紫房』（2018）の第 6 章「16 代木村庄之助と木村松翁」を参照。

庄三郎（4代）｜（青白）庄五郎（3代）、多司馬（6代）｜（黒）荒次郎、
…

- 先場所と変わらない。

(11)　明治6年11月

庄之助（13代、紫白）、伊之助（6代、朱）｜鬼一郎（3代、朱・足袋）、
庄太郎（10代、朱・足袋）｜（紅白）庄九郎（7代）、与太夫（3代）、
庄三郎（4代）｜（青白）庄五郎（3代）、多司馬（6代）｜（黒）護郎、
…

- 荒次郎が護郎（8年12月まで）に改名した。
- 伊之助は朱・草履。「勧進大相撲繁栄之図」、国輝画、6年11月。小
  柳と境川の取組。

(12)　明治7年2月

庄之助（13代、紫白）、伊之助（6代、朱）｜鬼一郎（3代、朱・足袋）、
庄太郎（10代、朱・足袋）｜（紅白）庄九郎（7代）、庄三郎（4代）、
与太夫（3代）｜（青白）庄五郎（3代）、多司馬（6代）、護郎｜（黒）
正次郎、…

- 竜五郎（3代）は番付表から消える。
- 護郎は青白房になった。星取表の2段目左端に記載されている。

(13)　明治7年12月

庄之助（13代、紫白）、伊之助（6代、朱）｜鬼一郎（3代、朱・足袋）、
庄太郎（10代、朱・足袋）｜（紅白）庄九郎（7代）、庄三郎（4代）、
与太夫（3代）｜（青白）庄五郎（3代）：(3段、青白) 護郎、庄治郎｜（黒）
相馬、…

- 番付では護郎（右）と庄治郎（左）が3段目中央に並列記載されている。
- 庄治郎が星取表の2段目左端に記載されている。青白房である。

(14)　明治 8 年 4 月

庄之助（13 代、紫白）、伊之助（6 代、朱）｜鬼一郎（3 代、朱・足袋）、庄太郎（10 代、朱・足袋）｜（紅白）庄九郎（7 代）、庄三郎（4 代）、与太夫（3 代）｜（青白）庄五郎（3 代）：（3 段、青白）<u>護郎、庄治郎（3 代）、多司馬（6 代）</u>｜（黒）相馬、…

- 多司馬が復帰し、この場所から 9 年 5 月場所まで星取表の 2 段目左端に記載されている。
- 番付では護郎、庄治郎（3 代）、多司馬が 3 名とも並列記載されている。星取表では 2 段目左端に記載されている。3 名とも青白房である。
- 伊之助は朱・草履。国輝筆、8 年 4 月。「小柳と境川の取組」。錦絵の情報に記載された力士番付から本場所の取組である。

(15)　明治 8 年 12 月

庄之助（13 代、紫白）、伊之助（6 代、朱）｜鬼一郎（3 代、朱・足袋）、庄太郎（10 代、朱・足袋）｜（紅白）庄三郎（4 代）、与太夫（3 代）、庄五郎（3 代）｜（青白）護郎：（3 段、青白）<u>庄治郎（3 代）、多司馬（6 代）</u>｜（黒）相馬、…

- 庄五郎は紅白になった(推定)。¹⁹⁾番付表の 2 段目右端に記載されている。字が少し太くなっている。しかし、これは確実な証拠にはならない。
- 庄治郎(3 代)と多司馬が 3 段目に並列記載されている。青白房である。
- 護郎は 2 段目に記載されているが、やはり青白房である。
- 庄九郎（7 代）は番付に記載されていない。

---

19)　庄五郎（のちの瀬平）は慶応元年 11 月に幕内（紅白房）に昇進したことになっている。もしそれが本当なら、今度の紅白房昇進は二度目ということになる。しかも、明治以降、青白房から徐々に進んだ結果だ。繰り返しになるが、瀬平の一度目の紅白房昇進年月は間違っていないのだろうか。瀬平の行司歴を見ていくと、普通の人の行司歴と異なる。

（16）　明治 9 年 4 月

　庄之助（13 代、紫白）、伊之助（6 代、朱）｜鬼一郎（3 代、朱・草履）、
庄太郎（10 代、朱・足袋）｜（紅白）庄三郎（4 代）、与太夫（3 代）、庄
五郎（3 代）｜（青白）庄治郎（3 代）:（3 段、青白）<u>多司馬（6 代）</u>｜（黒）
相馬、…

- ・護郎は番付に記載なし。
- ・鬼一郎は朱・足袋。「大相撲引分之図」、国明筆、9 年 4 月 17 日付／『大
　相撲』（p.142）。同じ図柄で二種ある。一つは、梅ケ谷と西ノ海の取組で、
　鬼一郎は草履を履いている。もう一つは、梅ケ谷と境川の取組で、鬼
　一郎は草履を履いていない[20]。違いは草履の有無である。房色はどちら
　も紅白である。第三席で、紅白房は不自然である。本来は朱房に違い
　ない[21]。

　　この頃には草履が許されていたようだ。それ以前に許されているか
　もしれないが、本章では草履を履き始めたと判断する。草履を履いた
　錦絵が裏付けとなるからである。
- ・多司馬が番付の 3 段目右端に記載されている。しかし、星取表では 2
　段目左端に記載されているので、青白房とする。

（17）　明治 9 年 12 月[22]

　伊之助（6 代、朱）、庄之助（14 代、朱）｜鬼一郎（3 代、朱・草履）、
庄三郎（4 代、朱・足袋）、与太夫（3 代、朱・足袋）｜（紅白）庄五郎（3
代）、庄治郎（3 代）｜（青白）多司馬（6 代）、吾郎｜（黒）相馬、…

- ・護郎は吾郎（10 年 5 月まで）に改名している。
- ・吾郎はこの場所から 11 年 5 月まで星取表の 2 段目左端に記載されて

---

20)　この錦絵は『大相撲』（p.142）にも掲載されている。

21)　錦絵は年月が同じなので、履物だけが違うのは不自然である。本章では履物の
　　違いは大変重要だが、あえて 9 年の鬼一郎の姿を描いたものと判断している。当
　　時の鬼一郎は朱房・草履である。

22)　14 代庄之助を始め、明治時代の他の立行司の房色に関しては、たとえば拙著『軍
　　配と空位』（2017）の第 1 章「紫房の異種」でも扱っている。

いる。

- 庄太郎が庄之助（14 代）を襲名し、伊之助（6 代）の次席となる。庄之助は草履を履いている。[23]
- 庄治郎は紅白房になったかもしれない。字の太さが庄治郎とほぼ同じである。
- 伊之助が主席になる。13 年 9 月まで首席だった。そのあいだ、朱のままだった。次席の庄之助（14 代）もずっと朱房のままだった。
- 伊之助は朱房。「境川浪エ門横綱土俵入り」、国明画、10 年 1 月。
- 庄之助は紫房の錦絵もあるが、おそらく正しくない房色である。伊之助の次席であることから、本来の房色は朱房である。14 代庄之助は紫白房を許されていない。『報知』（32 年 5 月 18 日）の「行司の紫房、司家より庄之助らに許可」と『東京日日』（32 年 5 月 18 日）の「相撲行司の軍配」を参照。
- 庄三郎と与太夫が番付最上段に記載されている。朱房・足袋に昇進したと推定する。
- 多司馬が番付 2 段目に記載されている。青白房である。
- 御請書（15 年 7 月付）によると、14 代庄之助は紫白房を許されることになっているが、それは何らかの事情で効力を発揮しなかったようだ。

(18)　明治 10 年 5 月

伊之助（6 代、朱）、庄之助（14 代、朱）｜鬼一郎（3 代、朱・草履）、庄三郎（4 代、朱・足袋）、与太夫（3 代、朱・足袋）｜（紅白）庄五郎（3 代）、庄治郎（3 代）｜（青白）多司馬（6 代）、吾郎｜（黒）相馬、…
- 吾郎が星取表の 2 段目左端に記載されている。青白房である。

---

23)　庄太郎は庄之助を襲名する以前から、草履を許されていたかもしれない。それを裏付ける資料がまだ見つかっていない。

(19)　明治 10 年 12 月

伊之助（6 代、朱）、庄之助（14 代、朱）｜鬼一郎（3 代、朱・草履）、庄三郎（4 代、朱・足袋）、与太夫（3 代、朱・足袋）｜（紅白）庄五郎（3 代）｜（青白）多司馬（6 代）、語郎｜（黒）相馬、…

- 吾郎が語郎(13 年 1 月まで)に改名した。星取表の記載は先場所と同じ。
- 庄之助は朱・草履。「境川横綱土俵入之図」、国明筆、11 年 4 月 9 日、出版人・山本与一。
- 伊之助は朱・草履。「境川横綱土俵入り」、国明画、11 年 1 月、『大相撲』（pp.142-3）。

(20)　明治 11 年 4 月

伊之助（6 代、朱）、庄之助（14 代、朱）｜鬼一郎（3 代、朱・草履）、庄三郎（4 代、朱・足袋）、与太夫（3 代、朱・足袋）｜（紅白）庄五郎（3 代）、（誠道）[24]、庄治郎（3 代）｜（青白）多司馬（6 代）、語郎[25]｜（黒）相馬、…

- 秋二郎がこの場所から 13 年 5 月まで星取表の 2 段目左端に記載されている。しかし、秋二郎は番付表には見当たらない。番付発表後に急きょ出場が決まったかもしれない。
- 絵番付（11 年 6 月付）では庄三郎と与太夫はともに朱房・足袋である。
- 庄之助は草履。房色は不明だが朱（推定）。「勧進大相撲取組之図」、梅ケ谷と境川の取組。国明筆。力士番付から 11 年 5 月。多司馬、語郎、相馬、金吾らが下方部に描かれているが、房色はすべて不明。
- 誠道（初代）と秋治郎は番付表に記載がない。酒井忠正著『日本相撲

---

24)　誠道は東京相撲に復帰し、別番付で行司として記載されている。階級の記載はない。次の場所では幕内なので、それに準じている。なお、別番付では秋治郎も行司として記載されている。やはり順位は記載されていない。

25)　2 段目の庄五郎から語郎の 4 名とも同じ大きさで記載されている。多司馬と語郎は青白房かもしれない。星取表では秋二郎となっているので、相馬、直之助、秋二郎が青白房に加わったかもしれない。この場所の星取表は欠損している。事実に即しているかどうか、他の資料で確認する必要がある。

史（中）』（p.45）／『読売』（11 年 6 月 2 日）の二面記事を参照。

・錦之助は錦太夫（2 代、27 年 1 月まで）に改名した。錦太夫（2 代）は、のちの与太夫（4 代）、9 代伊之助（31 年 5 月から 44 年 2 月まで）である。

(21)　明治 11 年 12 月

伊之助（6 代、朱）、庄之助（14 代、朱）｜鬼一郎（3 代、朱・草履）、庄三郎（4 代、朱・足袋）、与太夫（3 代、朱・足袋）｜（紅白）庄五郎（3 代）、誠道（初代）、庄治郎（3 代）｜（青白）多司馬（6 代）、語郎:(3 段、青白）相馬、直之助、秋二郎[26]｜（黒）角三郎、…

・誠道（初代）は番付表に幕内行司として記載されている。復帰まで高砂改正組だった。

・秋二郎は星取表の 2 段目左端に記載されている。番付では 3 段目で大きめの字で記載されている。青白房である。

・多司馬は青白として扱うが、実際は紅白になっているかもしれない。庄治郎より字が薄く小さいが、長いあいだ、青白に据え置かれているのも妙である。これは確たる裏付けのない推測なので、今後検討する必要がある。

(22)　明治 12 年 5 月

伊之助（6 代、朱）、庄之助（14 代、朱）｜鬼一郎（3 代、朱・草履）、庄三郎（4 代、朱・足袋）、与太夫（3 代、朱・足袋）｜（紅白）庄五郎（3 代）、誠道（初代）、庄治郎（3 代）｜（青白）多司馬（6 代）、語郎:(3 段、青白）相馬、直之助、秋治郎｜（黒）角三郎、…

・絵番付（12 年 6 月付）の図柄は昨年の絵番付と同じ。庄三郎と与太

---

26)　3 段目に相馬、直之助、秋二郎の 3 名が大きめの字で記載されている。2 段目の多司馬と語郎は 2 段目で他の行司より小さめに記載されている。青白と判断する。

夫は朱・足袋。[27]

(23) 明治13年1月

伊之助（6代、朱）、庄之助（14代、朱）｜鬼一郎（3代、朱・草履）、庄三郎（4代、朱・足袋）、与太夫（3代、朱・足袋）｜（紅白）庄五郎（3代）、誠道（初代）、庄治郎（3代）｜（青白）多司馬（6代）、語郎：(3段、青白）<u>直之助、秋治郎</u>｜（黒）角三郎、…

- 星取表の2段目左端で秋治郎となっている。
- 相馬は番付に記載がない。

(24) 明治13年5月

伊之助（6代、朱）、庄之助（14代、朱）｜鬼一郎（3代、朱・草履）、庄三郎（4代、朱・足袋）、与太夫（3代、朱・足袋）｜（紅白）庄五郎（3代）、誠道（初代）、庄治郎（3代）｜（青白）多司馬（6代）、喜代治（5代）：(3段、青白）<u>直之助、秋治郎</u>｜（黒）角三郎、…

- 語郎は喜代治（5代、23年5月まで）に改名した。
- 秋治郎は星取表の2段目左端に記載されている。青白房である。
- 13代庄之助は13年9月死去。
- 庄之助は不鮮明な薄い緑白の房[28]。「勧進大相撲取組之図」、梅ケ谷と若嶋の取組、国利画、13年5月。
- 伊之助は朱・草履。絵番付「御覧出世鏡」、13年5月。「大相撲カード（155）」（ベースボール・マガジン社、1997）。

---

27) この後、庄三郎は15年5月に草履を履き、与太夫（3代）は伊之助（7代）を襲名して草履を履いている。庄三郎の場合、13年1月から15年5月までのあいだ、与太夫の場合、13年1月から17年1月のあいだ、草履になっていないかを調べる必要がある。本章を執筆しているとき、それを確認できる資料を見つけることができなかった。錦絵があれば、その年月の確認がしやすくなる。

28) これは朱房の変色だと推定する。そのような房色はなかったからである。

（25）　明治 14 年 1 月

庄之助（14 代、朱）｜鬼一郎（3 代、朱・草履）、庄三郎（4 代、朱・足袋）、与太夫（3 代、朱・足袋）｜（紅白）庄五郎（3 代）、誠道（初代）、庄治郎（3 代）｜（青白）多司馬（6 代）、喜代治（5 代）：(3 段、青白) <u>直之助、秋治郎</u>｜（黒）錦之助、…

- 錦之助は、番付表では秋治郎の左側に小さな字で記載されている。星取表では 2 段目左端に記載されている。場所中に昇格したかもしれない。
- 14 代庄之助が主席となる。18 年 1 月（死跡）まで続く。主席になってからでも、紫房になっていないようだ。[29]
- 伊之助（6 代）は番付に記載されていない。
- 鬼一郎は二番手だが、まだ伊之助（7 代）を名乗っていない。そのため、朱・草履としてある。
- 庄五郎は番付表の最上段に記載されているが、紅白房である。[30]

（26）　明治 14 年 5 月

庄之助（14 代、朱）｜鬼一郎（3 代、朱・草履）、庄三郎（4 代、朱・足袋）、与太夫（3 代、朱・足袋）｜（紅白）庄五郎（3 代）、誠道（初代）、庄治郎（3 代）、多司馬（6 代）、喜代治（5 代）｜（3 段、青白）<u>直之助、錦太夫（2 代）[31]、秋治郎</u>｜（黒）角三郎、…

---

29)　本章ではずっと朱房だったと判断しているが、それが事実に即しているかどうかは、まだ調べる必要があるかもしれない。朱房が圧倒的だが、紫房もときおり描かれているからである。

30)　本章では庄五郎の朱房は 18 年 1 月に許されたとしている。新聞記事以外の裏付けが欲しいが、それがまだ見つかっていない。これに関しては、たとえば拙著『格付けと役相撲の並び方』（2023）の第 1 章「大相撲朱房行司の変遷」を参照。

31)　拙著『格付けと役相撲の並び方』の第 1 章「大相撲の朱房行司の変遷」（p.19）では、9 代伊之助（2 代錦太夫）は 15 年 1 月に紅白房になったとしているが、この年月は大きな誤りである。青白になったのが 14 年 5 月なので、紅白房になったのは 17 年 5 月以降である。しかし、昇進した年月は番付記載では識別できない。2 段目には青白房と紅白房が記載され、字の太さや大きさでは識別が困難だから

- 番付では秋治郎と錦太夫が入れ替わっている。星取表でも秋治郎が2段目左端に記載されている。なぜ入れ替わったのかは不明である。
- 多司馬と喜代治は番付記載の仕方から、この場所、紅白に昇進したと推定する。しかし、確固とした裏付けがないことから、この年月は変わることがあるかもしれない。
- 錦之助は錦太夫（2代、27年1月まで）に改名している。
- 庄之助は紫房。「豊歳御代之栄」、梅ケ谷と若嶋の取組、安次画、14年5月9日付。この紫色は正しくない。[32]

(27)　明治15年1月

庄之助（14代、朱）｜鬼一郎（3代、朱・草履）、庄三郎（4代、朱・足袋）、与太夫（3代、朱・足袋）｜（紅白）庄五郎（3代）、誠道（初代）、庄治郎（3代）、多司馬（6代）、喜代治（5代）｜（3段、青白）<u>錦太夫（2代）、秋治郎</u>｜（黒）嘉太郎、…

- 番付では秋治郎は錦太夫より一枚下に記載されている。ところが、星取表では2段目左端に錦太夫が記載されている。秋治郎は場所に出場していないかもしれない。
- 庄之助は朱・草履。「梅ケ谷と若嶋の取組」、応儒・吟光、15年2月、出版人・山本与一／「楯山と梅ケ谷の取組」、15年5月届出、ビックフォード著（日本語書名）『相撲と浮世絵の世界』（p.54）。上方に力士番付が記載されていて、この場所を描いている。庄之助（14代）の房色も事実に即したものと判断する。

(28)　明治15年5月

庄之助（14代、朱）｜鬼一郎（3代、朱・草履）、庄三郎（4代、朱・草履）、

である。

32)　14代庄之助は18年1月まで、朱である。なぜ紫房で描かれているかは不明で。本章は本場所の房色を対象としている。本場所以外（たとえば巡業）であれば、紫房を使用することもある。錦絵の場合、場所の選定も必須である。

与太夫（3 代、朱・足袋）｜（紅白）庄五郎（3 代）、誠道（初代）、庄治郎（3
代）、多司馬（6 代）、喜代治（5 代）｜（3 段、青白）錦太夫（2 代）｜（黒）
嘉太郎、…

- 錦太夫は番付の 3 段目右端に大きめの字で記載されている。星取表で
は 2 段目左端に記載されている。青白房である。
- 庄之助は紫・草履、「勇力御代之栄」、梅ケ谷と椿山、国明画、15 年
10 月 12 日。庄之助（14 代）の紫房は正しくない。[33] 当時の庄之助は
朱である。
- 庄三郎（4 代）は紫・草履。[34]「勧進大相撲取組之図」、梅ケ谷と大鳴門
の取組、国明筆、15 年 5 月。17 年 3 月の天覧相撲でも朱房だったので、
紫房は事実に即していない。しかし、庄三郎は草履を履いているもの
と判断する。この錦絵で草履を確認できるからである。[35]『御請書』（15
年 7 月付）にも庄三郎の草履のことが記されている。[36]
- 庄五郎は 15 年 7 月に朱房になった。『時事新報』（38 年 2 月 6 日）の「故
木村瀬平の経歴」を参照。

---

33)　なぜ庄之助が紫房なのはわからない。この色も使用することがあったのだろう
か。絵師がたまたま間違ったのだろうか。いずれにしても、朱と紫を同時に使用
することはない。いずれかが正しいかは、調べる必要がある。本章では 14 代庄
之助は最後まで朱だったと判断しているが、以前、私は紫もあることを認めてい
た。それは間違っていることを指摘しておきたい。

34)　この錦絵は上方の力士番付から 15 年 5 月に描かれたものである。当時、庄三
郎は朱房・草履である。庄之助（14 代）の間違いだとしても、庄之助は朱房だっ
た。この錦絵は事実を正しく描いていないと判断している。

35)　庄三郎はこの場所より以前に草履を許されていたかもしれないが、裏付けとな
る資料を見ていない。もしそのような証拠があれば、本章の年月は修正しなけれ
ばならない。

36)　この「御請書」はどの程度信頼できるのかはっきりしないが、15 年頃、庄三
郎の草履のことが記述されている。残念ながら、その使用許可年月を確認できな
い。

(29)　明治 16 年 1 月

庄之助（14 代、朱）[37]、伊之助（7 代、朱）｜庄三郎（4 代、朱・草履）、
与太夫（3 代、朱・足袋）｜庄五郎（3 代、朱・足袋）｜（紅白）誠道（初
代）、庄治郎（3 代）、多司馬（6 代）、喜代治（5 代）｜（3 段、青白）<u>錦
太夫（2 代）、嘉太郎</u>｜（黒）多一郎、…

- 星取表では最上段中央に庄之助と庄三郎が並列し、伊之助は 2 段目中
  央に、それぞれ記載されている。番付表と異なる記載の仕方である。
- 錦太夫と嘉太郎は番付の 3 段目中央に並列記載されている。両行司と
  も星取表の 2 段目左方に記載されている。最も左端には嘉太郎が記載
  されている。
- 伊之助は庄之助に次ぐ二番手なので、もちろん、草履を履いている。
  二番手までの草履は当然なので、本章ではその記載を省略している。
- 鬼一郎は伊之助（7 代）を襲名した。今場所と翌場所の 2 場所を務めた。

(30)　明治 16 年 5 月

庄之助（14 代、朱）、伊之助（7 代、朱）｜庄三郎（4 代、朱・草履）｜（紅
白）与太夫（3 代、朱・足袋）、庄五郎（3 代、朱・足袋）｜（紅白）誠道（初
代）、庄治郎（3 代）、多司馬（6 代）、喜代治（5 代）｜（3 段、青白）<u>錦
太夫（2 代）、嘉太郎、直</u>｜（黒）太一郎、…

- 伊之助（7 代）は場所後の 8 月に死去した。
- 秋治郎が直に改名した。
- 直がこの場所、星取表の 2 段目左端に記載されている。

---

37)　拙著ではこれまで 14 代庄之助は、御請書に記述されているように、紫白房を
　許されていたかもしれないとたびたび指摘したが、それは事実に即していなかっ
　たことを指摘しておきたい。たとえば拙著『軍配と空位』（2017）の第 1 章「朱
　房の異種」と第 3 章「文字資料と錦絵」を参照。錦絵にはときどき紫房で描かれ
　ているものもあるが、17 年から 18 年の錦絵にはやはり朱色で描かれているもの
　もある。同じ立行司が房色を変えることは不自然なので、14 代庄之助はずっと朱
　房を使用していたものと判断する。本章では 14 代庄之助は辞めるまで朱房だっ
　たと捉えている。

- 番付 3 段目に錦太夫（中）、嘉太郎（左）、直（右）が山型記載されている。
- 絵番付（16 年 5 月付）。伊之助は朱・草履。庄之助は顔触れなので、不明。
- 伊之助は朱・草履。「椿山と梅ケ谷の取組」、国明筆、16 年 5 月。

(31)　明治 17 年 1 月

庄之助（14 代、朱）｜庄三郎（4 代、朱・草履）、与太夫（3 代、朱・草履）、庄五郎（3 代、朱・足袋）｜（紅白）誠道（初代）、庄治郎（3 代）、多司馬（6 代）、喜代治（5 代）[38]｜（3 段、青白）錦太夫（2 代）、嘉太郎、直｜（黒）太一郎、…[39]

- 直は番付表では 3 段目に記載されているが、星取表（根岸版）の 2 段目左端に記載されている。このことは 3 段目の太字の行司は青白房（幕下十枚目）であることを裏付けている。松木版の星取表 2 段目左端には喜代治が記載されていて、記載された行司が異なる。[40]
- 伊之助（7 代）が番付表に不在。8 月に死去している。しかし、願人（式守秀五郎として）は死跡。式守秀五郎は伊之助の年寄名。
- 庄之助は朱・草履。「画題なし、大鳴門と西ノ海の取組」／「梅ケ谷と西ノ海の取組」、17 年 4 月。
- 天覧相撲（3 月）では庄三郎（朱・草履）が横綱梅ケ谷の土俵入りを務めた。「御濱延遼館於　天覧角觝之図」を参照。下方部に庄次郎（ママ）と多司馬が並んで控えている。同じ階級と推定する。[41]

---

38)　喜代治の紅白房は天覧相撲の土俵祭で脇役を務めていること（現在は幕内と十両が脇行司）や取組を裁いた番数で確認できる。天覧相撲の土俵祭に関しては、たとえば『東京横浜毎日』（17 年 3 月 11 日）を参照。

39)　この場所で横列記載になり、多一郎が黒房（幕下）であることが判明した。先場所の傘型記載ではそれがあいまいだった。

40)　原稿の執筆中で、星取表の松木版では木村喜代治に、根岸版では直に、それぞれ異なる行司が記載されていることを相撲博物館（土屋喜敬さん）に教えてもらった。ありがたいご指摘だった。改めて感謝の意を表したい。

41)　拙著『名跡と総紫房』（2018）の第 2 章「錦絵と紫房」（p.50）で、「御濱延遼館於　天覧角觝之図」の中で梅ケ谷横綱土俵入りを引いている行司を木村庄之助としている。これは誤りで、正しくは木村庄三郎とすべきである。

- 当日の取組や行司に関しては、『明治日報』（17 年 3 月 9 日）の「延遼館模様」、同新聞（17 年 3 月 11 日）の「天覧相撲」、『横浜毎日』（17 年 3 月 11 日）の「雑報」などを参照。ただし、行司の房色については記されていない。
- 天覧相撲の錦絵では、誠道、庄治郎、多司馬が朱房で描かれているが、全員が朱ではないようだ。[42] 紅白が朱に描かれているかもしれない。
- 伊之助は朱・草履。「新版相撲づくし」、大鳴門と西ノ海の取組、3 コマの一つ。この取組は 17 年 3 月の天覧相撲の一つである。

(32)　明治 17 年 4 月

庄之助（14 代、朱）、庄三郎（4 代、朱・草履）、伊之助（8 代、朱・草履・草履・草履）｜庄五郎（3 代、朱・足袋）｜（紅白）誠道（初代）、庄治郎（3 代）、多司馬（6 代）、喜代治（5 代）｜（青白）錦太夫（2 代）、直｜（黒）多一郎、…

- 星取表では最上段に庄之助と庄三郎が並列して記載されている。一方、与太夫（3 代）が 2 段目中央に記載されている。つまり、伊之助（7 代）は出場していない。星取表と番付表は記載の仕方が異なる。
- 直が星取表の 2 段目左端に記載されている。直が紅白房だとすると、星取表の記載の仕方がこの場所から変わっていることになる。実は、星取表の 2 段目左端を青白と見るか、紅白と見るかは大きな問題である。本章では、それは基本的に青白房だとみなしている。[43]
- 庄之助は朱・草履。「題なし、梅ケ谷と西ノ海の取組」、17 年 4 月。天覧相撲の一つ。

---

42)　天覧相撲の錦絵では誠道と庄治郎は朱房で描かれている。これはおそらく紅白房に違いない。紅白は錦絵では「朱」に描かれていて、判別ができない。以前の拙著では 3 名の房色を「朱」と捉えていたため、朱房の授与年月を天覧相撲の前と間違って判断していた。誠道の朱房は 18 年 1 月に、庄治郎の朱房は 18 年 5 月に、それぞれ許されている。しかし、庄治郎の朱房に関しては、確かな裏付けがない。
43)　番付表に依存した分析では、行司の階級が見きわめにくいため、分析ミスの可能性が高くなる。正確を期すには、他の資料で裏付けを取る必要がある。

- 与太夫（3代）が伊之助（8代）を襲名した。31年1月まで務めた。
- 庄三郎が第二席（18年1月まで）となる。
- 誠道は最上段に記載されている。朱房と関係があるか否かは不明。
- 錦太夫（のちの4代与太夫、9代伊之助）が番付表の2段目に記載されている。本章では、それでもまだ青白房として捉えている。しかし、紅白房に昇進しているかもしれない。そうなると、青白房の行司は一人もいなくなる。3段目右方には大きめの字の行司は見当たらない。青白房行司は紅白房行司とともに2段目に記載されているとし、本章では錦太夫や亘りは青白房だと捉えている。[44]

(33)　明治 18 年 1 月

庄之助（14代、死跡）、庄三郎（4代、朱・草履）、伊之助（8代、朱・草履）｜庄五郎（3代、朱・足袋）、誠道（初代、朱・足袋）[45]｜（紅白）庄治郎（3代）[46]、多司馬（6代）、喜代治（5代）｜（青白）錦太夫（2代）、直、亘り｜（黒）多一郎、…

- 庄之助（14代）は今場所、死跡である。17年8月に死去している。当然のことながら、18年1月にはいない。14代は主席になっても、今場所まで朱のままだった。
- 亘り（または亘理）はこの場所から19年5月まで星取表の2段目左端に記載されている。なお、亘りと亘理の行司名は厳格な区別をしていない。

---

44)　錦太夫は紅白房に昇進したかもしれないが、それを裏付ける証拠が見つからない。2段目では紅白房と青白房が混在し、その階級間を見きわめることが難しい。2段目は紅白房以上が記載されることもあると判明すれば、錦太夫はこの場所から紅白になったことも納得できる。しかし、本書では、明治30年以前の星取表の左端は青白行司だと捉えている。

45)　誠道は鬼一郎に改名した20年に朱房を許されたとする文献もある。たとえば、『相撲新書』（32年、p.88）を参照。本章では、行司歴を紹介した新聞記事に基づき、18年1月とする。

46)　庄治郎は19年4月に死去し、多司馬（のちの庄太郎）は26年5月に辞めている。

- 庄三郎は朱・草履。「梅ケ谷と大達の取組」、国明画。17年6月届、『大相撲』(p.101)。
- 庄五郎（瀬平）は18年7月に草履を許された。『時事新報』(38年2月6日）の「故木村瀬平の経歴」を参照。
- 誠道は朱房になった。『読売』(30年12月18日）の「16代目庄之助の履歴」を参照。本章では、この18年説を採用しているが、20年説[47]もあることを指摘しておく。

(34) 明治18年4月

庄之助（15代、朱）、伊之助（8代、朱）｜庄五郎（3代、朱・草履）、誠道（初代、朱・足袋）、庄治郎（3代、朱・足袋）｜（紅白）多司馬（6代）、竜五郎（4代）、喜代治（5代）｜（青白）錦太夫（2代）、直、亘理｜（黒）多一郎、…

- 番付表の17年5月から18年12月までの4場所、2段目の錦太夫、直、亘理3名が紅白房だとすると、そのあいだ青白房がいないことになる。3段目右方の多一郎と銀二郎2名は大きめの字で記載されているようには見えない。
- 庄之助は朱・草履。「梅ケ谷横綱土俵入之図」、国明画、18年6月29日付。『読売』(18年5月12日）の「回向院相撲」や同新聞（18年5月15日）の「木村庄之助」も参照。
- 庄之助（14代）は朱・草履。「大相撲取組之図」、梅ケ谷と大達の取組、国明画、18年5月。上方の東西にそれぞれ番付が記載されている。
- 伊之助は朱・草履。「天覧角觝之図」、剣山と大達の取組、国明画、18年5月届出、『大相撲』(pp.18-9)／ビックフォード著（日本語書名）

---

47) 18年と20年は簡単に解決できそうだが、実は簡単ではない。文字資料や錦絵が事実を反映しているとは限らないからである。錦絵の房色に問題があることはこれまでもたびたび指摘してきた。著者も行司の房色に精通しているとは限らない。これもたびたび見てきたことである。拙著でも多くのミスがあったことは幾度も指摘してきた。

『相撲と浮世絵の世界』（pp.54-5）。

・ 庄三郎（4 代）が庄之助（15 代）となり、30 年 5 月まで務めた。

・ 庄治郎（3 代）が朱・足袋に昇進した（推定）[48]。番付最上段に記載されている。しかし、これを裏付ける資料は他に見つかっていない。

・ 竜五郎（4 代）は大阪相撲より加入した。22 年 1 月まで務めた。

(35)　明治 18 年 12 月

庄之助（15 代、朱）、伊之助（8 代、朱）｜庄五郎（3 代、朱・草履）、誠道（初代、朱・足袋）、庄治郎（3 代、朱・足袋）｜（紅白）多司馬（6 代）、竜五郎（4 代）、喜代治（5 代）｜（青白）錦太夫（2 代）、直、亘理｜（黒）多一郎、…

・ 鬼永造が庄三郎（5 代、23 年 1 月まで）に改名している。

・ 塩入編『相撲鑑』（19 年 3 月）

「団扇は深紅の紐を用いるのは甚だ重きこととなし来たりたるものにて、昔は庄之助、伊之助の二人のみしが、（中略）今にては前のごとく木村、式守の二人のみなり」（p.30）

　この本（19 年 4 月出版）を参考にすれば、18 年 5 月ないし 19 年 1 月場所では庄之助（15 代）と伊之助（8 代）は二人とも朱房である。錦絵（19 年 1 月付）はまだ見つかっていない。しかし、19 年 5 月の錦絵では紫で描かれている。なお、伊之助（8 代）が紫房を許されたのは、30 年 1 月場所である。

(36)　明治 19 年 4 月

庄之助（15 代、紫白）、伊之助（8 代、朱）｜庄五郎（3 代、朱・草履）、誠道（初代、朱・足袋）、庄治郎（3 代、朱・足袋）｜（紅白）多司馬（6

---

48)　庄治郎の朱房昇進は確固とした裏付けがない。番付最上段は必ずしも朱房行司ではない。他に文字資料が欲しいところである。朱房になることなく、19 年 8 月に亡くなっているかもしれない。

代)、竜五郎（4代）、錦太夫（2代）、喜代治（5代）｜（青白）直、亘理：（3段、青白）玉治郎、銀治郎｜（黒）芳松、…

・庄治郎は今場所限り。場所後の8月に死去した。

・玉治郎（のちの庄三郎、17代庄之助）と木村銀治郎が3段目右方に大きめの字で記載されている。青白房である。玉治郎は大阪相撲から18年に東京相撲に移ってきた。先場所は3段目左端に小さな字で記載されていた。今場所、正式な「格足袋」として処遇されている。『時事』（44年5月11日）の「十代目式守伊之助」や『相撲画報〈春場所号〉』（大正11年1月）の17代木村庄之助談「五十三カ年の土俵生活」（pp.31-2）を参照。17代庄之助（玉治郎）本人は18年に東京に来たとき、「格足袋」としてつけ出されたと語っているが、どうやら幕下扱いだったようだ。翌場所で「格足袋」にするという内々の約束があったかもしれない。

・絵番付（19年5月付）があるが、庄之助の房色は不明。伊之助の房色は黄色。因みに装束も黄色で描かれている[49]。

・庄之助は紫・草履。「宿祢神社祭典大相撲之図」、大達と剣山の取組、国明画、19年5月や『国技相撲の歴史』（昭和52年10月号、pp.132-3）を参照。

・拙著『軍配と空位』（2017）の第1章「紫房の異種」（脚注30）で15代庄之助の紫白房は19年5月か20年1月のいずれかであると指摘してあるが、錦絵から19年5月であることがわかった[50]。

(37)　明治19年12月

庄之助（15代、紫白）、伊之助（8代、朱）｜（朱）庄五郎（3代、朱・

---

49)　なぜ房色と装束が黄色で描かれているのかはわからない。絵師の気まぐれにしては奇異な気がする。

50)　15代庄之助の准紫房については、たとえば拙著『房色と賞罰』(2016)の第3章「明治の立行司の紫房」や『行司と階級色』(2022)の第1章「大相撲立行司の紫房再訪」を参照。

草履）、誠道（初代、朱・足袋）、多司馬（6代、朱・足袋）｜（紅白）竜五郎（4代）、錦太夫（2代）、喜代治（5代）｜（青白）直、亘り、玉治郎、銀治郎｜（黒）芳松、…

・番付表の3段目右方の行司（たとえば芳松や藤二郎など）が大きめの字で記載されているかどうかはっきりしない。大きめの字であれば、その行司は青白房である。そうでなければ、3段目に青白房はいない。

・直は今場所限りで、行司を辞めている。

・玉治郎が2段目左端に記載されている。星取表でも2段目左端に記載されている[51]。つまり、青白（幕下十枚目）である。

・玉治郎はこの場所から24年1月まで星取表の2段目左端に記載されている。玉治郎は約4年半も青白房だったことになる。

・玉治郎に関しては、紅白房に昇進したという見方もある。本章では番付表の左端の行司は基本的に青白房としている[52]。19年5月でも亘理は青白房（十枚目）と分析した。亘理は、24年5月に紅白房へ昇進している。たとえば、小市（のちの誠道）は24年5月、青白房だったが、星取表では2段目に記載されている。24年1月には3段目右方に記載されている。青白房だった。このように、星取表の2段目左端は、紅白房であるとは限らない。もし19年12月を境にして星取表の記載方法が異なったのであれば、もちろん、分析も異なる。

・銀治郎は玉治郎と同様に2段目に記載されている。同じような昇進をしたに違いない。2段目が幕内か十枚目のうち、いずれかは必ずしも明確ではない。

・多司馬（6代）は番付表最上段に記載されている。紅白から朱に昇進

---

51)　玉治郎や銀治郎が紅白房へ昇進したのは24年5月である。亘りと市之丞もそのとき紅白房になっている。

52)　本書の解釈に基づくと、これ以降24年5月までに玉治郎は紅白房に昇進したはずだ。しかし、いつ昇進したのか、その裏付けがない。逆に、3段目左端に記載されたことを昇進年月と解釈すれば、玉治郎は19年の2場所だけ青白房だったことになる。さらに、星取表の取り上げる階級が紅白房以上になったことも認めなければならない。

したと判断した。最上段には必ずしも朱房行司が記載されるとは限らないので、この判断は吟味する必要がある。

・庄之助は紫・草履。「華族会館角觝之図」、剣山と大達の取組の取組、国明画、20年2日付。酒井忠正著『日本相撲史（中）』（p.87）も参照。

（38）　明治20年4月

庄之助（15代、紫白）、伊之助（8代、朱）｜庄五郎（3代、朱・草履）、鬼一郎（3代、朱・足袋）、庄太郎（11代、朱・足袋）｜（紅白）竜五郎（4代）、錦太夫（2代）、喜代治（5代）｜（青白）亘理、銀治郎、玉治郎｜（黒）芳松、…

・多司馬（6代）は庄太郎（26年5月まで）に改名した。
・正松は庄治郎（3代）に改名した。
・庄之助は紫・草履。「弥生神社天覧角觝之図」、西の海と剣山の取組、国明画、20年12月。
・誠道（初代）は先場所4日目に鬼一郎（22年1月まで）に改名した。9代伊之助の養子になった。改名した時、朱房になったという文献もある。『読売』（20年1月30日）の「行司改名」を参照。
・鬼一郎は朱・足袋。「木村誠道（初代）改式守鬼一郎」、一の矢と西ノ海の取組、国明画[53]、20年5月。

（39）　明治20年12月

庄之助（15代、紫白）、伊之助（8代、朱）｜庄五郎（3代、朱・草履）、鬼一郎（3代、朱・足袋）、庄太郎（11代、朱・足袋）｜（紅白）竜五郎（4代）、錦太夫（2代）、喜代治（5代）｜（青白）亘理、銀治郎、玉治郎｜（黒）由松、…

53）　この錦絵では「誠道改め鬼一郎」とあり、朱・足袋姿である。本章では、鬼一郎に改名する以前に、すなわち18年1月に朱・足袋になったという解釈をしている。異なる年月はいくつかあるので、いずれが正しいかはやはり検討しなければならない。

- 庄之助は紫・草履。「弥生神社天覧角觝之図」、一の矢と大鳴門の取組、
国明画、21 年 4 月。[54]

(40)　明治 21 年 5 月

庄之助（15 代、紫白）、伊之助（8 代、朱）｜庄五郎（3 代、朱・草履）、
鬼一郎（3 代、朱・足袋）、庄太郎（11 代、朱・足袋）｜（紅白）竜五郎（4
代）、錦太夫（2 代）、喜代治（5 代）｜（青白）亘理、銀治郎、玉治郎｜（黒）
芳松、…

- 伊之助は朱・草履。「弥生神社天覧角觝之図」、若湊と海山の取組、国
明画、21 年 5 月。版元・山本与一。酒井忠正著『日本相撲史(中)』(p.92)
も参照。

(41)　22 年 1 月

庄之助（15 代、紫白）、伊之助（8 代、朱）｜庄五郎（3 代、朱・草履）、
鬼一郎（3 代、朱・足袋）、庄太郎（11 代、朱・足袋）｜（紅白）竜五郎（4
代）、錦太夫（2 代）、喜代治（5 代）｜（青白）亘理、銀治郎、玉治郎｜（黒）
市之丞、…

(42)　明治 22 年 5 月

庄之助（15 代、紫白）、伊之助（8 代、朱）｜庄五郎（3 代、朱・草履）、
誠道（初代、朱・足袋）、庄太郎（11 代、朱・足袋）｜（紅白）錦太夫（2 代）、
喜代治（5 代）｜（青白）亘理、銀治郎、玉治郎｜（黒）市之丞、…

- 鬼一郎が元の誠道（初代）に改名した。

(43)　明治 23 年 1 月

庄之助（15 代、紫白）、伊之助（8 代、朱）｜庄五郎（3 代、朱・草履）、
誠道（初代、朱・足袋）、庄太郎（11 代、朱・足袋）｜（紅白）錦太夫（2 代）、
喜代治（5 代）｜（青白）亘り、銀治郎、玉治郎｜（黒）市之丞、…

---

54)　昨年にも同じ画題の錦絵があるが、対戦する力士（西ノ海と剣山）が異なる。

- 庄之助は九州巡業で紫房（准紫房）を使用している。『読売』（25 年 5 月 6 日）の「西の海の横綱と木村庄之助の紫紐」、同新聞（30 年 2 月 10 日）の「式守伊之助と紫紐の帯用」、鎗田徳之助著『日本相撲伝』（35 年）の「相撲行司役の事」（pp.44-7）を参照。その後もその紫房を黙許されている。[55]

- 庄之助は紫・草履。「西ノ海嘉次郎横綱土俵入之図」、春宣筆、23 年 2 月。[56]

(44)　明治 23 年 5 月

庄之助（15 代、紫白）、伊之助（8 代、朱）｜庄五郎（3 代、朱・草履）、誠道（初代、朱・足袋）、庄太郎（11 代、朱・足袋）｜（紅白）喜代治（5 代）｜（青白）亘り、錦太夫（2 代）、銀治郎、玉治郎：(3 段目、青白) <u>市之丞、米蔵</u>｜（黒）小市、…

- 庄治郎（3 代）は政二郎（20 年から 22 年 1 月まで）だったが、政治郎に改名した。政治郎はこの場所から 26 年 1 月まで星取表の 2 段目左端に記載されている。

- 市之丞と米蔵が 22 年 1 月から 23 年 5 月のあいだ、青白房と黒房のうちいずれであるかは、必ずしも明白でない。本章では、この場所は青白房だと判断している。字の大きさが違うように見えるし、米蔵より一枚下の小市（のちの誠道）が翌場所、青白に昇進しているからである。

(45)　明治 24 年 1 月

庄之助（15 代、紫白）、伊之助（8 代、朱履）｜（庄五郎改め）瀬平（6

---

55)　この黙許状態がいつまで続いたかははっきりしない。31 年に改めて正式な紫房が授けられているからである。吉田長孝著『原点に還れ』（2010, p.135）を参照。暦年「31 年」が正しくないことに関しては、たとえば拙著『名跡と総紫房』（2018）の第 1 章「紫白房と准紫房」でも扱っている。

56)　同じ西ノ海横綱土俵入りの錦絵もあり、25 年 4 月とある。

代、朱・草履）、誠道（初代、朱・足袋）、庄太郎（11 代、朱・足袋）｜（紅白）錦太夫（2 代）｜（青白）亘り、喜代治（5 代）、銀治郎、玉治郎：（3 段目、青白）<u>市之丞、米蔵、小市</u>｜（黒）幸吉、…

- 喜代治（5 代）は今場所限りで引退した。
- 庄五郎（6 代）は瀬平に改名した。『読売』（24 年 16 月 11 日）の「木村庄五郎の改名」を参照。
- 小市は 24 年 1 月に格足袋になったと語っている。『春場所相撲号』（大正 12 年月）の 12 代目式守伊之助談「四十六年間の土俵生活」（p.111）を参照。

(46)　明治 24 年 5 月

庄之助（15 代、紫白）、伊之助（8 代、朱）｜瀬平（6 代、朱・草履）、誠道（初代、朱・足袋）、庄太郎（11 代、朱・足袋）｜（紅白）錦太夫（2 代）、亘り、銀治郎、玉治郎[57]｜（青白）市之丞、米蔵、小市、一学、政治郎：（3 段、青白）<u>正吉、朝之助</u>｜（黒）松太郎、…

- 幸吉が一学（35 年 1 月まで）に改名した。
- 亘りはこの場所、紅白房を許されている。これまでは青白房だった。
- 正吉と朝之助（番付 3 段目）が大きめの字に見えるので、この場所から青白になっている可能性がある。しかし、星取表では 2 段目左端は政治郎である。二人が 2 段目に記載されているのは、27 年 5 月である[58]。星取表の 2 段目左端は 26 年 1 月まで政治郎なので、正吉と朝之助が今場所、間違いなく青白房になったかどうかは確かでない[59]。他の

---

57)　本章では玉治郎の紅白房はこの場所からと判断しているが、その裏付けとなる証拠は見つかっていない。玉治郎（のちの 17 代庄之助）に関する文献資料はたくさんあるが、格足袋（青白房）と本足袋（紅白房）の昇進年月を確認できる資料が見つからない。番付や星取表以外の資料があれば、正確に昇進年月を確認できる。

58)　朝之助は 26 年 12 月の番付表には記載されていない。正吉と藤治郎のあいだに朝之助の記載はない。27 年 5 月の番付には復帰している。

59)　星取表と番付表は基本的に一致するが、星取表の 2 段目左端には政治郎が記載

裏付けが必要であることを記しておきたい。

- 小市（のちの誠道）は24年5月に番付表2段目に記載されている。当時は青白房だった。
- 庄之助は朱・草履。延遼館小相撲天覧之図（横綱西ノ海嘉次郎土俵入り、勝月画、24年5月）。これは事実と異なる。庄之助はすでに紫白房（紫房）だった。
- 錦太夫（2代、のちの4代与太夫、9代伊之助）は24年5月に最上段に記載されているが、紅白房である。30年1月に朱房を使い始めている。

(47)　明治25年1月

庄之助（15代、紫白）、伊之助（8代、朱）｜瀬平（6代、朱・草履）、誠道（初代、朱・足袋）、庄太郎（11代、朱・足袋）｜（紅白）錦太夫（2代）、亘り、銀治郎、玉治郎、市之丞｜（青白）米蔵、小市、一学、政治郎：（3段、青白）<u>正吉、朝之助</u>｜（黒）松太郎、…

- 庄之助は紫・草履。「西ノ海嘉次郎横綱土俵入之図」、春宣筆、25年5月。
- 誠道は朱・足袋。朝汐と小錦の取組。25年1月。

(48)　明治25年6月

庄之助（15代、紫白）、伊之助（8代、朱）｜瀬平（6代、朱・草履）、誠道（初代、朱・足袋）、庄太郎（11代、朱・足袋）｜（紅白）錦太夫（2代）、亘り、銀治郎、玉治郎、市之丞｜（青白）米蔵、小市、一学、政治郎：（3段、青白）<u>正吉、朝之助</u>｜（黒）松太郎、…

- 『読売』（25年6月8日）の「西の海の横綱と木村庄之助の紫紐」や同（25年7月15日）の「寸ある力士は太刀冠りに頭を打つ」を参照。

されている。番付表の朝之助ではない。朝之助が十枚目なら、星取表には朝之助が記載されているはずである。しかし、そうなっていない。このことは何を意味するだろうか。朝之助はまだ黒房（幕下）なのだろうか。番付表と星取表では正吉と朝之助の扱いが違っている。やはり他の確たる裏付けが必要である。

- 誠道は朱・足袋。錦絵「小錦と朝汐の取組」（画題なし）、年昌筆、25 年 7 月 25 日。この年月が不鮮明だったが、相撲博物館に教えてもらった。
- 鎗田徳之助著『日本相撲伝』（35 年）を参照。

「先代（15 代目）庄之助が去る二十三年西ノ海が横綱免許を得たる後、九州地方巡業の際、熊本にて十日間興行をせし時、（中略）追風の代理を務めたる庄之助へ紫房の団扇紐を免され（後略）」（p.46）

　この「紫房」は、実際は白糸が 1，2 本混じった「准紫房」を差している。この准紫房は地方巡業のあとも本場所で使用されたらしいが、その黙許がいつまで続いたのかがはっきりしない。たとえ准紫でなかったとしても、紫白房（紫房）だったことは確かだ。

(49)　明治 26 年 1 月
　庄之助（15 代、紫白）、伊之助（8 代、朱）｜瀬平（6 代、朱・草履）、誠道（初代、朱・足袋）、庄太郎（11 代、朱・足袋）｜（紅白）錦太夫（2 代）、亘り、銀治郎、玉治郎、市之丞、米蔵｜（青白）小市、一学、政治郎：（3 段、青白）正吉、朝之助｜（黒）松太郎、…

- 瀬平(6 代)は今場所、引退し、年寄になった。2 年後に行司に復帰した。
- 朝之助は格足袋に昇進している。『夕刊やまと』（大正 11 年 1 月 6 日）の「行司決（ママ）る」には「26 年、格足袋より本足袋となり」とあるが、これは誤りである。26 年 1 月には幕下（黒）より十枚目（格足袋、青白）になったはずだ。青白から紅白になったのは、31 年 5 月である。『中央』（31 年 2 月 1 日）の「相撲だより」を参照。

(50)　明治 26 年 5 月
　庄之助（15 代、紫白）、伊之助（8 代、朱）｜誠道（初代、朱・足袋）、庄太郎（11 代、朱・足袋）｜（紅白）錦太夫（2 代）、亘り、銀治郎、玉治郎、市之丞、米蔵｜（青白）小市、一学：（3 段、青白）正吉、政治郎、朝之助、藤治郎｜（黒）松太郎、…

- ・庄太郎（11 代）は引退した。
- ・亘りが最上段に記載されているが、紅白である。朱房になったのは、34 年 5 月である。
- ・藤治郎はこの場所から 30 年 1 月まで星取表の 2 段目左端に記載されている。
- ・政治郎は降格している。
- ・伊之助は朱・草履。「大相撲土俵入之図」、年昌筆、26 年 6 月。達ノ矢と大戸平の取組。画題と図柄は異なる。
- ・『読売』（大正 11 年 1 月 6 日）の「行司決（ママ）る」には、朝之助は「二十六年格足袋より本足袋となり」とある。何月かは記されていない。朝之助はこの頃に紅白房になったのだろうか。本章では、朝之助はこの場所は依然として「青白」であり、紅白になったのは 31 年 5 月としている。[60]

(51)　明治 26 年 12 月

庄之助（15 代、紫白）、伊之助（8 代、朱）｜誠道（初代、朱・足袋）｜（紅白）錦太夫（2 代）、亘り、銀治郎｜（青白）玉治郎、市之丞、米蔵、小市、一学、正吉、政治郎、朝之助、藤治郎[61]｜（黒）吉太郎、…
- ・正吉から藤治郎までの 4 名が 2 段目に記載されている。青白房は変わらない。

(52)　明治 27 年 5 月

庄之助（15 代、紫白）、伊之助（8 代、朱）｜誠道（初代、朱・足袋）｜（紅白）与太夫（4 代）、亘り、銀治郎、玉治郎、米蔵｜（青白）小市、一学、正吉、朝之助、藤治郎｜（黒）吉太郎、…

---

60)　朝之助は、庄九郎とともに、紅白房（本足袋）を 31 年 2 月に許されている。『中央』（31 年 2 月 1 日）の「相撲だより」を参照。繰り返しになるが、30 年以降の各行司の房色については本書の第 5 章でも詳しく扱っている。

61)　3 段目の吉太郎は大きめの字だが、幕下筆頭の字体と判断する。黒房である。

- 錦太夫（2 代）は与太夫（4 代）に改名した。31 年 1 月まで与太夫（4
  代）を名乗った。のちの 9 代伊之助である。

(53)　明治 28 年 1 月

庄之助（15 代、紫白）、伊之助（8 代、朱）｜誠道（初代、朱・足袋）、
瀬平（6 代、朱・足袋）｜（紅白）与太夫（4 代）、亘り、銀治郎、庄三郎（4
代）、米蔵｜（青白）小市、一学、正吉、朝之助、藤治郎｜（黒）吉太郎、
…

- 瀬平が行司に復帰した。のちの立行司・木村瀬平である。
- 玉治郎は庄三郎（4 代）（42 年 2 月まで）に改名した。のちの 10 代
  伊之助（28 年 1 月から 44 年 2 月まで）、17 代庄之助（45 年 5 月か
  ら大正 10 年 5 月）を名乗った。
- 庄三郎が最上段に記載されている。

(54)　明治 28 年 5 月

庄之助（15 代、紫白）、伊之助（8 代、朱）｜誠道（初代、朱・足袋）、
瀬平（6 代、朱・足袋）｜（紅白）与太夫（4 代）、亘り、銀治郎、庄三郎（4
代））、米蔵｜（青白）小市、正吉、朝之助、藤治郎｜（黒）吉太郎、…
- 庄之助は朱・足袋。「大相撲取組之図」、小錦と西ノ海の取組、年昌筆、
  28 年 6 月 20 日。房色は明らかにミス。

(55)　明治 29 年 1 月

庄之助（15 代、紫白）、伊之助（8 代、朱）｜誠道（初代、朱・足袋）、
瀬平（6 代、朱・足袋）｜（紅白）与太夫（4 代）、亘り、銀治郎、庄三郎（4
代）、米蔵、小市｜（青白）一学、正吉、朝之助、藤治郎｜（黒）吉太郎、
…

- 伊之助は朱・草履。「回向院大場所土俵入之図」、年昌画、29 年 1 月。

(56)　明治 29 年 5 月

庄之助（15 代、紫白）、伊之助（8 代、朱）｜誠道（初代、朱・草履）、

瀬平（6代、朱・草履）｜（紅白）与太夫（4代）、亘り、銀治郎、庄三郎（4代）、米蔵、小市[62]｜（青白）一学、正吉、朝之助、藤治郎｜（黒）吉太郎、…

- 誠道（初代）と瀬平が草履を許された。『読売』（29年5月24日）の「木村瀬平の土俵上麻上下及び木刀帯用の事」や「行司木村瀬平大いに苦情を鳴らす」、同新聞（30年2月18日）の「回向院大相撲」などを参照。

(57)　明治30年1月

庄之助（15代、准紫）、伊之助（8代、紫白）｜誠道（初代、朱・草履）、瀬平（6代、朱・草履）、（朱）与太夫（4代、朱・足袋）｜（紅白）亘り、銀治郎、庄三郎（4代）、米蔵、小市｜（青白）一学、正吉、朝之助、藤治郎｜（黒）勇、…

- 星取表の2段目左端に藤治郎が記載されている。青白房である。
- 伊之助の房色に関しては、たとえば『萬朝報』（30年2月18日）の「式守伊之助の紫房」、『読売』（30年2月10日）の「式守伊之助と紫紐の帯用」、同新聞（30年2月18日）の「回向院大相撲」、同新聞（30年2月19日）の「式守伊之助初めて横綱を曳く」などを参照。
- 与太夫の朱房に関しては、『読売』（30年2月20日）の「式守与太夫緋紐の事」を参照。

(58)　明治30年5月

庄之助（15代、准紫）、伊之助（8代、紫白）｜誠道（初代、朱・草履）、瀬平（6代、朱・草履）、（朱）与太夫（4代）（朱・足袋）｜（紅白）亘り、

---

62) 小市の紅白免許状は明治30年3月付となっている。枡岡・花岡著『相撲講本』（p.657）を参照。小市（誠道）本人は29年5月と語っているので、免許状より前に許されていたかもしれない。『春場所相撲号』（大正12年1月号）の12代目式守伊之助談「四十六年間の土俵生活」を参照。そこには「二十九年の五月場所から本足袋となって紅白の房を許され」（p.111）とある。また、『大相撲人物大事典』（p.694）では28年1月となっている。異なる年月がいくつかあるが、本章では本人が語っている年月を採用しておく。

銀治郎、庄三郎（4 代）、小市、一学｜（青白）正吉、朝之助、藤治郎：(3
段、青白）<u>勇、源太郎</u>｜（黒）錦之助、…

- ・星取表の 2 段目左端に源太郎が記載されている。青白（幕下十枚目）
  である。
- ・庄之助(15 代)は 30 年 9 月に死去している。『読売』(30 年 9 月 24 日)
  の「相撲行司木村庄之助死す」や『時事新報』(30 年 9 月 25)の「十五
  代目木村庄之助死去」を参照。
- ・16 代庄之助襲名に関しては、たとえば『読売』（30 年 12 月 26 日）
  の「十六代目木村庄之助の免許」を参照。
- ・伊之助は 30 年 12 月に死去した。『読売』（30 年 12 月 19 日）の「式
  守伊之助の病死」を参照。
- ・米蔵は番付表に記載なし。
- ・勇と源太郎は青白房へ昇進している。
- ・荒木精之著『相撲道と吉田司家』（昭和 34 年）
  「明治 31 年、15 代木村庄の庄之助に団扇の紐紫白内交を許す。こ
  れ団扇の紐紫白内交の初めなり」（p.20）

　15 代庄之助は 30 年 9 月に亡くなっている。この紫白房は本章の「総紫
房」に相当するらしいが、亡くなった後で許したのだろうか。もしこの房
色が総紫房を指しているなら、事実に反することになる。総紫房は 43 年
5 月に現れているからである。それ以前は白糸が 1, 2 本混じった「准紫房」

---

63)　一学の紅白房を 30 年 5 月としてあるが、これを裏付ける直接的資料がない。
　　一枚上の小市と同年月かその後であることは確かだ。今後、確かな裏付けがあれ
　　ば、変わる可能性がある

64)　『読売』(34 年 4 月 8 日)の「木浦瀬平以下行司の名誉」に「木村庄三郎、庄太郎(亘
　　り)に赤房を（免許したり：補足）」とあり、31 年当時、二人は番付最上段に記
　　載されているが紅白であることを示唆している。

65)　総紫房の出現や 31 年という暦年については、たとえば拙著『名跡と総紫房』
　　(2018) の第 3 章「総紫の出現」や『軍配と空位』(2017) の第 1 章「紫房の異種」
　　などを参照。

だった。

(59)　明治 31 年 1 月

伊之助（8 代、死跡）、庄之助（16 代、紫白）、瀬平（6 代、朱房・草履）、与太夫（4 代）（朱房・草履）｜（紅白）亘り、銀治郎、庄三郎（4 代）、小市、一学｜（青白）正吉、朝之助、藤治郎：（3 段、青白）<u>勇、宋四郎、錦之助</u>｜（黒）与之吉、…

- 伊之助は 30 年 12 月に死去し、番付表には主席として記載されている（死跡）。願人（長浜鬼一郎）は死跡である。
- 誠道（初代）が 16 代庄之助を襲名した。番付表では第二席（翌場所は主席）として記載されている。『読売』（30 年 12 月 4 日）の「木村庄之助の候補者に就いて」や同新聞（31 年 2 月 18 日）の「十六代目庄之助の履歴」を参照。
- 与太夫（翌 5 月場所から 9 代伊之助）が草履を履いたのは、この場所からである。これまでは足袋だった。伊之助になっても、朱房のままだった[66]。紫白房になったのは、37 年 5 月である。
- 木村瀬平と式守与太夫の番付記載については、『中央』(31 年 1 月 29 日)の「相撲だより」を参照。
- 亘りは翌場所（31 年春場所）、庄太郎（12 代）に改名している[67]。
- 源太郎は宋四郎（39 年 1 月まで）に改名した。
- 勇、宋四郎に関しては、『相撲』（平成元年 10 月の小池 (2)―春日野代々の巻、p.142）を参照。

---

66)　拙著『格付けと役相撲』の第 1 章「大相撲朱房行司の変遷」(p.19) では、伊之助（4 代与太夫）は草履を 30 年 5 月としているが、正しくは 30 年 1 月である。裏付けのある年月を間違えているのは、思い込みや記憶違いや不注意によるのが大きいことを記しておく。

67)　拙著『格付けと役相撲の並び方』の第 1 章「大相撲朱房行司の変遷」(p.19) で、改名を 20 年 5 月としてあるが、大きな誤りである。他の拙著でも行司の昇進年月で大きな誤りがあるので、それぞれの年月に関しては、必ず番付表と照合されることを勧める。

- 正吉はのちに庄九郎（7 代）に改名した。35 年 7 月に死去している。
- 小市と一学はともに 35 年 1 月に朱房へ昇格している。
- 朝之助は 31 年 2 月に紅白へ昇進した。『読売』(31 年 2 月 11 日)の「相撲彙聞」や『中央』(31 年 2 月 1 日) の「相撲だより」を参照。朝之助はそれまで青白房だったことになる。[68]

3.　今後の課題

　本章は繰り返し指摘したように、明治前半の房色を体系的に扱った初めての研究である。数少ない資料を活用して何とかまとめたが、やはり解明できなかった行司が何人かいる。行司の房色に関連して、他にも解明すべき点がいくつかある。ここに、思い浮かんでいることを箇条書き的に列挙しておきたい。

（1）　庄之助と伊之助の房色や履物はそれほど間違っていないはずだが、それでも気になる箇所はいくつかある。たとえば伊之助が首席、庄之助が第二席になった 10 年 1 月から 13 年 5 月までの房色に問題はないだろうか。14 代庄之助は引退するまで紫白房にならなかったとしているが、それは正しいだろうか。

---

68)　番付 2 段目に紅白房と青白部が記載されていることを知るには、たとえば朝之助、小市、亘り（のちの庄太郎）、銀治郎、藤治郎などの行司をピックアップし、その経歴を調べてみることである。それから、星取表の 2 段目左端に十枚目の最後の行司が記載されていることを知るには、番付表と照合してみることである。そこには番付 2 段目左端や 3 段目右方の行司が記載されている。2 段目には青白房の行司は記載されていないという思い込みは、間違っていることに気づくはずだ。同じ青白房であっても、2 段目と 3 段目では字の太さや大きさが異なる。異なる段に記載されている行司が同じ階級なのか、異なる階級なのか、それを見きわめるのが難しいことがある。判断の正確さを期すには、番付以外の裏付けが必要である。

(2)　幕末に紅白房か青白房だった行司が明治元年11月番付表の3段目に記載されている。その場合の房色は何だったのだろうか。本章では、一旦授与された房色は3段目に降格されても「黒房」にならず、少なくとも「青白房」として処遇されていたと分析している。3段目の右方に大きめの字で記載されているからである。この見方は正しいだろうか。

(3)　庄五郎（のちの瀬平）は慶応元年に紅白房に昇進したとする新聞記事等がある。ところが、明治元年の番付表では、3段目の右方に、大きめの字で記載されている。この段は本来なら「黒房」行司である。しかし、本章では、保留付きの「青白房」として分析している。一旦青白以上の房を許されたが、長期間欠場している場合、「青白房」の地位に処遇したという解釈である。この記載の仕方に伴い、庄五郎は慶応元年11月、本当に「紅白房」に昇進しただろうかという疑問も出てくる。脱走癖があり、頻繁に休場を重ねていたころから、「名目上だけ」の「青白」として処遇されていたのではないだろうか。場所を欠場したり出場したりしていたが、同僚の昇進を考慮し、名目だけでも昇進させていたのではないだろうか。本場所に出場しないことを見越し、三段目に記載したのだろうか。そもそも、庄五郎は本当に紅白房に昇進していたのだろうかということさえ、疑問が湧いてくる。紅白への昇進を裏付ける証拠はあるのだろうか。

(4)　本章では、番付表2段目は幕内（紅白房）と十枚目（青白房）の両方が記載されていると判断しているが、それは正しいだろうか。また、3段目右方に大きめの字で行司一人が記載されている場合、その行司は青白だろうか、それとも黒だろうか。房色を決める基準があるのだろうか。本章では、前後の行司を考慮し、ときには青白、ときには黒と判断しているが、それは正しいだろうか。一定の基準があるのに、本章ではそれを見落としているのだろうか。

(5)　番付表の 2 段目左端の行司は基本的に十枚目である。すなわち、青
　　白房である。それは星取表の 2 段目左端の行司と一致する。番付表の
　　3 段目右方に大きめの字で記載されている行司も、基本的には 2 段目
　　左端の行司と同じ階級である。しかし、大きめの字で記載されていて
　　も、幕下筆頭（つまり黒房）の可能性もある。青白房か黒房のうち、
　　いずれかは両隣の行司を考量しながら判断している。この見方は正し
　　いだろうか。番付表と星取表の 2 段目左端を十枚目と判断しているの
　　は、正しいだろうか。

(6)　明治 30 年以前の番付表の 2 段目には何場所か、紅白房以上の行司
　　だけが記載されることがあったのだろうか。たとえば、17 年 5 月の
　　番付表 2 段目左端には直が記載されている。この行司は紅白房だろう
　　か。3 段目右方には取り立てて大き目の字の行司はいない。その結果、
　　青白房はいない。他方、星取表の 2 段目左端には直が記載されている。
　　番付表と星取表は 2 段目の記載で一致する。もし直を紅白房とすると、
　　星取表でも 2 段目左端に紅白房を記載したことになる。明治 20 年代
　　後半の星取表を調べると、その 2 段目は青白房とするのが妥当な分
　　析である。資料の裏付けで行司の階級や房色の判別で困ることはない。
　　のちの時代の星取表と番付を照合し、星取表の 2 段目左端は青白房の
　　行司だと分析しているが、この考えは間違っているだろうか。時代に
　　よっては、たとえば大正中期以降は、星取表の 2 段目は紅白や朱房以
　　上になっていることもある。明治 30 年以前でも、同じようなことが
　　あったのだろうか。[69]

---

69)　星取表は房色の研究では重要な資料となるが、2 段目に記載される行司の階級
　　を巡って解釈が異なることがある。それは階級の判断にも影響する。一つ間違え
　　ば、房色が違うのである。番付表はもちろん、星取表を間違いなく見分けるコツ
　　を教えてくれる本や論考はないだろうか。私がたまたま見落としているだけだろ
　　うか。

(7)　誠道は明治 6 年 11 月、高砂組に同行したため、東京相撲を脱退している（11 月番付には記載されているが、本場所には出場していない）。その頃、誠道は幕下十枚目（つまり十両格）で、房色は「青白」だったと文字資料（特に明治 40 年代の新聞記事）では記されている。ところが、番付表を見る限り、誠道は幕下格の「黒房」である。3 段目の 6 番目に記載されている。特に大きめの字で記載されているようにも見えない。その左隣の清次郎までは同じ字体である。庄治郎までが黒房なら、誠道も確かに黒房である。しかし、右端の護郎は 7 年 2 月に青白になり、それまでは黒房だった。3 段目の行司を青白と黒房に分ける基準があいまいだが、本章では誠道を黒房だとしている。その分析は正しいのだろうか。

(8)　本章では各行司の房色とそれが許された年月を提示している。その提示はそれぞれ、まったく問題ないだろうか。特に房色が変化した年月は正しいだろうか。特に青白房から紅白房へ、それから紅白房から朱房へ、どの場所で変更になったかは、一人一人調べる必要がある。その場合、裏付けがなければならない。本章ではときには裏付けがなく、前後の行司歴を考慮し、房色を提示することがある。裏付けのない房色には問題があるかもしれない。どこかに裏付けとなる資料がないだろうか。たとえば、多司馬と喜代治（前名：護郎や吾郎）が青白房から紅白房へ変わった年月は間違いないだろうか。

(9)　本章では庄之助と伊之助より下位の行司の履物も調べているが、草履か足袋を的確に指摘することができなかった。たとえば、鬼一郎は 9 年 4 月まで足袋であることが錦絵でわかったが、それ以降、足元（つまり草履）がわかる錦絵を見つけることができなかった。伊之助（7 代）に昇進してからの錦絵もあまり見かけない。庄三郎（のちの 15 代庄之助）と与太夫（のちの 8 代伊之助）は 12 年 5 月までの足袋姿であることを絵番付で確認できたが、それから伊之助を襲名するまでのあいだ、いつ草履を許されたのか、はっきりしない。草履に

関する文字資料がないかを調べたが、残念ながら、見つけられなかった。13 年頃から 17 年頃までの錦絵で庄之助と伊之助以外の行司の足元が明確に確認できれば、この問題は容易に解決できる。確たる証拠がない場合は、隣接する行司を参考にするしかない。本章で提示している年月は正しいだろうか。裏付けとなる錦絵や文字資料はあるのに、それを見落としていないだろうか。

(10) 15 代庄之助は 19 年 5 月から紫白房を許されたとしているが、それは正しいだろうか。それまでにも、紫房で描いた錦絵もいくらか見られる。しかし、圧倒的に朱房で描かれている。本章では、19 年 5 月を境に朱房が見られないことから、5 月には紫房を許されたと捉えている。これは正しい分析だろうか。

(11) 15 代庄之助は最初紫白房だったが、23 年 1 月場所後に准紫房を地方巡業で使用している。その准紫房をその後も黙許で使用していたとする文字資料があるが、本章では 30 年 1 月まで紫白房だったと分析している。正式には 30 年 1 月に許されているからである。23 年 5 月から 29 年 5 月までのあいだ、庄之助は紫白房ではなく、准紫房を使用した可能性も否定できない。しかし、それは黙許だった。15 代庄之助は 23 年 5 月以降、紫白房と准紫房のうち、実際にはどれを使用していたのだろうか。

(12) 「御請書」という文書が明治 15 年 7 月付で出ている。これは当時の協会から吉田司家に出されたお礼状である。それには庄之助から嘉太郎までの行司の房色、履物、装束が記載されている。それが事後承認なのか、これからの許可願いなのかはっきりしない。いつの時点のことかを巡って解釈が異なるかもしれない。いずれにしても、房色の使用が御請書の日付近くだったようである。本章では、御請書は参考程度に受け止めている。この御請書はどう解釈すればよいだろうか。御請書に記載された行司と房色や履物は、実際の使用年月とどの程度

一致するのだろうか。

　他にも、もちろん、まだ解明すべき課題があることは確かである。本章は初めての研究であり、今後の研究の叩き台として捉えていただきたい。房色や履物に関する十分な資料が乏しいのである。内容に多くの不備があることは、私も承知している。では、なぜ公表したのか。研究を前進させるには、叩き台が必要だからである。資料が極めて少ない明治前半の房色を研究するには、その資料を見つけるにしても、個人の力ではどうしても限界がある。それを克服するには、同調者の協力が必要である。不備な点は徐々に解決していけばいい。いつか、申し分のない堅実な論考が見られるはずだ。それを期待している。

【追記】本章について

　この第9章「明治30年までの行司番付と房色（資料編）」は第1章から第8章までの初校ゲラができ上った後で、急きょ追加したものである。明治前半の房色の研究がこのようにまとめられるとは当初、考えてもいなかった。そのため、明治30年以降の房色を扱っている第5章「明治30年以降の行司番付再訪（資料編）」とは直接関係がないかのようになっている。実際、第5章では第9章のことは一言も触れていない。しかし、第9章では第5章についてときどき言及している。そういう意味では、先に第5章を読み、その後で第9章は読んだほうがよい。もちろん、どの章を先に読んでもかまわない。内容的には、それぞれ独立しているからである。

参考文献

雑誌や新聞等は本文の中で詳しく記してあるので、ここでは省略する。

綾川五郎次、『一味清風』、学生相撲道場設立事務所、1914（大正 3 年）。

荒木精之、『相撲道と吉田司家』、相撲司会、1959（昭和 34 年）。

池田雅雄、『相撲の歴史』、平凡社、1977（平成 9 年）。

池田雅雄、『大相撲ものしり帖』、ベースボール・マガジン社、1990（平成 2 年）。

池田雅雄（編）、『写真図説　相撲百年の歴史』、講談社、1970（昭和 45 年）。

伊藤忍々洞、『相撲展望』、雄生閣、1925（昭和 14 年）。

岩井左右馬、『相撲伝秘書』、1776（安永 5 年）。

岩井播磨掾久次・他（伝）、『相撲行司絵巻』、1631（寛永 8 年）。（天理大学善本叢書
　　の一つ）。

上田元胤（編）、『相撲早わかり』、国技書院、1918（昭和 7 年）。

内館牧子、『女はなぜ土俵にあがれないのか』、幻冬舎、2006（平成 18 年）。

内館牧子、『大相撲の不思議』、潮出版社、2018（平成 30 年）。

『江戸相撲錦絵』（『VANVAN 相撲界』新春号）、ベースボール・マガジン社、1986（昭
　　和 61 年）1 月。

大西秀胤（編）、『相撲沿革史』、編集発行・松田貞吉、1895（明治 28 年）。

大ノ里萬助、『相撲の話』、誠文堂、1930（昭和 5 年）。

大橋新太郎（編）、『相撲と芝居』、博文館、1900（明治 33 年）。

岡敬孝（編著）、『古今相撲大要』、報行社、1885（明治 18 年）。

尾崎清風（編著）、『角力読本国技』、発行所・大日本角道振興会本部、1941（昭和 16 年）。

景山忠弘（編著）、『明治・大正・昭和大相撲グラフティ』、カタログハウス、1994（平
　　成 6 年）。

笠置山勝一、『相撲範典』、博文館内野球界、1942（昭和 17 年）。

風見明、『「色」の文化詩』、株式会社工業調査会、1997（平成 9 年）。

風見明、『相撲、国技となる』、大修館書店、2002（平成 14 年）。

加藤進、『相撲』、愛国新聞社出版部、1942（昭和 17 年）。

香山磐根＆相撲友の会グループ、『大相撲おもしろ読本』、日本実業出版社、1984（昭
　　和 59 年）。

川端要寿、『物語日本相撲史』、筑摩書房、1993（平成 5 年）。

金指基、『相撲大事典』、現代書館、2002（平成 14 年）。

上司延貴、『相撲新書』、博文館、1899（明治 32 年）。

河原武雄・神風正一、『土俵のうちそと』、家の光協会、1965（昭和 40 年）。

北川博愛、『相撲と武士道』、浅草国技館、1911（明治44年）。

木梨雅子、『鶴の守る地に祈りは満ちて』、旧森岡藩士桑田、2004（平成16年）。

木村喜平次、『相撲家伝鈔』、1714（正徳4年）。

木村庄之助（20代、松翁）、『国技勧進相撲』、言霊書房、1942（昭和17年）。

木村庄之助（21代）、『ハッケヨイ人生』、帝都日日新聞社、1966（昭和41年）。

木村庄之助（22代）・前原太郎（呼出し）、『行司と呼出し』、ベースボール・マガジン社、1957（昭和32年）。本書では便宜的に、木村庄之助著『行司と呼出し』として表すこともある。

木村庄之助（29代、桜井春芳）、『一以貫之』、高知新聞社、2002（平成14年）。

木村庄之助（33代）、『力士の世界』、文芸春秋、2007（平成19年）。

木村庄之助（36代）、『大相撲　行司さんのちょっといい話』、双葉社、2014（平成26年）。

木村清九郎（編）、『今古実録相撲大全』、1885（明治18年）／木村政勝（編）、『古今相撲大全』、1763（宝暦13年）。

木村政勝、『古今相撲大全』、1763（宝暦13年）。

『木村瀬平』（雪の家漁叟記、小冊子）、漬和堂、1898（明治31年）。

窪寺紘一、『日本相撲大鑑』（新人物往来社、平成4年（1992）

栗島狭衣、『相撲通』、実業之日本社、1913（大正2年）。

小泉葵南、『お相撲さん物語』、泰山書房、1917（大正6年）。

好華山人、『大相撲評判記』、大阪・川内屋長兵衛、1836（天保7年）。

「国技相撲のすべて」（別冊『相撲』秋季号）、ベースボール・マガジン社、1996（平成8年）。

小島貞二（監）、『大相撲事典』、日本文芸社、1979（昭和54年）。

堺市博物館（制作）、『相撲の歴史』、堺・相撲展実行委員会、1998（平成10年）。

酒井忠正、『相撲随筆』、ベースボール・マガジン社、1995（平成7年）。1953（昭和28年）版の復刻版。

酒井忠正、『日本相撲史』（上・中）、ベースボール・マガジン社、1956（昭和31年）／1964（昭和39年）。

沢田一矢（編）、『大相撲の事典』、東京堂出版、1995（平成7年）。

塩入太輔（編）、『相撲秘鑑』、厳々堂、1886（明治19年）。

式守伊之助（19代、高橋金太郎）、『軍配六十年』、1961（昭和36年）。

式守伊之助（26代、茶原宗一）、『情けの街の触れ太鼓』、二見書房、1993（平成5年）。

式守蝸牛、『相撲穏雲解』、1793（寛政5年）。『VANVAN相撲界秋季号』（ベースボール・マガジン社、1983）の相撲古典復刻『相撲穏雲解』（pp.82-133）を参照。

式守幸太夫、『相撲金剛伝』（別名『本朝角力之起原』）、1853（嘉永6年）。

清水健児・清水晶著『昭和相撲大観』、文政社、1937（昭和12年）。

ジョージ石黒、『相撲錦絵蒐集譚』、西田書店、1994（平成6年）。

杉浦善三、『相撲鑑』、昇進堂、1911（明治44年）。

杉山邦博（監）・佐藤孔亮（著）、『大相撲のことが何でもわかる本』、廣済堂、1995（平成7年）。

鈴木要吾、『相撲史観』、人文閣、1943（昭和18年）。

『相撲浮世絵』（別冊相撲夏季号）、ベースボール・マガジン社、1981（昭和56年）6月。

『相撲極伝之書』（南部相撲資料の一つ。他に『相撲故実伝記』、『相撲答問詳解抄』などもある）。

『相撲』編集部、『大相撲人物大事典』、ベースボール・マガジン社、2001（平成13年）。

『相撲』編集部、『知れば知るほど行司・呼出し・床山』、ベースボール・マガジン社、2019（平成31年）。

『角力読本国技』、大日本角道振興会本部、1941（昭和16年）。

瀬木新郎九、『相撲起顕』、発兌所・山下万之助、1910（明治43年）。

寒川恒夫（編）、『相撲の宇宙論』、平凡社、1993（平成5年）。

大日本相撲協会（編）、『国技相撲』、大日本相撲協会、1939（昭和14年）。

高橋義孝（監）、『大相撲の事典』、三省堂、1985（昭和60年）。

竹内誠、『元禄人間模様』、角川書店、2000（平成12年）。

竹田恒泰、『現代語古事記〈ポケット版〉』、学研プラス、2016（平成28年）。

竹森章（編）、『相撲の史跡』、相撲史跡研究会、1973（昭和48年）～1993（平成5年）。

竹森章、『京都・滋賀の相撲』、発行者・竹森章、1996（平成8年）。

立川焉馬（撰）、『角觝詳説活金剛伝』（写本）、1828（文政11年）。

立川焉馬（序文）・歌川国貞画、『相撲櫓太鼓』、1844（天保15年）。

立川焉馬（作）、『当世相撲金剛伝』、1844（天保15年）。

土屋喜敬、『相撲』、法政大学出版局、2017年（平成29年）。

出羽（之）海谷右衛門（述）、『最近相撲図解』、岡崎屋書店、1918（大正7年）。

出羽海秀光、『私の相撲自伝』、ベースボール・マガジン社、1954（昭和29年）。

東京角道会（編）、『相撲の話』、黒耀社、1925（大正14年）。

戸谷太一（編）、『大相撲』、学習研究社、1977（昭和52年）。（本書では「学研（発行）」として表す）

中英夫、『武州の力士』、埼玉新聞社、1976（昭和51年）。

中村倭夫、『信濃力士伝』（昭和前篇）、甲陽書房、1988（昭和63年）。

成島峰雄、『すまゐ（い）ご覧の記』、1791（寛政3年）。

鳴戸政治、『大正時代の大相撲』、国民体力協会、1940（昭和15年）。

南部相撲資料（『相撲極伝之書』、『相撲故実伝記』、『相撲答問詳解抄』など。他に相撲の古文書が数点ある）。

新山善一、『大相撲ミニ事典』、東京新聞出版局、1997（平成9年）。

西山松之助、『家元ものがたり』、秀英出版、1971（昭和46年）。

新田一郎、『相撲の歴史』、山川出版社、1994（平成 6 年）。

新田一郎、『相撲　その歴史と技法』、日本武道館、2016（平成 28 年）。

根間弘海、『大相撲行司の世界』、吉川弘文館、2011(平成 23 年）。

根間弘海、『詳しくなる大相撲』、専修大学出版局、2020（令和 2 年）。

根間弘海、『詳しくなる大相撲』、専修大学出版局、2020（令和 2 年）。

根間弘海、『大相撲の神々と昭和前半の三役行司』、専修大学出版局、2021（令和 3 年）。

根間弘海、『大相撲立行司の格付けと役相撲の並び方』、専修大学出版局、2023（令和 5 年）。

半渓散史（別名・岡本敬之助）、『相撲宝鑑』、魁真書桜、1894（明治 27 年）。

肥後相撲協会（編）、『本朝相撲之吉田司家』、1913（大正 2 年）。

彦山光三、『土俵場規範』、生活社、1938（昭和 13 年）。

彦山光三、『相撲読本』、河出書房、1952（昭和 27 年）。

彦山光三、『相撲道綜鑑』、日本図書センター、1977（昭和 52 年）。

常陸山谷右衛門、『相撲大鑑』、常陸山会、1914（大正 3 年）。

ビックフォード、ローレンス、『相撲と浮世絵の世界』、講談社インターナショナル、1994（平成 6 年）。英語の書名は SUMO and the Woodblock Print Master（by Lawrence Bickford）である。

秀ノ山勝一（編）、『公認相撲規則』、大日本相撲協会、1958（昭和 33 年）

藤島秀光、『力士時代の思い出』、国民体力協会、1941（昭和 16 年）。

藤島秀光、『近代力士生活物語』、国民体力協会、1941（昭和 16 年）。

二子山勝治（監修）・新潮社（編著）、『大相撲の世界』、新潮社、1984（昭和 59 年）。

古河三樹、『江戸時代の大相撲』、国民体力大会、1942（昭和 17 年）。

古河三樹、『江戸時代大相撲』、雄山閣、1968（昭和 43 年）。

堀内信（編）、『南紀徳川史（第七巻）』、名著出版、1971（昭和 46 年）。

枡岡智・花坂吉兵衛、『相撲講本』（復刻版）、誠信出版社、1978（昭和 53 年）／オリジナル版は 1935（昭和 10 年）。

松木平吉（編）、『角觝秘事解』、松壽堂、1884（明治 17 年）。

松木平吉（編）、『角觝金剛伝』、大黒屋、1885（明治 18）。原稿者・桧垣藤兵衛とある。

三木愛花、『相撲史伝』、発行人・伊藤忠治、発売元・曙光社、1901（明治 34 年）／『増補訂正日本角力史』、吉川弘文館、1909（明治 42 年）。

三木愛花、『角力通』、四六書院、1930（昭和 5 年）。

三木貞一、『江戸相撲の角力』、近世日本文化史研究会、1928（昭和 3 年）。

三木貞一・山田伊之助（編）、『相撲大観』、博文館、1902（明治 35 年）。

武蔵川喜偉、『武蔵川回顧録』、ベースボール・マガジン社、1974（昭和 49 年）。

山田伊之助（編）、『相撲大全』、服部書店、1901（明治 34 年）。

山田知子、『相撲の民俗史』、東京書籍株式会社、1996（平成 8 年）。

山田野理夫、『相撲』、ダヴィッド社、1960（昭和 35 年）。

山田義則、『華麗なる脇役』、文芸社、2011（平成 23 年）。

鎗田徳之助、『日本相撲傳』、大黒屋畫舗、1902（明治 35 年）。

吉田追風（編）、『ちから草』、吉田司家、1967(昭和 42 年)。

吉田長孝、『原点に還れ』、熊本出版文化会館、2010（平成 22 年）。

吉成勇（編）、『図説「日本相撲史」総覧』、新人物往来社、1992（平成 4 年）。

吉野裕子、『陰陽五行と日本の民俗』、人文書院、1983（昭和 58 年）。

吉村楯二（編）、『相撲全書』、不朽社、1899（明治 32 年）。

和歌森太郎、『相撲今むかし』、河出書房新社、1963（昭和 38 年）。

Simmons, Doreen & Nema, Hiromi, Japanese Sumo、専修大学出版局、2022(令和4年)。

あとがき

　曙や武蔵丸のハワイ勢が横綱をはっていた頃は、横綱貴乃花と若乃花が優勝を目指して競い合っていたが、朝青龍が横綱になってからは、同じモンゴル出身の白鵬、日馬富士、鶴竜、照ノ富士が横綱を独占している。その状態が30年以上も続いている。そのあいだには、稀勢の里が横綱になり、モンゴル勢の牙城の一角を崩したが、モンゴル出身の横綱は稀勢の里と並行して活躍していた。そういう状況をよしとするか、しないかは、各自が大相撲をどう見るかによる。

　大相撲には神事の側面とスポーツの側面があるが、神事の側面を日本人力士と同じ、あるいはそれ以上に理解していれば、外国出身力士でも日本人力士と同等に扱うべきだと私は考えている。日本人力士は生まれながらに日本文化の中で生活し、その文化を自然に身につけているが、日本人みんなが同じというわけではない。大相撲の神事面となると、日本人でもよく理解しているとは言えない。神事面は日本文化の一部となっていることが多いので、日頃の生活の中で自然に身についているが、外国人力士にはなかなか理解しにくい面がある。

　外国人力士は相撲部屋で毎日日本人と生活しているあいだに、自然に、あるいは教えられて、日本文化を習得していく。力士生活を続けている限り、普通の日本人と同じ、あるいはそれ以上に、日本文化を身につけていく。それに、相撲界には独特の相撲文化もあり、それは日本文化になじんでいる日本人でも学んでいかなくてはならない。外国人も共同生活しながら、それを身につけていく。三役や横綱になるまでには数十年も日本文化の中で生活しているのだから、日本文化をかなり身につけている。もちろん、生まれ育った自国の文化を身につけていることは確かだが、相撲社会に生活しながら日本文化を身につけている。

　私と共著で相撲の本を著したドリン・シモンズさんは、「日本人は外国

人を大相撲の社会に入れて、徐々に日本人にしてしまう」という趣旨のことを言っていた。それを聞いたとき、なるほど、うまいことを言う。外国人力士は生まれも育ちも外国だが、日本に長いあいだ住んでいると次第に日本人になってしまう。外国人であるシモンズさんは外国出身力士をそう見ていた。長いあいだ、力士として生活している外国出身力士は日本人力士と変わらない文化を共有している。

　横綱になった外国出身力士には、外国文化の一端がときどき見えたりするが、それを捉えて日本文化を理解していないというのは酷である。日本文化をかなり身につけているが、まだ理解していない、あるいは誤解していた側面がたまたま現れただけである。同じ日本人同士でも、意見の相違はよくあるし、誤解を招くような言葉を聞くことはある。それでも、その人を外国人だとは見ない。変な人くらいで片づけてしまう。外国出身力士は日本語をよく理解していても、ときおり首をかしげたくなる言葉遣いをするが、そういうときは隣の人が直に指摘し、どういう意味でその言葉遣いをしたか、尋ねて確認すればよい。そうすれば、その原因がわかるし、その人も日本文化の知識がまた一つ増えていく。

　外国出身力士が年寄になったり部屋の師匠になったりしている。年寄になるには外国出身力士なら、帰化しなければならない。言葉が堪能であり、年寄であれば、日本文化を理解できないということはない。日々の生活の中で、日本文化を吸収すればよいだけである。生粋の日本人でも、日本文化のどこまでを理解しているかと尋ねられたら、答えようがない。常識程度の理解があればよいのではないかということになると、その常識のレベルや内容がはっきりしないのである。日本人の場合は国籍を問題にしないのに、外国出身者だけを問題にすれば、それは差別につながる。

　私は行司のことを約30年勉強しているが、宗教的側面から外国人は行司になれないと思うことがある。大相撲には宗教的側面があり、それは神道に基づくものが多い。土俵祭にはそれがたくさん反映されている。土俵祭を司祭するのは行司である。祭主や脇行司は神官の装束を着用する。ユダヤ教、イスラム教、キリスト教の信者は一神教を信じているが、祭主である行司は神道である。明確にそう宣言していないが、土俵祭では祝詞に

しても所作にしても神道である。一神教を信じている人は土俵祭を執り行うことができるだろうか。それができないとなれば、行司になれないはずである。

　力士は相撲のスポーツ面だけを重視し、頂上の横綱を目指して技を磨けばよいが、行司はあまり表に出ない神事面を担当している。土俵祭では主として神道の神々を招いている。その神々の依り代である御幣を土俵の屋根の四隅から垂れ下がっている四房に括りつけている。土俵の神聖さも神道に基づく神々によって守られている。一神教を信じている人が行司となり、相撲の神々を招く祝詞を奏上できるだろうか。しかも、神道の神官装束を着用するのが習わしである。外国人であっても一神教を信じていなければ、行司になれると思うが、心から一神教を信じているならば行司にはなれそうもない。蛇足だが、行司は薄給であるから、行司を目指して大相撲に入ろうという奇特な人はいないはずだ。しかし、それは最初から行司の門を閉ざしているのとは次元が違うものである。

　ここに記してある外国出身横綱の約30年に及ぶ独占については、日本文化の伝統維持という観点からもよく取り上げられる話題であり、今後もそれは論議されていくに違いない。どうすれば外国人力士と相撲という伝統文化を両立させるか、難しい課題だ。私は行司を研究してきたことから、行司という視点でこの状況を眺めてきて、力士はともかく行司はとても大相撲への入門は無理だと思っている。制度上、シャットアウトはしていないが、大相撲の背景には神道が存在しているからである。端的なシンボルが土俵祭である。たとえば、ユダヤ教のラビは複数の神々を招き、その依り代である御幣を土俵上の四房に括りつけることができるだろうか。御幣は括りつけるのは呼出しだが、神々を呼び寄せるのは行司である。

　スポーツとしての相撲であれば、取組む前に塩撒きや四股を踏んだりするのに宗教的意味があったとしても、その意味合いを無視しても相撲を取組むことができる。場所を清めるとか身体の動きを円滑にする準備運動だと捉えることもできる。しかし、土俵祭の儀式や所作は宗教そのものである。それを無視することはできない。

　この「あとがき」で書いてあることは本書の内容と直接結びつかないの

で、奇異に感じた方もいるかもしれない。外国人力士が最近華々しい活躍をしているのを見ていて、外国出身者が行司にもなれるだろうかとときどき考えることがあった。その考えの一端をたまたま書き記すことにした。外国出身者や異なる宗教の信者が果たして相撲の行司を務められるのだろうか。「あとがき」としては突飛な考えを書いてあるが、日本の教観と異なる外国出身者が行司となり、立行司として祭主を務める日がいつか来るだろうか。

拙著と拙稿

【拙著】

(1) 1998、『ここまで知って大相撲通』、グラフ社、237 頁。

(2) 1998、『Q&A 形式で相撲を知る SUMO キークエスチョン 258』（岩淵デボラ訳）、洋販出版、205 頁。

(3) 2006、『大相撲と歩んだ行司人生 51 年』、33 代木村庄之助と共著、英宝社、179 頁。

(4) 2010、『大相撲行司の伝統と変化』、専修大学出版局、368 頁。

(5) 2011、『大相撲行司の世界』、吉川弘文館、193 頁。

(6) 2012、『大相撲行司の軍配房と土俵』、専修大学出版局、300 頁。

(7) 2013、『大相撲の歴史に見る秘話とその検証』、専修大学出版局、283 頁。

(8) 2016、『大相撲行司の房色と賞罰』、専修大学出版局、193 頁。

(9) 2017、『大相撲立行司の軍配と空位』、専修大学出版局、243 頁。

(10) 2018、『大相撲立行司の名跡と総紫房』、専修大学出版局、220 頁。

(11) 2020、『詳しくなる大相撲』、専修大学出版局、312 頁。

(12) 2020、『大相撲行司の松翁と四本柱の四色』、専修大学出版局、194 頁。

(13) 2021、『大相撲行司の神々と昭和前半の三役行司』、専修大学出版局、216 頁。

(14) 2022、『大相撲の行司と階級色』、専修大学出版局、252 頁。

(15) 2022、Japanese Sumo（Doreen Simmons と共著）、専修大学出版局、275 頁。

(16) 2023、『大相撲行司の格付けと役相撲の並び方』、専修大学出版局、290 頁。

【拙稿】

(1) 2003、「相撲の軍配」『専修大学人文科学年報』第 33 号、pp.91-123。

(2) 2003、「行司の作法」『専修人文論集』第 73 号、pp.281-310。

(3) 2003、「行司の触れごと」『専修大学人文科学研究所月報』第 207 号、pp.18-41。

(4) 2004、「土俵祭の作法」『専修人文論集』第 74 号、pp.115-41。

(5) 2004、「行司の改姓」『専修大学人文科学研究所月報』第 211 号、pp.9-35。

(6) 2004、「土俵祭の祝詞と神々」『専修人文論集』第 75 号、pp.149-77。

(7) 2005、「由緒ある行司名」『専修人文論集』第 76 号、pp.67-96。

(8) 2005、「土俵入りの太刀持ちと行司」『専修経営学論集』第 80 号、pp.169-203。

(9) 2005、「行司の改名」『専修大学人文科学研究所月報』第 218 号、pp.39-63。

(10) 2005、「軍配の握り方を巡って（上）」『相撲趣味』第 146 号、pp.42-53。

(11) 2005、「軍配の握り方を巡って（中）」『相撲趣味』第 147 号、pp.13-21。

(12) 2005、「軍配の握り方を巡って（下）」『相撲趣味』第 148 号、pp.32-51。

(13) 2005、「軍配房の長さ」『専修人文論集』第 77 号、pp.269-96。

(14) 2005、「軍配房の色」『専修経営学論集』第 81 号、pp.149-79。

(15) 2005、「四本柱の色」『専修経営学論集』第 81 号、pp.103-47。

(16) 2006、「南部相撲の四角土俵と丸土俵」『専修経営学論集』第 82 号、pp.131-62。

(17) 2006、「軍配の型」『専修経営学論集』第 82 号、pp.163-201。

(18) 2006、「譲り団扇」『専修大学人文科学研究所月報』第 233 号、pp.39-65。

(19) 2006、「天正 8 年の相撲由来記」『相撲趣味』第 149 号、pp.14-33。

(20) 2006、「土俵の構築」『専修人文論集』第 79 号、pp.29-54。

(21) 2006、「土俵の揚巻」『専修経営学論集』第 83 号、pp.245-76。

(22) 2007、「幕下格以下行司の階級色」『専修経営学論集』第 84 号、pp.219-40。

(23) 2007、「行司と草履」『専修経営学論集』第 84 号、pp.185-218。

(24) 2007、「謎の絵は南部相撲ではない」『専修人文論集』第 80 号、pp.1-30。

(25) 2007、「立行司の階級色」『専修人文論集』第 81 号、pp.67-97。

(26) 2007、「座布団投げ」『専修経営学論集』第 85 号、pp.79-106。

(27) 2007、「緋房と草履」『専修経営学論集』第 85 号、pp.43-78。

(28) 2008、「行司の黒星と規定」『専修人文論集』第 82 号、pp.155-80。

(29) 2008、「土俵の屋根」『専修経営学論集』第 86 号、pp.89-130。

(30) 2008、「明治 43 年 5 月以降の紫と紫白」『専修人文論集』第 83 号、pp.259-96。

(31) 2008、「明治 43 年以前の紫房は紫白だった」『専修経営学論集』第 87 号、pp.77-126。

(32) 2009、「昭和初期の番付と行司」『専修経営学論集』第 88 号、pp.123-57。

(33) 2009、「行司の帯刀」『専修人文論集』第 84 号、pp.283-313。

(34) 2009、「番付の行司」『専修大学人文科学年報』第 39 号、pp.137-62。

(35) 2009、「帯刀は切腹覚悟のシンボルではない」『専修人文論集』第 85 号、pp.117-51。

(36) 2009、「明治 30 年以降の番付と房の色」『専修経営学論集』第 89 号、pp.51-106。

(37) 2010、「大正時代の番付と房の色」『専修経営学論集』第 90 号、pp.207-58。

(38) 2010、「明治の立行司の席順」『専修経営学論集』第 92 号、pp.31-51。

(39) 2010、「改名した行司に聞く」『専修大学人文科学年報』第 40 号、pp.181-211。

(40) 2010、「立行司も明治 11 年には帯刀しなかった」『専修人文論集』第 87 号、pp.99-234。

(41) 2010、「草履の朱房行司と無草履の朱房行司」『専修経営学論集』第 91 号、pp.23-51。

(42) 2010、「上覧相撲の横綱土俵入りと行司の着用具」『専修経営学論集』第 91 号、

pp.53-69。

(43) 2011、「天覧相撲と土俵入り」『専修人文論集』第 88 号、pp.229-64。

(44) 2011、「明治時代の四本柱の四色」『専修大学人文科学年報』第 41 号、pp.143-73。

(45) 2011、「行司の木村姓と式守姓の名乗り」『専修人文論集』第 89 号、pp.131-58。

(46) 2011、「現役行司の入門アンケート調査」『専修経営学論集』第 91 号、pp.1-28。

(47) 2012、「土俵三周の太鼓と触れ太鼓」『専修人文論集』第 90 号、pp.377-408。

(48) 2012、「明治と大正時代の立行司とその昇格年月」『専修大学人文科学年報』第 42 号、pp.123-52。

(49) 2012、「大正期の立行司を巡って」『専修経営学論集』第 94 号、pp.31-51。

(50) 2012、「大正末期の三名の朱房行司」『専修人文論集』第 91 号、pp.143-74。

(51) 2013、「江戸時代の行司の紫房と草履」『専修大学人文科学年報』第 43 号、pp.171-91。

(52) 2013、「足袋行司の出現と定着」『専修人文論集』第 92 号、pp.165-96。

(53) 2013、「十両以上の行司の軍配」『専修経営学論集』第 96 号、pp.49-69。

(54) 2015、「軍配左端支えと軍配房振り」『専修人文論集』第 97 号、pp.510-32。

(55) 2016、「紫房の異種」『専修人文論集』第 99 号、pp.479-515。

(56) 2017、「総紫房の出現」『専修人文論集』第 101 号、pp.201-24。

(57) 2018、「地位としての草履の出現」『専修人文論集』第 103 号、pp.301-22。

(58) 2019、「地位としての足袋の出現」『専修人文論集』第 104 号、pp.195-214。

(59) 2019、「大相撲の松翁」『専修人文論集』第 105 号、pp.334-63。

(60) 2020、「赤色の四本柱と土俵の四方位」『専修人文論集』第 108 号、pp.139-63。

(61) 2021、「大相撲立行司の紫房再訪」『専修人文論集』第 109 号、pp.417-43。

(62) 2022、「大相撲朱房行司の変遷」『専修人文論集』第 111 号、pp.195-224。

(63) 2023、「幕下以下行司の房色―青か黒」『専修人文論集』第 112 号、pp.151-76。

(64) 2003、「明治 30 年以降の行司番付再訪（資料編）」『専修人文論集』第 113 号、pp.209-34。

(65) 2024、「大正期の行司番付再訪（資料編）」『専修人文論集』第 114 号、pp.243-70。

300

根間弘海（ねま　ひろみ）

昭和 18 年生まれ。専修大学名誉教授。専門は英語音声学・音韻論・英語教授法。趣味は相撲（特に行司）とユダヤ教の研究。英語テキストと相撲に関する著書は共著を含め、本書で 100 冊目となる。『専修大学外国語教育論集』（第 41 号、根間弘海教授退職記念号、平成 25 年 3 月、pp.1-15）と『専修経営学論集』（第 96 号、根間弘海教授退職記念号、平成 25 年 3 月、pp.83-90）に拙著リストがある。なお、国会図書館蔵書検索（根間弘海で検索）も参照。

（a）相撲では『ここまで知って大相撲通』（グラフ社）、『SUMO キークエスチョン 258』（岩淵デボラ英訳、洋販出版）、『大相撲と歩んだ行司人生五一年』（33 代木村庄之助共著、英宝社）、『大相撲行司の世界』（吉川弘文館）、『大相撲行司の伝統と変化』、『大相撲行司の軍配房と土俵』、『大相撲の歴史に見る秘話とその検証』、『大相撲行司の房色と賞罰』、『大相撲立行司の軍配と空位』、『大相撲立行司の名跡と総紫房』、『詳しくなる大相撲』、『大相撲行司の松翁と四本柱の四色』（専修大学出版局）、『大相撲の行司と階級色』、Japanese Sumo: Q and A（Ms. Simmons と共著）がある。

（b）英語では『英語の発音演習』（大修館）、『英語の発音とリズム』（開拓社）、『英語はリズムだ！』、『英語のリズムと発音の理論』（英宝社）、『リズムに乗せれば英語は話せる』（ブレーブン・スマイリー共著、創元社）、『こうすれば通じる英語の発音』（ブレーブン・スマイリー共著、ジャパンタイムズ）などがある。

大相撲の方向性と行司番付再訪

2024 年 6 月 27 日　第 1 版第 1 刷

著　者　　根間　弘海
発行者　　上原　伸二
発行所　　専修大学出版局
　　　　　〒 101-0051　東京都千代田区神田神保町 3-10-3
　　　　　株式会社専大センチュリー内　電話 03-3263-4230
印　刷
製　本　　モリモト印刷株式会社

ISBN978-4-88125-393-9